沈志冲　陶国良　主编

青少年阅读书

QingShaoNianYueDuShu

江苏人民出版社

书籍是人类知识的载体,是人类智慧的结晶,是人类进步的阶梯。读书的好处很多,如可以获取信息、增长知识、开阔视野,可以陶冶性情、培养和提升思维能力等等。读书对一个人的成长进步很重要……坚持在读书学习中把握人生道理、领悟人生真谛、体会人生价值、实践人生追求。……自觉养成读书学习的习惯,真正使读书学习成为工作、学习的重要组成部分,使一切有益的知识和文化入脑入心,沉淀在我们的血液里……

　　　　　　　　　　　——习近平总书记在中央党校的讲话:
　　　　　　　　　　　　《领导干部要爱读书读好书善读书》

让你爱不释手的一本书

成尚荣

给书写序,极具挑战性。挑战你的眼界与眼光,挑战你的领悟力与判断力,挑战你思想的张力和文化的实力。我愿意接受这一挑战。谢谢老朋友、好朋友沈志冲先生和他的朋友陶国良先生给我的这一在挑战中发展的机会。

写序的实质是写读后感。重要的不是评说,而是自己内心的感受,是意义的生长、创造性的启迪;重要的也不是褒扬,而是从书中发现自己,找到一个比较坐标体系。谢谢志冲先生和国良先生为我提供了一个关于读书的坐标,在坐标中发现自己的未来。

把读《青少年阅读书》诸多的读后感归结起来,就是一句话的表达:这是一本让你爱不释手的书。这本书让你读了还要读,又再读,常常读,于是,它可能成为经典。

这是一本"成长书"。人的成长,尤其是青少年的成长需要各种力量,有知识的力量,想象的力量,道德的力量,思想的力量……在这些伟大的力量中,少不了书的力量。书的力量具有涵盖性,涵盖了知识、道德、思想的力量,等等。书的力量具有生成性,可以生成知识、道德、思想,还有无穷无尽的想象。归根结蒂,书,读书,让你健康、幸福地成长。

这是一本让你"白日做梦"的书。夜晚做梦当然非常美好,但往往是虚幻的，实现的可能性不会太大。而白日做梦，让梦既遥远又现实，既在天上又在地上，可以实现。读书中我们可以生成少年梦、青春梦、中国梦。

这是一本"书中书"。无疑这是一本书，但书中还有书，每一篇关于读书的文章就是一本书，一篇篇文章组成书的海洋。书的汇集，书的精萃，在我们面前展开了一个无限的世界，无限的宇宙，许许多多的知识、思想在你眼前闪光，一个个名家为你竖起一根又一根人生标杆。"书中书"，可以说是关于读书的"书中之王"。

由此想到两个命题。一是学校该建在哪里？图书馆该建在学校里，但处处都有书，人人都在读书，时时处处都有书可读，学校不就是建在了图书馆里吗？二是图书馆该建在哪里？图书馆不是一个空间概念，而是意义的文化存在，图书馆应该建在每一个人的心里。每个人心中都有一个小图书馆，这个民族就是伟大的民族。中华民族正是这样一个伟大民族。

我已不是青少年了，但还是爱读《青少年阅读书》。我的感悟与体会是，《青少年阅读书》会让你永远年轻，永远有青春。

（成尚荣，国家督学、教育部基础教育课程改革专家组成员、教育部中小学教材审查委员、江苏省教育科学研究所原所长）

目录

阅读经典

不管你的寿命有多长,你至多只能阅读书海中的一滴水珠而已,因此你所读的书应该是精华之所在。它们实际上是指人类文化宝库中的那些不朽之作,即所谓经典名著。

读有所思

思考是巩固阅读成果所必不可少的,同时又是通向创造、创新的桥梁。我们不仅要把头脑变成储存知识的仓库,还要重视创造力的培养,争取成为创造、创新型的阅读者。

附录

当今社会,数字阅读以不可阻挡之势重构着每一个人对阅读的理解,纸本阅读与数字阅读的争论甚嚣尘上。真正的阅读也许并不在于你读的是纸本书还是电子书,而在于你从书中读到的内容是否能形成对你有用的"养分"。

① 书与成长

沐浴着书籍的光芒
我们都长成了春天的模样
灿烂,葱郁,生机盎然
骨子里透着芳香

风侵雨蚀
折不断飞翔的翅膀
信仰如山
我们汲取了最美的滋养

要培养一个人,设计一个人的个性,就努力帮助他从小建立起独特的读书体系。

读书改变人生

DUSHUGAIBIANRENSHENG

✳ 朱永新

很多年前,我读苏霍姆林斯基的著作时看到这样一段话,它使我刻骨铭心:"无限相信书籍的力量,是我的教育信仰的真谛之一。"

许多年过去了,我对这句话的理解与日俱增。是的,如果说人类的物质文明可以通过建筑、工具等物化的形态保存和延续,那么人类的精神文明如何保存和延续呢? 一个刚刚诞生的新生儿,在他成长的过程中,精神世界又如何与身体的发育、成熟一道与时俱进? 我认为读书是实现以上目的的必由之路。书籍是传承文明的桥梁,是延续文化的中介。充实而有意义的人生,应该伴随着读书而发展。

在一定意义上说,读书就意味着教育,甚至意味着学校。苏霍姆林斯基曾经说过,学校,首先意味着书籍。"学校里可能什么都足够多,但如果没有为人的全面发展及其丰富的精神生活所需要的书,或如果不热爱书和冷淡地对待书,这还不算是学校;相反,学校里可能许多东西都缺乏,许多方面都可能是不足的、简陋的,但如果有永远为我们打开世界之窗的书,这就是学校了。"

○一个喜欢读书的人,品格不会坏到哪去;一个品格好的人,一生的运气不会差到哪去。

——曾国藩

苏霍姆林斯基还具体阐述了阅读不同书籍对学生的影响，其实也是从另一方面阐释了"读书改变人生"的哲理。

阅读描写杰出人物的书，往往决定一个人的前途。

文学作品是影响人的心灵的有力手段。

阅读自然书籍是发展思维和认识能力的需要，是适应科学技术高速发展的需要。

不论哪类书籍的阅读，都是课堂教学的智力背景。

课外书籍的阅读，是了解和影响学生个性的门径，它还能够减轻学生的课业负担……

所以，他号召教育工作者："应该让学生走进图书馆，让书籍成为青年一代的挚友！"

其实，读书正如饮食，不同的饮食往往造成人不同的营养结构，不同的书籍也同样造成人不同的精神结构。还是这位大教育家说得好：要培养一个人，设计一个人的个性，就努力帮助他从小建立起自己的"小藏书箱"，建立起他独特的读书体系。

纵观世界各国，凡是崇尚读书的民族，大多是生命力顽强的民族。全世界读书最多的民族是犹太人，平均每人每年读书64本。作为犹太人聚居地的以色列，它的人文发展指数（将出生时的预期寿命、成人识字率和实际人均国内生产总值等衡量人生三大要素的指标合成一个复合指数）居全世界第21位，是中东地区最高的国家。酷爱读书，不能不说是犹太人在亡国2000年之后，又能重新复国的重要原因；酷爱读书，不能不说是犹太人在复国之后，能迅速建成一个现代化国家的重要原因；酷爱读书，不能不说是犹太人在流离失所中诞生了马克思、爱因斯坦和门德尔松等无数杰出的思想家、科学家和艺术家的重要原因；酷爱读书，不能不说是犹太人不仅在全世界的富豪中名列前茅，而且在历届诺贝尔奖得主中也有惊人比例的重要原因。一句话：酷爱读书使犹太人成为一个优秀的民族；热爱读书的国家，必定是不断向上的国度。

而我们中国，自古以来就是一个崇尚、热爱读书的民族。只是随着科举制度的出现，读书人的阅读视野渐渐狭窄化了。现在的应试教育，也在很大程度上挤占了学生读书的空间，学校中无书可读的现象远未销声匿迹，学生无暇读书、不想读书的情形也不少见。除了几本干巴巴的教科书，学生几乎不再有也不再读其他书。这就使他们的精神世界逐渐枯萎，他们的人生色彩逐渐黯淡。这是令人痛心、发人深省的。

"读书改变人生"，我想通过最近读到的一位普通作者——黑龙江青年阿穆尔的一篇文章来与大家一起领略、品味这个定律的意义和价值。他这样写道：

我在少年时期读了一本苏联小说《明天到海洋去》。这本小说叙述的是一所中学的学生假期到黑海上航行的故事。读后我久久不能平静，幻想着有朝一日到远方，到世界的每一个地方漫游。长大后，我特别钟情于旅游，游览过不少名胜古迹，名山大川。是《明天到海洋去》点燃了我投入大自然怀抱的热情和激情。

后来，我做过汽车搬运工、更夫，烧过锅炉，卖过烧饼，还当过编辑、秘书、代课教师，进过机关工作；我在乌苏里江边承包过土地，在俄罗斯当过倒爷，在北京做过小报记者。现在，我成了一名自由撰稿人、自食其力的劳动者，我为此感到骄傲。是书给我提供了生活基础，它是我的衣食父母。1996年，我在北大荒承包土地时，白天干活，晚上点起蜡烛，读随身带着的帕斯捷尔纳克的《日瓦戈医生》。2000年，我在北京漂泊时，一边忙着记者工作，一边忙里偷闲读《李普曼传》……书能改变人的一生，性格、爱好、禀赋、气质、思想和观念，以及对生活的理解。

学无止境，行者无疆。书陪伴着阿穆尔成长，也祈愿它能一生伴你我左右！

○立身以立学为本，立学以读书为本。

——欧阳修

靠阅读智脑强国的两个国家

薛来彩

世界上有两个国家的人最爱读书,一个是以色列,另一个是匈牙利。

以色列人均每年读书64本。犹太人有个习俗,当孩子出生时,母亲就会翻开《圣经》,滴上一点蜂蜜,让小孩去舔《圣经》上的蜂蜜,通过这一舔,让孩子对书产生美好的第一印象:书是甜的。当孩子稍稍懂事时,几乎每一个母亲都会问这样一个问题:"假如有一天家里突然起火,你首先会抢救什么?"当孩子回答是钱或钻石时,母亲会严肃地告诉他:"这些都不重要,你首先应该抢救的是书!书里藏着的是智慧,这要比钱或钻石贵重得多,而智慧是任何人都抢不走的。"因而犹太人是世界上唯一一个没有文盲的民族,就连犹太乞丐即使在乞讨,身边总会带着每天必读的书,更别说衣食无忧的人了。在以色列,书刊价格非常昂贵,每本书的售价在20美元以上,每份报纸也在6美元以上,但普通以色列人对购买图书和订阅报刊都十分慷慨。这个仅有500万人口的国家,持有借书证的就有100多万人,是全世界人均拥有图书最多的国家。"安息日"是以色列犹太人一个非常重要的宗教活动日。在"安息日",所有的犹太人都要停止所有商业和娱乐活动,商店、饭店、娱乐等场所都得关门停业,公共汽车要停运,就连航空公司的班机都要停飞,人们只能待在家中"安息"祈祷。但有一件事是特许的,那就是全国所有的书店都可以开门营业,而这一天光顾书店的人也最多。

另一个国家匈牙利,它的国土面积和人口都不足中国的百分之一,却拥有近2万家图书馆,平均每500人就有一座图书馆,匈牙利平均每人每年购书20本。

一个崇尚读书学习的国家,当然会得到丰厚的回报。以色列人口稀少,但人才济济,诺贝尔奖获得者就有8个。以色列环境恶劣,国土大部分是沙漠,像巴勒斯坦等阿拉伯国家的粮食不够吃,要以石油换食品,而以色列却把自己的国土变成了绿洲,而且生产的粮食不但自己吃不完,还源源不断地出口到其他国家。他们凭着聪明和智慧,创造出惊人的物质和精神财富。而匈牙利,诺贝尔奖得主就有14位,若按人口比例计算,匈牙利是当之无愧的"诺奖大国"。他们的发明也非常多,既有火柴、圆珠笔这样的小物件,也有电话交换器、变压器、汽化器、电视显像管这样的尖端产品。据说,上世纪80年代是匈牙利人发明的黄金时代,平均每年的发明专利都在400件以上。一个小国,因爱读书而获得智慧和力量,又靠着智慧和力量将自己变成了让人不得不服的"大国"。

一个学者说:一个民族的精神境界,在很大程度上取决于全民族的阅读水平;一个国家谁在看书,看哪些书,就决定了这个国家的未来。要知道:一个不爱读书的民族,是可怕的民族;一个不爱读书的民族,是没有希望的民族。

① 书与成长

一个人一旦与书本结缘，好书总是引导他从幼年到成人，一步一步向着人间的美好境界前行。

读书人是幸福人

DUSHURENSHIXINGFUREN

✳ 谢 冕

　　我常想读书人是世间的幸福人，因为他们除了拥有现实的世界之外，还拥有另一个更为浩瀚也更为丰富的世界。现实的世界是人人都有的，而后一个世界却为读书人所独有。由此我又想，那些失去阅读机会或不能阅读的人是多么的不幸，他们的丧失是不可补偿的。世间有诸多的不平等，如财富的不平等、权力的不平等，而阅读能力的有无却体现为精神的不平等。

　　一个人的一生，只能经历自己拥有的那一份欣悦，那一份苦难，也许再加上他耳闻目睹的周围人的经历和经验，然而，人们通过阅读，却能进入不同时空的诸多他人的世界。这样，具有阅读能力的人，无形间获得了超越有限生命的无限可能性。阅读不仅使他多识了草木虫鱼之名，而且可以上溯远古下及未来，饱览存在的与非存在的一切。

　　更为重要的是，读书加惠于人们的不仅是知识的增加，而且还在于精神的感化与陶冶。人们从读书学做人，从那些历代先贤以及当代才俊的著述中学得他们的人格。人们从《论语》学得智慧的思考，从《史记》学得严肃的历史精神，从《正气歌》学得做人的原则，从马克思学得入世的激情，从鲁

○腹有诗书气自华。

——苏轼

迅学得批判精神，从列夫·托尔斯泰学得道德的执着。歌德的诗句刻写着睿智的人生，拜伦的诗句呼唤着奋斗的热情。一个读书人，是一个有机会拥有超乎个人生命体验的幸运人。

　　一个人一旦与书本结缘，极大的可能是注定了与崇高追求和高尚情趣相联系。说"极大的可能"，指的是不排除读书人中也有卑鄙和奸诈者；况且，并非凡书皆好，在流传的书籍中，并非全是劝善之作，也有无价值的甚而起负面效果的。但我们所指的书，总是以其优良品质得以流传的一类，这类书对人的影响总是良性的。我之所以常感读书幸福，是从喜爱文学书的亲身感受而发。一旦与此和嗜好结缘，人多半因而向往崇高，对暴力的厌恶和对弱者的同情使人心灵纯净而富正义感，人往往变得情趣高雅而力避凡俗。或博爱，或温情，或抗争，大抵总引导人从幼年到成人，一步一步向着人间的美好境界前行。

①
书与成长

书本是恩师、良友、伴侣，书本是太阳、空气、雨露。谁想避免成为不中用的人，就应用心阅读。

书的抒情
SHUDESHUQING

✱ 柯 灵

说到书，我很动感情。因为它给我带来温暖，我对它满怀感激。

书是我的恩师。贫穷剥夺了我童年的幸福，把我关在学校大门的外面，是书本敞开它宽厚的胸脯，接纳了我，给我以慷慨的哺育。没有书，就没有我的今天，也许我早就委身于沟壑。

书是我的良友。它给我一把金钥匙，诱导我打开浅短的视界、愚昧的头脑、蔽塞的心灵。它从不吝惜对我的帮助。

书是我青春期的恋人，中年的知己，暮年的伴侣。有了它，我就不再愁寂寞，不再怕人情冷暖、世态炎凉。它使我成为精神世界的富翁。我真的是"不可一日无此君"。当我忙完了，累极了，当我愤怒时，苦恼时，我就想亲近它，因为这是一种绝妙的安抚。

我真愿意成为十足的"书迷"和"书痴"，可惜还不够条件。

不知道谁是监狱的始作俑者。剥夺自由，诚然是人世间最酷虐的刑罚，但如果允许囚人有读书的权利，那还不算是自由的彻底丧失。我对此有惨痛的经验。

○书籍是全世界的营养品。生活里没有书籍，就好像没有阳光；智慧里没有书籍，就好像鸟儿没有翅膀。
——莎士比亚

对书的焚毁和禁锢,是最大的愚蠢,十足的野蛮,可怕的历史倒退。

当然书本里也有败类,那是瘟疫之神,死亡天使,当与世人共弃之。

作家把自己写的书,送给亲友,献与读者,是最大的愉快。如果他的书引起共鸣,得到赞美,那就是对他最好的酬谢。

在宁静的环境、悠闲的心情中静静地读书,是人生中最有味的享受。在"四人帮"覆亡的前夜,我曾经避开海洋般的冷漠与白眼,每天到龙华公园读书,拥有自己独立苍茫的世界。这是我一个终生难忘的经历。

书本是太阳、空气、雨露。我不能设想,没有书的世界是什么样的世界。

① 书与成长

书籍，在所有动物里面只有人这种动物才能制造出来。读书，人才能更加像人。

读书，人才更像人

DUSHURENCAIGENGXIANGREN

❋ 严文井

　　如果一个人有了知识这样一个概念，并且认识到自己知识贫乏的现状，他就可以去寻求、靠近知识。相反，如果他认为自己什么都懂，他就远离知识，在他自以为前进的时候，走着倒退的路。当我明白了自己读书非常少的时候，我就产生了求学的强烈愿望；当我知道世界上书籍数目如何庞大的时候，我又产生了分辨好坏、选择好书的愿望。

　　教科书不过是古往今来的各种书籍中一个非常小的部分，你不得不去尊敬它们，但是你不必害怕它们，更不要被它们捆住手脚。如果我在思考一个问题，长期得不到解答，我就去向古代的智者和当代的求索者求教。为着一个明显的目的，我打开了一本又一本的书。有的书给了我许多启发，有的书也令我失望。即使在那些令我失望的书面前，我还是感觉到有所收获，那就是道路没有走完，还得继续走下去。

　　书籍默不作声，带着神秘的笑容等待着我们。当你打开任何一本书的时候，马上你就会听见许多声音，美妙的音乐或刺耳的噪声，你可以停留在里面，也可以马上退出来。至于我，即使那本书里有魔鬼在号叫，我也要听

○用心读书，是为了避免成为不中用的人。

——纪伯伦

一听，这是为了辨别八夜曲、牛鸣、狮吼、苍蝇的嗡嗡和魔鬼的歌唱到底有什么样的差别。这些差别也是知识。

书籍对所有的人都是平等的，即使你没有上过任何学校，只要你愿意去求教，它们都不会拒绝。我读过一点点书，最初是为了从里面寻找快乐和安慰，后来是为了从里面寻找苦恼和疑问。只要活着，我今后还要读一点点书，这是为了更深地认识我自己和我同辈人知识的贫乏。

书籍，在所有动物里面只有人这种动物才能制造出来。读书，人才能更加像人。

一个出色的、高贵的、蓬蓬勃勃的生命，是
注定逃脱不了校园和书本的。

他也会是你
TAYEHUISHINI

✱ 梅子涵

　　我想给大家讲一个故事。故事的主人公是一个中学生。故事和一条
不热闹的路上的一个很小的书店有关。

　　中学生的家在这条路的这一头，他的学校在这条路的那一头，很小的
书店在当中。中学生去上学，或是放学回家，总是要经过很小的书店。中
学生竟然几乎每天都会走进书店。

　　是什么吸引他呢？是里面的书啊！为数不多的一些书，而且也不是经
常翻新的那些书。是那些由一本本放在书架上的书所凝成的气息吸引了
他，是那翻开的一页页书里的令他肃然起敬的知识吸引了他。

　　那几乎是初中的整整六个学期。六个学期的几乎每一天。这个中学
生总共买了多少本书呢？不多，很少。他没能买很多书，那时的一个中学
生，口袋里不会天天有钱，如果有钱，那也是很少的一点点钱，可以买一个
大饼，但买不起一本书。但是他买过一本《叶圣陶谈修改作文》，一本《因式
分解》，一本《袖珍英汉小词典》，还有两本什么他忘记了。

　　一些年之后，这个中学生成了作家，当了教授，他家里的书是那个小书

○读一本好书，就是和许多高尚的人对话。

——歌德

店的很多倍,人家到他家来,第一句话总是说:"啊,你家有这么多书啊!"可是他却一直会想起那路上的那个小书店,想起它的气息,想起那每一次走进去的激动心情。

有一天晚上,坐在灯下,他突然这样想,我现在这样,当着作家和教授,和我那时天天走进那个书店是有关系的。当想到小时候每天进书店的情形,他的内心充满诗意和激动。他又写道:哦,是的,一个小时候就常常走向书、走向书店的人,长大了大概不会平庸的,不会平庸的吧!

现在那个小书店不存在了,就像上海马路上无数的昔日景点一个个消失了一样。有的时候走过那条马路,他会这样想,如果这个书店现在还在,那么他走进去一定会在书架上发现一样以前没有的东西,它放在《叶圣陶谈修改作文》的位置,放在《因式分解》的位置,放在《袖珍英汉小词典》的位置,这就是他写的书!他写的书没有他曾经买的书那样不朽,那样实用,但是这是他写出来的,它被放在了他少年时代天天走进的书店里,会有一个个年轻的中学生来翻看它,买走它。想到这一点,他心里如画如诗,只感到生命迷离般的美好,恍恍惚惚。

我如果问你们,这个故事里的中学生是谁,你们不会说不知道,是的,他是我。

> 谢谢你，格蕾小姐！谢谢你指导我进入书中可以找到的那种充满奇观、美感、智慧、想象的世界。

谢谢你，格蕾小姐！

XIEXIENIGELEIXIAOJIE

✽ [美]胡　佛　林衡哲　廖运范　译

　　我15岁时离开学校到俄勒冈州沙陵地方一家商行当练习生。一天，办公室来了一位格蕾小姐，她是一位身材颀长的女士，30多岁，态度亲切，面目和善，笑得十分动人。接待室只有我一个人。她自称是一位学校教员，问我求学的事。我告诉她我必须工作谋生，但希望能进本城行将开办的一所夜校读书。后来我发现格蕾小姐教书以外的职业是劝导沙陵地方工作的年轻人，或者也可以说她很关心这些年轻人。

　　她问我对读书有无兴趣，读过什么书，从我的回答中她必定认为我需要读一些范围较广的书。老实说，生长于严肃的教友派家庭的我，读过的书只限于圣经、百科全书和一些关于恶魔不得善终、英雄终必来临之类的小说，现在当了练习生，只阅读我上司看过的报纸。

　　我还告诉她，公余之暇我还担任沙地垒球和垂钓的职务。尽管如此，格蕾小姐仍然问我是否愿意和她一同去本城一家小型的图书馆借书。到了图书馆，她说要借一本《撒克逊劫后英雄略》。她把书交给我，说我会觉得它有趣。在办公室办完杂务之余和夜晚，我阅读那本书，它为我开拓了

○书籍把我们引入最美好的社会，使我们认识各个时代的伟大智者。

——史美尔斯

一个新天地,这个新天地里充满了阵战杀伐的惊险,校场比武的壮观,蕊贝卡单相思的黯然销魂,黑武士和洛克斯雷的英雄气概,艾凡赫的颠沛流离(按:蕊贝卡、洛克斯雷、艾凡赫都是司各特的《撒克逊劫后英雄略》中的人物)。突然我开始把书看成活的事物,而希望阅读更多的书。

几天后格蕾小姐再度来办公室,这次她建议我读《大卫·科波菲尔》。现在我仍清楚地记得书中人物摩德斯通的严厉,密考伯的达观,尤利亚·希普的奸诈,在以后的年代中我曾多次活生生地遇见过他们。

于是我的眼界由于读书而扩大了,有时由于格蕾小姐的帮助,有时出于我的自动,我沉迷于萨克雷、欧文的作品,华盛顿、林肯、格兰特的传记。

在夜校里,校长介绍给我一些有关数学、基本科学和拉丁语文的教科书,这些当然都重要,但回想起来,我认为格蕾小姐鼓励我读的书也有其重要性。教科书对于学习是必要的,而激发想象力和对人生的进一步了解的,则是格蕾小姐介绍的另外一些书。它们容四海于一家,增广我的见闻,使我自觉成为人类巨大潮流的一部分。

17岁时我进入斯坦福大学学习工程。指定必读的参考书,课外管理垒球、足球队的职务和自食其力的工作占去了我的时间。但格蕾小姐仍不时写信给我,建议某些要读的书。

在我开始担任工程师时,格蕾小姐的影响力有增无减,在此后18年中一直毫无间断。在担任工程师的工作中我有许多长时间的旅行,足迹遍及全世界:从美国到中国、到缅甸、到墨西哥、到澳洲、到加拿大、到俄国,而且旅途中船上、车上等这等那,一等几小时。这些时间正可用来读书,多谢格蕾小姐的熏陶,某次旅途中我带着笛福、左拉、巴尔扎克的大部头作品。另一次旅行我携带一些不那么生动的书,如斯宾塞、米尔、巴吉霍诸家的著作。又一次我随身带着卡莱尔的《法国革命史》、吉本的《罗马帝国衰亡史》和一些希腊、埃及的通俗史书。此外我也阅读关于穆罕默德、释迦牟尼、孔子的书,以及更多的美国历史。

由于第一次世界大战到来和战后许多年中职务繁忙侵占了我的时间和精力,读书停顿了,然而格蕾小姐的影响力并未终止,甚至深入白宫。

1929年我进白宫时，发觉那儿除了历任总统公布的文件外，书籍十分贫乏，就是历任总统的文件也不齐全。一天我和我的老友书商约翰·豪威尔谈及白宫缺少代表美国著作的情形，在他的领导下并由于美国出版协会的合作，一共选择了五百来本代表作。这些书大部分我个人早已读过，但深为许多其他在白宫居住的人所喜欢。

这批书使我永远记着格蕾小姐，也永不忘记约翰·弥尔顿的名言："好书是俊杰之士的心血，秘宝薰香，以传后世，永垂不忘者也。"我重复本文标题，我衷心地"谢谢你，格蕾小姐！"谢谢你指导我进入书中可以找到的那种充满奇观、美感、智慧、想象的世界。

（本文作者胡佛为美国第31届总统）

○读书足以怡情，足以长才。

——培根

阅读,使我们的生命体验一次次得到延展和升华。

阅读,是为了什么?

YUEDUSHIWEILESHENME

✳ 邢宇皓

几天前,到朋友家做客。朋友的孩子只10岁出头,已是品学兼优。斗室之中,大人们叙谈,孩子们在一旁静静地读书。我偶然一瞥,孩子捧读的竟是散文。好奇心驱使,便有了以下的对话:

"这书好看吗?"

"不——好——看。"孩子们拉长声音强调。

"那干嘛还看啊?"

"老师说多看这些书,作文自然而然就写好了。"

忽视阅读,固然是现实的困境;而缺乏与生命体验相关联的阅读,却也是阅读的尴尬。

连续几年,有关机构对我国公众阅读情况进行了抽样调查,尽管各方对所获数据的解读见仁见智,但国人阅读状况不容乐观却是不争的事实——生活节奏太快,没时间读书;社会压力太大,没心情读书;信息渠道太多,不需要看书;图书价格太高,没有钱买书……

阅读没有高下之分。无论是为学业前途而读、为职场进取而读的"功

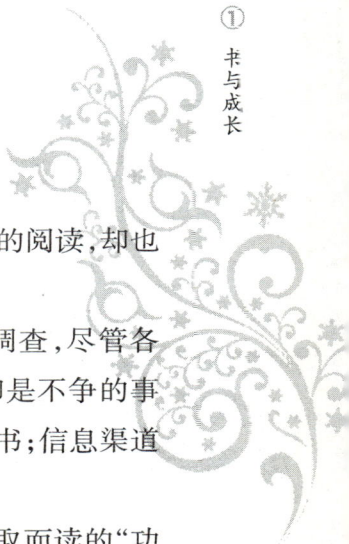

① 书与成长

利阅读"，还是为获取信息而读、为体验时尚而读的"浅阅读"，不仅无可非议，而且应当受到尊重。但是，这并不是阅读的全部意义。

阅读，是为了什么？

"阅读，是为了活着。"法国作家福楼拜的回答简短而朴实。虽然不是空气、阳光、食物和水，阅读却同样是我们生命中不可缺少的元素。前者关乎我们是否能活着，后者关乎我们怎样去活着。

阅读，是为了让人活得更有智慧。它令我们突破空间的束缚，与智者同行。所获得的，不仅仅是知识和技能。无知者，固然无畏，也注定无为。有智者，所求的不是身外的闻达，而是心灵的安顿。

阅读，是为了让人活得更有尊严。它令我们跨过时间的设定，思接千年。让眼前的蝇头小利、蜗角虚名不再是我们行动的羁绊，拥有健全的人格，使我们成为自身的主宰。

阅读，是为了让人活得更有力量。它令我们克服自身的局限，无所畏惧。真正的力量体现并不是力拔千钧，而是超越趋利避害的生物本能，平凡处甘于默默奉献、危急时敢于舍生取义。

阅读，使人成为人。

土耳其作家奥尔罕·帕慕克将人生比作一次单程旅行——一旦结束，没有人能重来一次——但对于一本书来说，"当你读完它时，你可以回到开头处，再读一遍，如此一来，你会对生命有进一步的领悟"。正是在这个意义上，阅读，使我们的生命体验一次次得到延展和升华。

4月23日，"世界读书日"，并不是一个具体的"读书的日子"，它只是一种提醒。阅读，不应该成为额外的负担，也不应该成为一种刻意的安排，就如同拜访一位老朋友——随时随地都可以启程，就用你感到最惬意的方式。

○读书在于造成完全的人格。

——培根

读书生涯使人由内到外获得了新生，拥有过去、现在和未来。

阅读到底有什么意义？

YUEDUDAODIYOUSHENMEYIYI

❋ 曹文轩

● 阅读是一种人生方式

阅读是对一种生活方式、人生方式的认同。阅读与不阅读，区别出两种截然不同的生活方式或人生方式。这中间是一道屏障、一道鸿沟，两边是完全不一样的气象。一面草长莺飞、繁花似锦，一面必定是一望无际、令人窒息的荒凉和寂寥。

一种人认为：人既然作为人，存在着就必须阅读。肉体的滋长、强壮与满足，只需五谷与酒肉，但五谷与酒肉所饲养的只是一具没有灵魂的躯体。这种可以行走、可以叫嚣、可以斗殴与行凶的躯体，即使勉强算作人，也只是原初意义上的人。关于人的意义，早已不是生物学意义上的——生物学意义上的人便是：两腿直立行走的动物。现代，人的定义却是：一种追求精神并从精神上获得愉悦的动物——世界上唯一的那种动物，叫人。这种动物是需要通过修炼的。而修炼的重要方式或者说重要渠道，便是对图书的阅读。

另一种人认为——其实，他们并没有所谓的"认为"，他们不阅读，甚至并不是因为他们对阅读持有否定的态度，他们不阅读，只是因为他们浑浑噩噩，连天下有无阅读这一行为都未放在心上思索。即使书籍堆成山耸立在他们面前，他们也不可能思考一下：它们是什么？它们与我们的人生和生活有何关系？吸引这些人的只是物质与金钱，再有便是各种各样的娱乐。至于那些明明知道阅读的意义却又禁不住被各类享乐诱惑而不去亲近图书的人，我们更要诅咒。因为这是一种主动放弃的堕落。几乎可以说：这是一种明知故犯的犯罪。

● 读书可帮助我们壮大经验并创造经验

天下事，多到不计其数，人不可件件亲自实践。人这一辈子，无论怎样辛劳、勤勉，实际上只能在极小的范围内经验生活、经验人生。个人之经验，九牛一毛、沧海一粟。由于如此，人认知世界，十有八九是盲人摸象，很难有对世界的完整把握。由于如此，人匆匆一生，对生活、对人生的理解也就一片苍白，乃至空洞；人对活着的享受，也就微乎其微，生命看似蓬勃，但实际上只是虚晃一世。鉴于如此之悲剧，人发明了文字，进而用文字写书。书呈现了不同时期的不同经验。一个识字人，只须坐在家中，或案前，或榻上，或瓜棚豆架之下，便可走出可怜的生活圈栏，而进入一个无边疆域。明明就是身居斗室，却从别人的文字里看到了沙漠驼影、雪山马迹、深宫秘事、坊间情趣……读书渐久，经验渐丰，你会一日又一日地发现，读书使你的心灵宛如秋天雨中的池塘，逐渐丰盈。

● 读书养性

人之初，性浮躁。落草而长，渐入世俗，于滚滚不息、尘土飞扬的人流中，人很难驻足，稍作停顿，更难脱浊流而出，独居一隅，凝思冥想。只有书可助你一臂之力，挽你出这糟局。读书具有仪式的作用。仪式的力量有时甚至超过仪式的内容。今日，人焦灼不安，从心底深处渴求宁静和绿荫。此时，人的出路也大概只在读书了。那年，我在东京教书时，我的研究生们来信，说了他们工作之后的心态，觉得自己现在变得很难沉静下来，对未来颇感惶恐。我写信给他们说：任何时候，任何地方，只要不将书丢掉，一切就都不会丢掉。

○读书使人聪明，使人文明，使人上进。

——莫耶

读书人与不读书人就是不一样,这从气质上便可看出。读书人的气质是由连绵不断的阅读潜移默化养就的。有些人,就造物主创造了他们这些毛坯而言,是毫无魅力的,甚至可以说是很不完美的。然而,读书生涯居然使他们由内到外获得了新生。依然还是从前的身材与面孔,却有了一种比身材、面孔贵重得多的叫"气质"的东西。我认识的一些先生,当他们安坐在藤椅里向你平易近人地叙事或论理,当他们站在讲台上不卑不亢不骄不躁地讲述他们的发现,当他们在餐桌上很随意地诙谐了一下,你会觉得这些先生真是很有神采。此时,你就会真正领略"书卷气"的迷人之处。

● 读书能帮助我们发现前方,并引领我们走向前方

读书其实培养的是一种眼力。不读书的人其实是没有前方的,也是没有过去的。拿我自己讲,我写了那么多的书,那里头的那么多故事,其实都是写的我的来路——几十年的来路上发生的故事。我有时候在想:和我一起成长起来的人,他们为什么写不出小说来呢? 我回老家,经常与他们聚会,我发现,我说到的童年往事,他们往往都没有印象,有印象的,又不能像我这样去深入地理解。他们的回忆与我的回忆,有着本质上的差异。我发现过去那么多那么多的故事,我看到在我的来路上,那些故事犹如夏天夜空的繁星在闪烁。那么这个力量是哪里来的? 我唯一要感谢的就是书,是书本给了我发现从前的力量。

读书人读着读着就有了过去、现在和前方——风景无边的前方。什么叫读书人? 我这里简单下一个定义:拥有过去、现在和未来的人,叫读书人。

● 阅读是一种优雅的姿态

人类无疑是一切动物中最善于展示各种姿态的动物。体育场、舞台、服装模特的 T 型台,这一切场所,都是人类展示自己身体以及姿态的地方。人类的四肢,是进化了若干万年之后最优秀、最完美的四肢。即便如此,人类依然没有停止对自己的身体以及姿态的开发。人类对造物主的回报之一,就是向创造了他们的造物主展示他们各种各样的优美姿态。但有一天造物主对人类说:你们知道吗? 人类最优美的姿态是读书。

> 读书不仅丰富知识，给人以力量，而且滋养心灵，促人思考，给人安全感和幸福感。

我们为什么要读书

WOMEN WEISHENMEYAODUSHU

✽ 于 丹

读书到底给我们什么？温家宝总理曾说，读书不仅给人力量，而且给人安全感和幸福感。他说，他很希望有一天看见地铁里面人人都捧着一本书。我看到这段话的时候，心里真是充满了感动。因为我们平时说读书给人知识、给人力量，似乎已经是一个最高境界。

但其实我把现在的阅读分成有用的阅读和无用的阅读。所谓有用的阅读就是为知识的阅读，为了拿一个文凭，为了在社会职业中提升自己的阅读。在这个时代，这当然是重要的。但是，比这更美好的境界是无用的阅读，就是为生命、为成长的阅读，它不见得给你一个直接的文凭，不一定给你专业的技能，但是它给你心灵的辽阔，给你幸福感和安全感。

读书在我们今天这个时代到底有什么用呢？我想除了帮我们应对世界之外，更重要的是确认自我。今年的毕业生都在抱怨，入行的门槛越来越高了，入行的薪水越来越低了，他们说，我们这拨孩子怎么这么倒霉，扩招进来的，而出门的时候偏偏赶上了危机，到处不是减薪就是裁员，我们怎么办？社会给我们的价值评定又是什么？

○书籍是作者为我们渡过危险的人生之海而准备的罗盘、望远镜、六分仪和海图。

——杰·李·贝内特

我想，不管这个社会现在给你什么评定，关键是自己怎么认定自己。

有这样一个故事，说有一个徒弟去问他师傅，一碗米是多少钱的价值？师傅说，一碗米，这太难说了。看在谁手里。要是在一个家庭主妇手里，她往里加点水，蒸一蒸，半个钟头一碗米饭出来了，就是一块钱的价值。要是在有点脑子的小商人手里，他把米好好泡一泡，发一发，分成四五堆，用粽叶包成粽子，就是四五块钱的价值。要是到一个更有头脑的大商人手里，把它适当地发酵、加温，很用心地酿造成酒，一瓶酒有可能是一二十块钱的价值，所以一碗米到底多少价值，这要因人而异。

假设我们每个人的生命都是一碗米，谁能说一碗米是多少钱的价值呢？但是这里有一个规律，我们加工的时间越短，费的心思越少，越接近原来的形态，它的价值就越低。而今天大家都说职业竞争很激烈，我看到我周围的孩子们，就是着急把自己做成一碗米饭卖出去，就是赶紧得把自己变现了。

有谁经得起把自己酿成一瓶酒呢？酒离米的形态是最远的，酿造的时间是最长的，中间失败的元素是最多的，你还敢于这样去实验吗？所以我们说，读书养心。一个人的心灵辽阔了、自由了，自我的确认明确了，那么他跟这个世界的默契程度就会大。但这不是说这个世界就能变得温柔了。文化的力量，我们不能夸大它，它不能阻止地震的来临，它也不能改变金融危机，它能改变什么？它改变的是我们面对这一切的态度，它改变的其实是我们自己和世界相遇的方式。

生活都挺残酷。可以说生活就是一锅滚开的水，它一直都在煎熬你，问题是你自己以什么样的质地去接受煎熬，最终会看到不同的结果。

我们来做一个实验，你的眼前有三锅水，都滚开滚开的，你试着往第一锅水里扔一个生鸡蛋，往第二锅水里扔一根生的胡萝卜，往第三锅水里扔点干茶叶。生鸡蛋，最开始很鲜亮、很柔弱，都是流动的，像我们鲜鲜亮亮的、满怀梦想的心，但是在生活里熬啊煮啊，最后煮硬了，愤世嫉俗，以偏概全，觉得这个世界很艰难，人心很险恶，前途很渺茫，我们经常看到这样的人，充满了抱怨，这是被生活煮硬的人。

再看胡萝卜,胡萝卜一开始有款有型,鲜鲜亮亮很漂亮,但是最后成了胡萝卜泥了,就是被生活煮软了的人,"好好先生",大家人云亦云,为他人活着,服从别人,这种人固然挺善良,但是失去了自我。

再看第三个锅里,茶叶同样是受煎熬的,但是恰恰是这种煎熬沸腾,使得它所有的叶片都舒展开,能够起伏着,把自己的能量释放出来,在被这个社会成就它的同时,它也把无色无味的水改变成了一锅香茶,这就是彼此的成全。

我们能做什么呢?我们不能要求社会降低温度,不再沸腾,减少煎熬,我们只能选择自己是一个生鸡蛋,是一把干茶叶,还是一个胡萝卜,我们能选择的是自我。读书就是干这个的,就是滋养自己。

○我身上所有一切优秀的品质都归功于书籍。

——高尔基

培养自己的主体意识、创新精神、道德约束力、心理承受力，对现实的观察力和适应力，以及对美的感受、鉴赏和创造力。要做到这些，学校的课堂教育是远远不够的，一个很好的办法就是通过课外阅读进行自我教育。

先做"书呆子"
XIANZUOSHUDAIZI

才能成为聪明人
CAINENGCHENWEICONGMINGREN

✽ 解思忠

如果说，母亲对我进行自强、自爱的教诲，是我幼年的一大幸运，那么，在我上小学期间，大姐多次给我邮寄课外读物，则是我少年的另一大幸运。

我刚上小学时，学校只开语文和算术两门课，能看到的也就只有《语文》和《算术》这两本书。当时连课本都买不起，还奢望去买什么课外读物呢？我小时候没有东西可阅读，就经常在炕上爬来滚去，盯着旁边的炕围画看，许多画面至今仍有记忆。那些炕围画的内容好像都是些戏剧故事，我看不明白，却觉得好奇，便问母亲，母亲只能讲出其中一幅的内容，那就是"三娘教子"。

大姐到北京解放军炮兵技术学校后，便开始给我寄课外书。虽然时过半个世纪，但那些课外书的内容我仍记忆犹新——

最早寄来的是《看图识字》。那是一种四方开本的小书，每一个词的上面都配了一幅图画："工人"正在炼钢炉前炼钢；"恶霸"头戴瓜皮帽，满脸络腮胡子；"特务"头戴压檐帽，眼戴墨镜……此外，还有"汽车"、"火车"、"飞机"、"轮船"之类的东西。只有"救火车"一词让我大惑不解——怎么"火车"还需要"救"呢？而且，从图画上也看不明白，问周围的人也都不知道。直到许多年之后，我才知道救火车原来是用于灭火的车辆。

后来，大姐给我寄来的是一些有故事情节的小人书。记得其中有一本名叫《张强寻妻》，封面上的张强，手执长矛，正在冲向熊熊大火。书中讲的是古代一位名叫张强的男子，如何克服种种艰险和诱惑，终于找到了自己妻子的故事。其中有这样一个情节：张强在寻妻途中，有一天夜晚投宿到一个豪华的大宅院，主人是一位老者，听了他的遭遇后，深表同情，便劝他留下来，并许诺将自己年轻貌美的女儿嫁给他。张强婉言谢绝，仍坚持要继续寻妻。第二天，张强告辞老者，继续赶路。当他走出一程之后，回首一看，那座豪华的大宅院居然变成了一座坟墓！

再往后，大姐就给我寄来了没有画面的"字书"。其中的《唐诗一百首》和《宋词一百首》对我影响最大，可以说，我对古典诗词，乃至于对文学产生浓厚兴趣，就是从那时开始的。另外，还有一些自然科学方面的书，印象最深的是《十万个为什么》；记得还有一本书的名字就叫《一本书》，内容是介绍一本书从编辑、排版到印制成书的整个过程。

此外，二姐参加工作后也经常带回家一些杂志，如《新观察》《中国妇女》，至今我还记得杂志中的许多内容。这些书和杂志，对一个地处偏僻农村的孩子来说，实在是一笔财富！正是这些书和杂志，开阔了我的视野，激发了我的好奇心和想象力，培养了我对读书的兴趣。

父亲在我1岁多时就已去世，老师在我毕业后便难以寻觅，朋友又不能一直陪伴相随；而书籍，就在我的书架上，就在我的枕头边，就在我的提包里，书籍是我永远的父亲、永远的老师、永远的朋友。读一本好的书，就如同是在聆听父亲高明的教诲，如同是在接受老师良好的教育，如同是在与有品位的朋友谈心。世界上做任何事情几乎都有"机会成本"———一种资源用之于生产某种产品时，就不能同时用之于生产其他产品；生产这种产品的机会成本，就是放弃生产其他产品的代价。读有用之书，是机会成本最低而回报率最高的长期投资。世界上做任何事情几乎都得有条件，而读书最好的条件仅仅就是养成读书习惯———只要养成了读书习惯，就会有

○应做的功课已完而有余暇，大可以看看各样的书，即使和本业毫不相干的，也要泛览。

———鲁迅

时间读书,就会有心情读书,就会找到应该读的书。

我小的时候,由于整天捧着书本,曾被周围的一些同学讥笑为"书呆子";后来,我也接触过一些被讥笑为"书呆子"的人。我最终发现,必须先做书呆子,才能做聪明人;如果一开始就想做聪明人,而不去认真读书,其结果连书呆子都做不到,只能是个真正的呆子。一个人要是一开始就能在读书与实践上保持协调,既博览群书,又洞明世事,自然是最好不过的了;但事实上是不可能的,总得有一面在起先导作用,这就是读书。只有先大量地阅读,才能有助于洞明世事。把一个书呆子调教聪明容易,而把一个油滑的人调教成一个有学养的人几乎是不可能的。退一步说,即便是做个书呆子,也要比做个油滑的人好——他毕竟是个正派人。

现在,中小学正在减轻学生负担,推行"素质教育"。在减轻繁琐的课程负担的同时,实在是应该让学生有更多的时间读些好的课外书。1999年10月,江苏教育出版社出版了沈志冲主编的《中学生素质教育》和《小学生素质教育》两本书,我应约写了题为《致青少年朋友》的序言,文中有这样一段话:"现在学校不是正在进行素质教育吗?你们不要以为只学学诸如弹琴、绘画之类的艺术,以及编织、烹饪之类的技能,就是弥补了课堂教育的缺陷,就是全面提高了素质。我不反对你们在课余涉猎一下某一艺术领域,熟悉一下某种技能,但千万不要只停留于此,而要着眼于全面素质的提高,尤其是要注重人格、精神、道德、心理和审美等诸种素质的提高,培养自己的主体意识、创新精神、道德约束力、心理承受力,对现实的观察力和适应力,以及对美的感受、鉴赏和创造力。要做到这些,学校的课堂教育是远远不够的,家庭教育和社会教育也往往有缺失,一个很好的办法就是通过课外阅读进行自我教育。"

① 书与成长

哈佛，凌晨四点半

武宝生

哈佛大学图书馆有这样一条馆训："现在睡觉的话，会做美梦；而现在读书的话，会将美梦变为现实。"我到美国旅游时，首站就选了哈佛大学。而参观哈佛大学的第一件事，就是到维德勒图书馆。

维德勒图书馆藏书345万册，是哈佛大学100多座图书馆中极为普通的一座。然而，这座普通的图书馆却极不寻常。

由新英格兰红砖砌筑的坚实墙体外，耸立着两块石碑，其中一块的碑文是："维德勒，哈佛大学学生，生于1885年6月3日，1912年4月12日与泰坦尼克号一起沉入大海。"另一块碑文为："这座图书馆由维德勒的母亲捐建于1915年6月24日。馆内最有意义的一本书是《弗朗西斯·培根散文集》。"

原来，当泰坦尼克号沉没之时，维德勒和他的母亲一起正准备登上小船逃生。突然，维德勒转过身，让母亲先上小船，自己却要返回船舱。他告诉母亲："我忘带《弗朗西斯·培根散文集》了。我不能让这本我喜爱的书沉入海底！"就这样，爱书如命的哈佛学子维德勒，为抢救一本书，最终和书一起沉入海底！

在图书馆中厅的一角，终于找到了我渴望已久的那本《弗朗西斯·培根散文集》。它，摆放于一个不大而密封的玻璃框内。书，已完全褪色。这本书，极普通的纸质，没有精美的包装。此书是维德勒的母亲捐建成该图书馆后，购买的第一本书。这本书在此已经静静地躺了95个年头了。书的下方写着一行字："书与维德勒同在！"我屏住呼吸凝望着这本极富生命力的书，仿佛看到当年维德勒紧抱着它一起沉入海底时的悲壮情景……

我怀着异样的心情走出维德勒图书馆，久久地深情地望着正沐浴于灿烂阳光下的哈佛校园。哈佛的塑像屹立于旧校园的墙前。路上的行人，不见浓妆，没有艳服，只有匆匆的脚步；湖边、树下、草坪上，到处是学子们读书、做记录、思考问题的情景。

哈佛占地154公顷，没有现代化的高楼大厦，随处可见用新英格兰红砖建筑的图书馆。哈佛人爱书如命。可以说，在哈佛大学每个人都是一座图书馆！哈佛的博士，每天要啃三本大书，还得向导师交上颇具独到见解的阅读报告。英国一家电视台曾做过一个题为《凌晨四点半》的专题节目，内容反映的是，在一个普通的凌晨四点半，哈佛图书馆内，座无虚席，已经坐满了静静地看书、认真做笔记、积极思考问题的哈佛学子……

我在哈佛大学旁的旅馆住了下来，决定亲自目睹一下哈佛校园的凌晨四点半。

○对图书倾注的爱，就是对才智的爱。

——德伯里

第二天凌晨四时刚过,我再一次来到哈佛校园。美丽的校园沉浸于晨光曦色中。湖边、路边,许多学子正在聚精会神地晨读着。走进藏书逾千万册的哈佛大学图书馆,只见每间阅览室都灯火通明,每个座位上都坐着看书的学子……

如今的哈佛大学,已经诞生了8位美国总统、40位诺贝尔奖得主和30位普利策奖得主。哈佛人的成功,离不开图书馆。哈佛人爱书如命。他们通过认真读书,大胆创新,将一个个梦想变为现实。

① 书与成长

书有一点小小的"架子"：你不主动去找它，它也不会理你。你只有常常去找它，跟它交朋友，它才会毫无保留地把一切都告诉你！

好书伴我成长
HAOSHUBANWOCHENGZHANG

✳ 叶永烈

我从小喜欢文学，喜欢读书，是图书陪伴我成长。

我先是看家里的书。父亲有几书橱的书，让我看光了。我便到学校图书室、少年之家去借。后来，又向市图书馆等处申请借书证。于是，我手中有好几个借书证。那时，温州市文化馆图书室在中山公园里，还不算远。从我家到九山湖畔的市图书馆，路上来回要走一小时。然而，那里的书却像磁石一样吸引着我，使我不住地往那里跑，借回心爱的书。

那时，我最爱看小说。像《三国演义》、《水浒》、《西游记》，看了好几遍。我最喜欢《西游记》，作者那丰富的幻想力使我深为佩服。这样的古典名著，多读几遍是很有好处的：我第一次读的时候，被书里的故事情节吸引住了，读得很快，一口气看完，像走马观花、浮光掠影；第二次、第三次读的时候，所关心的不再是故事情节了，细细品尝，"下马观花"，这才真正读懂这些书。正因为这样，去年我接到创作神话故事片《大闹天宫》剧本的任务，由于平日对《西游记》已经看得很熟，所以在很短的时间内就能完成剧本。

○黑发不知勤学早，白头方悔读书迟。

——颜真卿

那时，我还爱看《把一切献给党》、《普通一兵》、《团的儿子》、《表》、《卓娅和舒拉的故事》、《钢铁是怎样炼成的》……我很崇拜书中的英雄人物。有一次，我读《真正的人》，被"无脚飞将军"的英雄业绩深深感动，我写了一篇几千字的读后感，交给语文老师。不过，《真正的人》开头用了很长的篇幅单纯描写森林里的景象，我看不下去，"跳"了过去——我喜欢读故事性强的作品。至今，我喜欢写故事性强、节奏快、富有悬念、可读性强的作品，这可能是小时候爱读这类作品的缘故吧。

那时，我也很爱读科普书籍。伊林写的《十万个为什么》深深地吸引了我。这本书像一位忠实的向导，领着我进行了一次"室内旅行"，使我明白了自来水、衬衫、镜子之类日常用品中的许多科学奥秘。有一次，我借到一本翻得很旧的《科学家奋斗史话》，一口气把它看完，接着又看了一遍。我懂得了科学家不是天生的，而是"奋斗"出来的。我还读过《趣味物理学》、《趣味几何学》，至今我仍记得其中一些内容。比如，一个飞行员在驾驶飞机时，忽然感到脖子痒痒的，顺手一抓，抓住的竟是一颗子弹！这是因为敌人射来的子弹的方向、速度跟飞机差不多。这个有趣的故事使我明白什么叫"相对运动"。同样，读了"西瓜穿钢板"，使我明白了西瓜能够穿过迎面飞驶而来的坦克的钢板，也是"相对运动"的缘故……我特别喜欢这些用文艺笔调写成的富有趣味的科普读物。

多读书，读好书。书是一位态度和蔼的"博士"，书是没有围墙的大学，书是打开知识大门的金钥匙。至今，我仍在不停地读书，不断从书中吸取教益。不过，书也有一点小小的"架子"：你不主动去找它，它也不会理你。你只有常常去找它，跟它交朋友，它才会毫无保留地把一切都告诉你！

> 一个人成长的过程,是身心两方面不断健壮丰富的曲折经历。而心灵的成长,有赖于优秀读物的滋养。

成长的过程

CHENGZHANGDEGUOCHENG

✹ 赵丽宏

　　前些日子,收到肖铁的一本书,书名是《成长的感觉》。这本由天津教育出版社出版的书很厚,有400多页,书中有散文,有诗,也有小说,还有一些从小学到高中的作文。这是一本很特别的书,在这本书里,一个有聪慧而有才华的少年以他清新真挚的语言,向人们倾诉着他的感情,也表达着他对人生、对这个世界的看法。在他的文字里,清晰地印着他在不长的人生旅途上留下的脚印,这脚印勾勒出来的并不是单调的直线,其中的曲折,成人难以想象。正如写在书的封面上的介绍:这是"一部融入痛苦、欢乐,烦恼、快慰,忧伤与美丽的心灵画卷"。少年读这样的书会生出共鸣和钦佩,成人读这样的书则会生出很复杂的感慨。而我,很难形容翻阅这本书时心里的喜悦,因为,这是我熟悉的一个少年。

　　肖铁是我的好朋友肖复兴的儿子。在我的印象中,他还是个孩子。可以说,我是看着他长大的。第一次见到他时,他才三四岁,站在我面前大声背诵普希金的《渔夫和金鱼》的故事,那稚嫩可爱的童声犹在耳畔。我的妻子怀孕时,他5岁,在肖复兴写给我的信里,附着他画的一张贺卡,上面画

○书籍是青年人不可分离的生活伴侣和导师。

——高尔基

着一间彩色的小房子，烟囱里冒着炊烟，上面歪歪扭扭写着一行字：早生一个胖娃娃。在收到他的贺卡之后不到一个月，我妻子生下了我的儿子。我的儿子8岁时，我带他去河北参加一个笔会，肖复兴也带着儿子一起来了，那年，肖铁刚刚读完初一。两个孩子在一起玩耍，调皮活泼，天真烂漫。但是肖铁还是和他同龄的孩子有些不一样。在旅途上，他谈天说地，道古论今，俨然是一个少年小博士。从他的谈吐中可以想见他阅读的范围之广。每天晚上，他都要写日记。我读了他的几篇日记，发现他不仅能流畅生动地记叙所见所闻，还能对所见事物发表自己的见解。读他的日记，和看他玩耍，完全是两回事。

　　大概在肖铁读初三的时候，有一次，肖复兴告诉我，他带肖铁去书店，肖铁为自己选的竟是《朱光潜全集》，他对美学感兴趣。这样的学术著作，对一个初三学生来说，似乎太深了一点。我曾经想，一个喜欢读《朱光潜全集》的孩子，长大后会怎么样？肖铁读高一的时候，我听说他准备写一部长篇小说。去年年底，真的收到了他出版的长篇小说《转校生》。我读了肖铁的长篇处女作，小说中对当代中学生生活的生动描绘吸引了我，一个少年，能写出这样的小说，而且是长篇，使我吃惊。与此同时，在全国各地的文学杂志和报纸副刊上，我开始不时能发现肖铁的名字。一个少年作家，悄悄地出现在读者的视野中。读他的文章，我感觉到一种陌生——那个天真烂漫的少年肖铁已经消失，取而代之的是一个沉思的富有激情的青年。他在努力以自己的独特的眼光审视他所见到的一切，他在思考，而且尽力避免人云亦云。在冯骥才主编的《文学自由谈》上，我曾读过他写的《灵性与非灵性》，文章批评了冯骥才的散文《灵性》，而且观点颇为尖锐，其中有这样的话："这一代人经历的阶级斗争太多了，灵性不可避免地被这些人为的斗争磨去了不少，或者已经将灵性磨成另一种样子，以为这一切便都是灵性。"这样的批评，确实值得我们这一代作家深思。去年，在《文学报》上，我读到他的散文《壶口的黄河》，在描绘壶口瀑布的壮观景象时，他作了与众不同的联想。尽管是一篇短文，但留给我很深的印象。今年年初，我主编《中国当代美文百篇》时，很自然地想起了肖铁的这篇散文。肖铁是这本书

033

① 书与成长

的选文作者中最年轻的一位，他的散文，和许多名家的文章放在一起，并不见得逊色。

了解一个当代少年成长的过程，是一件很有意思的事情。在《成长的感觉》中，我重读了肖铁的这些文章，对他的成长过程有了更多的了解。这过程，是身心两方面不断健壮丰富的曲折经历。我们许多孩子的父母，竭尽全力让孩子吃好的，穿好的，辛辛苦苦为孩子奔忙，陪他们做功课，应付考试，然而当孩子长大了，回头一看，却看不见孩子走过来的足迹。而肖铁，用自己的笔，用属于他自己的语言，真实地写出了他的成长过程。也许，肖铁是他们这一辈人中的佼佼者，但在他的身上，还是体现了一代新人的成长和进步。读《成长的感觉》这样的书，使我很形象地体会到，什么叫作"青出于蓝而胜于蓝"。

在我写这篇短文的时候，肖铁已经成了北京大学的学生，并成为中国作家协会最年轻的会员。在电话里，他冷静而简短地谈这件事情，也许激动的时刻早已过去。肖复兴告诉我，肖铁推辞了好几家出版社的约稿，他很清楚，对他来说，现在最要紧的事情还是读书。他没有把已经获得的那些成功当成负担（这样的成功，会使很多人沉醉其中，从而成为前进的障碍），肖铁的冷静和清醒，使我欣慰。相信他一定会有更远大的前程。

○不去读书就没有真正的教养，同时也不可能有什么鉴别力。

——赫尔岑

心中的力量，来自读书。是书，让成长中的灵魂更加丰满。

心中的风景

XINZHONGDEFENGJING

✳ 张紫璇*

在今天的环境中，迷失自我很容易，在清晰判断方向之前，我们往往已经被来自各方的压力裹挟进种种洪流里，趣味下滑来得自然而然，坚持独立价值甚至是近似放肆的表现。害怕被孤立、被为难、被淘汰，成长是与环境对抗和妥协、与同伴比较和竞争中的螺旋式上升，坚持下去，需要绝对强大的力量。

我心中的力量，来自读书，读书丰富着我的生命体验。众声喧哗，心中自有风景，读书是可以在方寸之间受万物之备的事，林泉之美输之多矣。

小学时的夏天，放了暑假，悠长悠长的中午，全世界都在午睡。院子里，我抱着最爱的童话窝在摇椅上，痴迷地读着。夏日的阳光从头顶花架上顺藤而下，在胳膊上投出蜂蜜色的影，浇湿的地面偶尔趁着溜过的小风升起些微凉意，似有似无地撩拨着什么。那是我一个人的世界，也是我童年记忆中最静谧美好的时刻。父母虽也带我去过不少景点领略山川之美，然而都不曾有那时刻的专注之美深入我心。风光之美多是即时的享受，心中的风景之美却是可以随时光流转沉淀、反复、叠加的欢喜。

* 作者写作此文时在读高中一年级。

① 书与成长

时序更迭，进入中学，涉猎也广泛起来。古典诗词、名家散文、历史随笔、各类小说，重门洞开，真要时时有目不暇接之感了。同学好友之间以互相借书阅读为乐事，因某本书某段文字生发出来的种种奇思妙想常为我们的交流平添许多趣味。拿小说里的人物来附会调侃某个好友，模仿某位作者的腔调作文，或是模仿某个典型人物的口吻说话逗趣，都是寻常的事。父母说要珍惜这样的读书时光，因为在更长的人生旅程里，读书会是自我的事。我知道他们这话里的深意。

有次北海乘船，春风温软，从书包里翻出当时正迷着的周作人先生的《雨天的书》，读到"我们于日用必需的东西以外，必须还有一点无用的游戏与享乐，生活才觉得有意思——看夕阳，看秋河，看花，听雨，闻香，喝不求解渴的酒，吃不求饱的点心，都是生活上必要的——虽然是无用的装点"。当时觉得真是好极了。身边的风景与心中的风景契合，还有什么多余的奢求呢？

2014年的暑期刚过，我进入北京四中读书，开始高中生活，学习必然要紧张很多。也许，未来三年里，我会少有闲暇顾及随意的阅读，但书籍的力量之能使人终身受益，而不为短暂的经历掩没，甚至历久而弥坚，正是因它具有一种我们称之为"潜移默化"的效力。

四季昼夜可以雕琢草木山光，心中有风景的人不失乐园。何况，于学习、考试中积累知识，亦如同为人生架构筋骨，为乐园铺垫富有营养的土壤。杨绛先生也说"读书钻研学问，当然得下苦功夫"，读书"乐在其中"并不是讲读书是件纯粹享受的事儿。事实上，在自得其乐的读书与清苦钻研的读书之间，论趣味，并没有不可逾越的鸿沟，只有内心不够坚定的人，才斟酌二者的差异。通达者知道，时间易逝，顾盼易失，前行就好。

○人之气质，由于天气，本难改变，唯读书则可变化气质。

——曾国藩

孩子：你长大最好做一条书虫，我们家有的是桑叶，不愁把你养成一条白白胖胖的虫儿……

长大最好做一条书虫

ZHANGDAZUIHAOZUOYITIAOSHUCHONG

✳ 安武林

小女儿，你来到尘世两个多月，你的父亲我已三十出头，而你的母亲也已届而立之年了。人家都说人到三十不学艺，你的母亲却又捧起了书本，上什么走读。

我们家的居室狭小，仅有一张写字台。你的母亲坐在写字台那儿温习功课，我就得搬把椅子躲进厨房里。我们互不干涉，各读各的书。倒是你"哇"的一声，我们马上放下书本，立刻奔向你的身边。

我野心勃勃想圆我的作家梦，想做一个好的作家，虽然我已小有名气了。所以，书不可一日不读，不能吃老本。买书，读书，写书，是你父亲生命的寄托和生活的全部内容。

你母亲给你读我发表的童话时，她很自豪。她说：乖乖，我给你念一篇你爸爸写的童话。我也很自豪，我觉得我的作品和我的女儿同出一辙，你们都是我的心血和幸福。你一点儿也听不懂，可你母亲还在很傻地给你读。

夜深人静，全厂里亮得最久的灯光一定是我们家的。我们没有冰箱和音响,而电费却居高不下。你母亲接到电费的收据,总是苦笑着说:比上个月超了。那说明我们读的书也比上个月多了。

有时,读书疲倦了,望着对面楼上的灯光,听见麻将牌的哗哗声,便想入非非。也许我们生活得太单调、太乏味,除了书还是书。如果我们不爱读书不爱写作,兴许会获得更多乐趣,你也能得到很好的照顾。人家说带孩子很苦很累,我们的苦累更是多了一重。

我喜欢抱着你读书或写作。我想早早地把你熏陶熏陶,让你适应一下我们的环境和氛围。免得你长大了,说我们自私,这个家庭里缺乏温情和爱意。其实,爱是一部书,书就是一份爱。我很希望你能早早享受到这份爱。

我和你母亲喜欢幻想。读罢书,便开始想象未来。你母亲说:将来安琪儿长大了,我们让她干什么?我说:最好做一条书虫儿。我们家有的是桑叶,不愁把你养成一条白白胖胖的虫儿。

我们的居室,一定是愈来愈宽敞;我们的书籍,一定是愈来愈繁多;我们的女儿呢,一定是愈来愈像我们。一家三口,皆是一心一意的书虫儿。三张桌子,必不可缺少。

我们的未来,应该是这个样子。否则,那只能说明我们的努力不够,或者我们移情别恋了。在这个时代,保存一种简单的爱好很艰难。但我说,书会给我们勇气的。

○鸟欲高飞先振翅,人求上进先读书。

——李苦禅

2

闻香识书

这是怎样的一种香
沉醉但不会迷失方向
沿着它的指引
你抵达圣洁的殿堂

这是怎样的一种香
蜂飞蝶舞,诱惑难挡
请告诉我,世上还有什么
能胜过别样的书香

书，有它属于自己的历史。社会无论怎样发展、变化，书籍是永存的。

梦游图书城

MENGYOUTUSHUCHENG

✳ 佚 名

青少年阅读书

040

一天晚上，我刚刚睡着，突然听见有人叫我。我一看，原来是在图书馆工作的叔叔。叔叔说："走，我带你到图书城去！""什么？图书城？"我以为叔叔说错了。因为我只知道有图书馆，还从未听说有图书城呢！"是啊，"叔叔肯定地回答，"在那里，你能看到古代的、现代的、外国的各种各样的书。"我一听，高兴极了，赶忙拉着叔叔就走。

进了图书城，没走几步，叔叔就在一大堆牛骨头旁边停了下来。我想快一点去看书，便拉着叔叔的手说："快走吧，这些烂骨头有什么看头。"

叔叔笑了笑，指着那些骨头说："这就是书呀。不过它不是现在的书，是3000多年前的书。那时候，没有纸，也没有笔，有重要的事情，就把字刻在牛骨头或乌龟壳上，你看，那上面不是都有字吗？"

我拿起一块骨头一看，果然那上面有刻过的痕迹，但那些字，我连一个也不认识。

叔叔见我对那些书没多大兴趣，就拉着我向前走去。

走了一会儿，叔叔又站在一大堆砖头跟前。我想，这些砖一定是盖房

○书籍是人类思想的宝库。

——乌申斯基

子用的,可叔叔为什么要在这儿停下来呢? 于是,我指着那堆砖,问:"这也是书吗?"

"是啊,这是古代巴比伦人写的书。他们用小木棒在半干的土坯上写字,然后把土坯烧成砖,这样就可以长期保存了。"

"如果现在也用这种书,那我每天上学,不是就要带好几块砖了吗?"我好奇地问。

"几块? 像你们现在用的误本,要用砖刻下来至少也得几百块。"

"啊!"我惊讶地叫起来,"那我可怎么上学呀?!"

离开那堆"砖书",叔叔领着我走进一间大房子。这里摆着许多用绳子穿起来的竹片和木片,还放着许多丝绸。叔叔说:"这是我国2000多年以前的书。你看,那些竹片、木片和绸子上都写着字呢。"

在另一间房子里,我看了用毛笔写在纸上的书。听叔叔说,离现在大约2000年的时候,我国人民发明了造纸术,于是,书就可以写在纸上了。

接着,我们来到了另一间房子。这里既没有骨头、砖头,也没有纸,满屋子挂满了大大小小的羊皮。叔叔说:"这是1200多年以前欧洲人写的书。他们用鹅毛管当笔,蘸上墨水,把字写在羊皮上。"

"您刚才不是说2000年以前就已经有了纸,怎么过了七八百年反倒用羊皮呢?"我疑惑地问。

"刚才说的是我们中国,这是外国呀!"叔叔回答说。他大概怕我不明白,又解释说:"这就是说我国发明造纸术,要比外国早七八百年哩。"

我们最后走进了一座高高的大厅里。这里的书真有意思,一张像手那么大的胶片就是一本书。我问叔叔这是怎么回事,叔叔说:"这叫缩微胶片,一本书可以缩小到指甲那么大。所以,一本10万字的书,缩小以后还没有一页纸大。"我拿下一张胶片,可是只能看见一些小小的点,一个字也看不见。叔叔从我手里拿走那张胶片说:"来,咱们在阅读器上看!"说着叔叔打开电灯,把胶片放在阅读器上,毛玻璃上便出现了又大又清晰的字。我想,这种书真有趣,我的一个上衣口袋大概就能装几十万本。我边想边看,突然发现叔叔不见了,我着急地高声喊起来,喊着喊着,便从梦中醒来了。

观今宜鉴古。书籍样式的进化，是岁月和创造之光的见证。

书籍式样的进化

SHUJISHIYANGDEJINGHUA

✳ 叶灵凤

我们今日一提到书，脑中所想到的书籍的形式，若不是线装书，必然是铅印书或石印书。这些书籍，不论是中文或外文，不论是线装书或洋装书，它们所代表的，其实不过是书籍式样进化过程中的现阶段式样而已。若以为只有这样将文字印在纸上，再装订成一册一册的东西才是书，那就错误了。再过几个世纪，世上书籍的式样会有什么改变，我们现在固然一时无从推测，但想到有许多规模大的图书馆，已经将卷帙过多的书刊报纸和文献档案以及十分珍贵的孤本书，缩摄成一卷一卷的小型影片，需要查阅参考时就用放映机放大了来阅读，我们就不难想象将来书籍的可能式样。这种摄成影片的书籍，可以存真，可以翻印，平时收藏不占地方，复印手续经济便利，阅读起来也与原书丝毫无异。虽然我们看惯了今日的书，认为一卷一卷的"影片书"未免不像"书"，从今日爱书藏书家的立场看来又未免觉得有点煞风景，但这种"影片书"必然日益发展而流行起来，则是可以预料的事。

其实，我们今日所见惯的书籍式样，哪里又是"书籍"的原来式样

○人的影响短暂而微弱，书的影响广泛而深远。

——普希金

吗？敦煌石室所发现的唐人抄本书，尽是如今日画家所用的手卷那样的卷子。就是所谓宋版书，最初的式样也不似我们今日所见的线装书，而是像裱好了的碑帖或册页那样，这在版本学上称为蝴蝶装、推篷式或旋风式。但这还是纸张发明了以后的书籍。蔡伦发明造纸以前，我们祖先所看的书，乃是用漆写在木片或竹片上，再用草绳或牛皮索穿在一起，这就是所谓木简或竹简。孔子修《易经》，"韦编三绝"，就是将穿书的绳子读断了多次，恰如我们今日将一本书的装订线弄断了一般。不仅著书读书是用这东西，就是日常写信记账也是如此。早几年在西北甘肃一带的古戍卒碉堡遗址中发现的许多汉朝木简，除了军中公文簿录档案以外，有许多都是戍卒的家书，就是很好的证明。

可是我们今日在一般商店的神坛上所常见的关公画像，以及关公手里的那一卷《春秋》，其式栏竟与我们今日所读的线装书一样。关公是三国时人，他即使不看竹简，最低限度也该看"卷子"，画家竟使他看木版或铅本的《春秋》，真是对于我国书籍形式进化历史开了一个大玩笑。就是欧洲的书籍，在我国造纸术和活版印刷术不曾传入欧洲以前，他们所有书籍也都全是手抄本，而且是抄在炼制过的羊皮和牛皮上的，那式样也恰如我们的古代书籍一样，是卷成一卷一卷的卷轴。古代埃及人的书，也是一卷一卷的手抄本，不过他们不大用羊皮纸，而是用尼罗河两岸特产的一种纸草。印度的古经，是写在一种晒干了的树叶上的，那是贝多罗树的树叶，形状很像笋壳或是剪破了的芭蕉扇，然后再一叶一叶用绳穿起来，像我们古时的竹简、木简一样，这就是所谓的"贝叶"经。我国许多大寺院里至今仍有收藏这种古经的。

不久以前，有人在古城尼尼微的遗址中掘出了大批泥砖，有的仅有一寸长，有的有一尺多长，上面刻有楔形文字，一共发现有1万余方之多。后来证实这些都是古代阿述人的书籍，其中有些还是他们的本国史。这些"砖式书"，已有2500年的历史，同我国的漆书竹简、埃及的纸草书一样，都是世上最古的书籍式样。

不过，无论是泥砖还是竹简，无论是卷轴还是穿绳，书籍到底总是书籍。只有历史上传说的有名的亚历山大图书馆中所藏的书籍式样，才是有点出人意外的。当然，在亚历山大时代，一般的书籍式样仍在羊皮纸抄本的卷轴阶段。这样的书籍翻阅起来当然很不方便，于是亚历山大大帝便命令他手下的奴隶每人要读熟一部书，然后用号码将全体奴隶编成一部书目，他如果想到要看什么书，只消按照目录号码喊一声，自然就有一个奴隶走过来，将他要读的那本书的某一章节背诵给他听。这就是历史上著名的活图书馆。亚历山大大帝颇以此自豪，不过，今日的藏书家大约谁也不想收藏这样一种古怪版本的书籍吧？

相关链接

书籍知识

一、 书籍：用文字、图画或其他符号，在一定材料上记录知识、表达思想并制成卷册的著作物。

二、 图书：书籍、期刊、画册、图片等著作物的总称。联合国科教文组织的定义是：凡由出版社（商）出版的，49页以上的印刷品，具有特定的书名和著者名，编有国际标准书号（ISBN），有定价并取得版权保护的出版物。

三、 图书构成的五大因素：

1. 以信息、知识为内容。

2. 以文字、图像、公式、声频、视频、代码为表述方式。

3. 以一定的物质载体为存在依据。

4. 以一定的形态呈现出来。

5. 以一定的生产方法生产制作。

四、 世界名著：国际公认的优秀文学著作。

五、 专著：某一学科的专门性学术著作。

六、 普及读物：以浅显通俗的文字叙述深奥的科学道理的图书。

七、 通俗读物：常用字多、加注音、加释，图文并茂，供文化程度偏低的读者阅读的图书。

八、 少儿读物：专供少年儿童阅读的图书。

九、 低幼读物：专供学龄前幼儿和小学一、二年级学生阅读的图书。

○书籍是屹立在时间的大海中的灯塔。

——惠普尔

十、 百科全书:以辞典形式编排的综合性大型工具书、参考书。

十一、 教科书:按教学大纲编选的专供各类学校师生使用的教学用书。

十二、 全集:著名人物生前的全部著作、言论合编的大型图书。

十三、 文集:同一专题、同一学科、同一范围的著作结集出版的图书。可多人也可一人出书。

十四、 选集:按一定的体系,将著作人的若干精选文章汇编成的图书。可多人或一人成书。

十五、 续集:与前集相关联又独立成册的图书。

十六、 多卷本:将一部著作分成若干卷次出版的图书。

十七、 手册:汇集某方面常用的基本资料,供查考的工具书。

十八、 文摘:摘录、缩编书刊文章整理编成的资料性图书。

十九、 字典:以字为单位,按一定次序排列,加注音、加释义、说明用法的语言文字工具书。

廿、 词典:亦称辞典。以词为单位,按一定次序排列,加解释的工具书。

廿一、 工具书:将某个范围内的必要资料,按便于查找的次序编排在一起的出版物。包括字典、词典、百科全书、手册、年表、年鉴、索引、书目、地图集等。

廿二、 文献:具有历史价值的图书文物资料。亦指与某一学科有关的重要图书资料。

廿三、 文库:将众多的已出版的相关图书,用相同的版式、装帧重新出版的大型系列图书。

廿四、 期刊:亦称杂志。以固定的名称、版式,定期、不定期编号印行的连续出版物。取得国内代号的为公开发行的期刊。取得内部报刊准印证的为内部刊物,不能在书刊市场公开发行。期刊分为年刊、半年刊、季刊、双月刊、月刊、半月刊、旬刊、周刊等。

廿五、 创刊号:新创刊的期刊的第一期。一般发创刊词或发刊词。

廿六、 增刊:报纸、期刊在固定版面、刊期之外另行增编增发的出版物。目前,编发增刊要报批获准后方可出版。

廿七、 合刊:两期合出的期刊。

廿八、 专号:该期刊物专门登载某一方面内容的作品。

廿九、 报纸:单张版面编排的定期出版物。分为综合性报纸、专业性报纸、非新闻性报纸等。要求有固定报名,较稳定的版面和栏目等。报纸分为日报、晚报、周报、月报、号外、海外版等。报纸与期刊一样,有公开发行的报纸、内部报纸之分。

对书的外形如此之爱，让人们看到一颗别致的爱书之心。

拿起一本书来
NAQIYIBENSHULAI

❋ 朱 湘

拿起一本书来，先不必研究它的内容，只是它的外形，就已经很够我们赏鉴了。

那眼睛看来最舒服的黄色毛边纸，单是纸色已经在我们的心目中引起一种幻觉，令我们以为这书是一个逃逸了时间之摧残的遗民。它所以能幸免而来与我们相见这段历史的本身，就已经是一本书，值得我们思索、感叹，更无须提起它的内涵的真或美了。

还有那一个个正方的形状，美丽的单字，每个字的构成，都是一首诗；每个字的沿革，都是一部历史。飙是三条狗的风：在秋高草枯的旷野上，天上是一片青，地上是一片赭，猎犬风一般快地驰过，嗅着受伤之兽在草中滴下的血腥，顺了方向追去，听到枯草飒索的响，有如秋风卷过去一般。昏是婚的古字：在太阳下了山，对面不见人的时候，有一群人骑着马，擎着红光闪闪的火把，悄悄向一个人家走近。等着到了竹篱柴门之旁的时候，在狗吠声中，趁着门还未闭，一声喊齐拥而入，让新郎从打麦场上挟起惊呼的新娘打马而回。同来的人则抵挡着新娘的父兄，做个不打不成交的亲家。

○一本好书到了爱它的人手里，是读书人的幸运，也是这本书的幸运。

——佚名

印书的字体有许多种:宋体挺秀有如柳字,麻沙体天矫有如欧字,书法体娟秀有如褚字,楷体端方有如颜字。楷体是最常见的了。这里面又分出许多不同的种类来:一种是通行的正方体;还有一种是窄长的楷体,棱角最显;一种是扁短的楷体,浑厚颇有古风。还有写的书:或全体楷体,或半楷体,它们不单看来有一种密切的感觉,并且有时有古代的写本,很足以考证今本的印误,以及文字的假借。

如果在你面前的是一本旧书,则开章第一篇你便将看见许多朱色的印章,有的是雅号,有的是姓名。在这些姓名别号之中,你说不定可以发现古代的收藏家或是名倾一世的文人,那时候你便可以让幻想驰骋于这朱红的方场之中,构成许多缥缈的空中楼阁来。还有那些朱圈,有的圈得豪放,有的圈得森严,你可以就它们的姿态,以及它们的位置,悬想出读这本书的人是一个少年,还是老人,是一个放荡不羁的才子,还是老成持重的儒者。你也能借此揣摩出这主人翁的命运:他的书何以流散到了人间? 是子孙不肖,将他舍弃了? 是遭兵逃反,被一班庸奴偷窃出了他的藏书楼? 还是运气不好,家道中衰,自己将它售卖了,来填偿债务,或是支持家庭? 他当时对着雕花的端砚,拿起新发的朱笔,在清淡的炉香气息中,圈点这本他心爱的书,那时候,他是决想不到这本书的未来命运,以及他自己的未来命运,是个怎样结局的,正如这现在读着这本书的我,不能知道我未来的命运将要如何一般。

更进一层,让我们来想象那作书人的命运:他的悲哀,他的失望,无一不自然流露在这本书的字里行间。让我们读的时候,时而跟着他啼,时而为他扼腕太息。要是不幸上更加上不幸,遇到秦始皇或是董卓,将他一生心血写成的文章,一把火烧为乌有;或是像《金瓶梅》、《红楼梦》、《水浒》一般命运,被浅见者标作禁书,那更是多么可惜的事情呵!

天下事真是不如意的多。不讲别的,只说书这件东西,它是再与世无争也没有的了,也都要受这种厄运的摧残。至于那琉璃一般脆弱的美人,白鹤一般兀傲的文士,他们的遭忌更是不言而喻了。试想含意未申的文人,他们在不得意时,有的憔悴,有的放牛,不仅无异于庸人,并且备受家人

047

闻香识书

或主子的轻蔑与凌辱；然而他们天生得性格倔强，世俗越对他们白眼，他们却越有精神。他们有的把柴挑在背后，拿书在手里读；有的骑在牛背上，将书挂在牛角上读；有的在蚊声如雷的夏夜，囊了萤照着书读；有的在寒风冻指的冬夜，拿了书映着雪读。然而时光是不等人的，等到他们学问已成的时候，眼光是早已花了，头发是早已白了，只是在他们的头额上新添加了一些深而长的皱纹。

咳！不如趁着眼睛还清朗，鬓发尚未成霜，多读一读"人生"这本书罢！

相关链接

书籍装帧知识

书籍装帧：包括文字版面的格式、封面、扉页的设计，用纸的选定，装订方式的选择等。

封面：泛指新式装订的书刊的最外面的一层，兼有保护、装饰的双重作用，多用厚纸、硬纸、布、皮、塑料、塑膜等材料。一般书写书名、著译编者、出版者。也称封一、封皮。

封二：亦称封里。封面的里页。

封三：亦称封底里。封底的前页。

封四：亦称封底、后封面。

扉页：亦称内封面、里封面、副封面、副页、护页等。指前封面及衬页之后，载有与前封面文字大致相同内容的一页。

书脊：亦称书背、封脊。在前后封面的连接处。与外切口相对。其宽窄由印张、用纸质量不同量决定。一般记录书名、著译编者、出版者及卷、册、部、集等。

书顶：亦称上切口、白口、书的上边沿。

书根：亦称下切口。与书顶相对的下边沿。

翻口：亦称外切口。与书脊相对的一面。因翻书检索部位得名。

勒口：亦称折口。封面、封底或精装书的护封裁口处多留的向内折转的部分。

衬页：亦称护页。封面后、扉页前和正文后、封底前加放的一页。起保护书的作用，可供签字、题字之用。前后相连的叫环衬。

书函：古代为书籍用蓝布或其他织物做成的盒式外套。

书冠：封面上印书名的位置。

书脚：封面上印出版者的位置。

书槽：精装书的书脊与封面、封底之间的沟槽。

○书籍为理智和心灵插上了翅膀。

——罗曼·罗兰

书香,是弥漫于这个可爱复可
恼的地球上唯一令我迷醉的气息。

书 香
SHUXIANG

❋ 公 刘

从数以千计的汉语语汇中间,倘要我挑选一个最珍爱的名词,我将毫不犹豫地拈取"书香"二字。

书,依我看来,它本身就意味着整个世界。

容或有驳诘:书,并未写尽世界呀。

不错,我同意;不过,必得提请你注意,世界(包括人类自身)同样也未被彻底认知,恐怕,这一认知过程,会永无止境,永无极限。

因之,不妨说,书与世界同寿。书香,是弥漫于这个可爱复可恼的地球上唯一令我迷醉的气息。

有一家外国电台,开辟了一个对华广播专栏:书香世界。我觉得,这是一个极其聪明的主意,说明这位节目主持人是有头脑的汉学家和社会心理学家,他摸准了中国知识分子的脉搏。

书香,若加分析,当不应被显示为一个简单的化学方程式,仅仅包括纸张、油墨,乃至装订过程中掺杂进来的某些其他成分。在它的深层,大量蕴涵着的是无从估量无从把握的东西——中华民族历代精英永不泯灭的血、

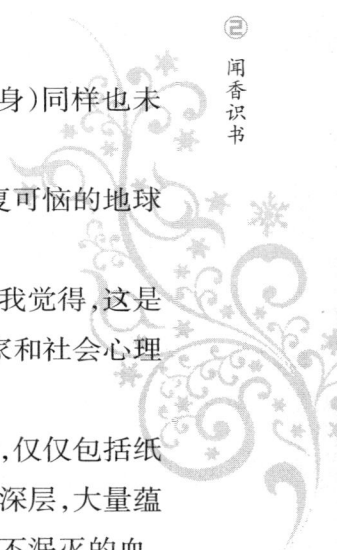

闻香识书

汗、泪，还有超前的智慧，终极的关怀，东方式的至忧至戚和大彻大悟。

前者基本有形，后者断然无迹。

正是这无迹可寻的部分，构成了书香的粒子和反粒子。

所以，我们才有了所谓的书香门第观念，它标志着一种无与伦比的对精神高贵的追求。

可惜，古代、近代和当代，都反复出现过时钟逆行、神智昏乱的时刻，值得自豪的书香竟被抛进了沤粪池，这确乎是莫大的悲哀和难忘的耻辱。

这只能被称为反文明、反人性的黑色的恐怖。

在那样的时刻，我们只能闻到焚烧书籍的糊焦味、屠戮写书人和读书人（这二者有时是两种身份，有时却合而为一）的血腥味。

于是，又衍生出许许多多关于书，关于写书人和读书人的动人故事，而所有这些故事当中，最富有启示性的只有一个，即：书香，消而不灭，散而复聚。

书香，毕竟令人神往。

像不死之鸟一样，一旦烟火消失，血迹拭净，它又振翼高飞，扑鼻而来了……

我乃憬悟：书香，实在是谁也中断不了的神祇之舞啊。而且我发现，自己业已投身于这一神祇之祭典了。我盟誓：我将一直舞下去，合着天籁、合着心跳的节拍舞下去，直到精疲力竭，直到卧于书香的氤氲之中，满意地阖上双目。

○一个人可以无师自通，却不可无书自通。

——闻一多

书有说不尽的好处。做个会读书的人，就
要懂得征服书。

书的征服

SHUDEZHENGFU

✳ 蒋子龙

假若这个世界上没有书,会是一种什么样子呢?

精神失去了阳光,思想无法传播,知识不能保存,语言失去意义,人们
的生活残缺不全,生命将变得无法忍受……

所以,书是人类一种伟大而美妙的发明。

文明的征服其实也是书的征服。

书是最聪明、最可靠的老师和朋友。

有书为伴,孤独也是一种享受,深刻而丰富;闲暇将卓有成效;幽静将
变得烂漫多彩;嘈杂也可以宁静和谐。

移植生命,保持记忆,激发思想,传播知识,交流信息,表达灵感……

书有说不尽的好处。正因为如此,书才有强大的征服性和侵略性。我
怕搬家就是怕搬书,所谓搬家主要就是搬书。每次搬家,在家人和帮忙者
的一再怂恿下,都不得不扔掉一些书。逢年过节,把屋子收拾利索,长了能
维持几个月,短了不消几天,屋子里又乱了,主要是书在捣乱,到处是书
堆。外出总禁不住要逛书店,逛书店就不可能不买书。新书、准备要看的

书、看了一半的书、写作正用得着的书、有保存价值的书，占据了我房子里的绝大部分空间；而且还不断扩展，每时每刻都在蚕食供我存身的那块空间。这不是侵略是什么？我舒舒服服、自得其乐地接受这种侵略和征服。

书不仅征服时间和空间，更征服人的大脑。但是，倘若一个人只是被书征服，而没有征服书，充其量也只能算个书虫子。正如培根所说，把自己的大脑当成草地，任别人的思想如马蹄一般践踏。那样的话，再好的书也将失去其魅力和价值。

会读书的人都懂得征服书。

学生们有这样的体会：一册很厚的新书，会愈读愈薄，到期末考试的时候就剩下那么几道题了。这叫吃透了、掌握了、征服了知识。

读其他的书也一样，即便先被书征服，最后还是要反过来把它征服。

书能够给人提供多种选择：生命的选择，思想的选择，生活的选择。书里有各种各样的人生，使我们生活在自己选择的时代里。在自己的生命之外，还可以再补充别的自己所需要的人生，可以拥有多种人生经历。每看一本书就是进入那个作家的头脑之中，了解他的思想、感情、经验和智慧。

读书需要选择。如果不善选择，一生什么事都不干，光读别人的书也读不完。那又有什么意义呢？读——失去了意义，书——也失去了存在的价值。

我的办法是，翻遍所有能接触到的书，因为不亲自翻一翻就不知好坏，难以取舍；然后把那些没有什么价值的书扔掉——这种价值的评定是没有什么统一的、唯一的标准的，可根据自己的需要视具体情况而定。同一本书，对有的人毫无价值，对另外一个人说不定就有点用处。

读书的功夫要下在需要认真阅读、仔细品味的一类书上。这类书能满足你的精神需要，激发你的才智，帮助你完善自己。你要征服的也是这样的书。多好的书，也不是供香客朝拜的祀奉物。

还有一些是供你消遣、娱乐的书，可在沉闷无聊的旅途上，在紧张疲劳之后，在工作之余，以及在睡不着觉的时候去读，而不必用正规的时间。我现在才真感到时间宝贵，浪费不起。好像一天不再有24个小时，只剩下20

○除了野蛮国家，整个世界都被书统治着。

——福尔特尔

个小时或18个小时,其余的时间被电视和其他一些不用动脑子的活动占去了。窗台上和写字台周围书刊堆得过高了,我就反省自己是不是读书的时间减少了。于是拼上几个晚上,把功课补齐。

当然,还有一部大书,每个人都需要终生不懈地精读粗读苦读喜读,它就是社会这部活书。读它不能代替读印刷的书;同样,读印刷的书也不能代替读它。

书是最忠诚、最沉默寡言的伴侣,总是准备着随时听命。

向书致谢

XIANGSHUZHIXIE

✱ [奥地利]茨威格　米尚志译

它们竖立在那儿,等待着,默不做声。它们不拥挤,它们不呼叫。它们静悄悄立在墙边。它们仿佛都睡着了,可是它们的每个名字又像是睁开一只眼睛在看着你。你的目光若只是一瞥而过,你的手若只是一触即往,它们也不会乞求着呼唤你,它们也不会拥上前炫耀自己。它们不企求,它们等待着,直到你去把它们开启,然后它们才开启自己。只有我们的周围寂静下来,只有我们的内心平静下来——在一个夜晚,当你经过困顿的旅途回到家中;在一个中午,当你不胜疲倦地离开人群;在一个早晨,当你昏昏然从睡梦中醒来——只有这时,你才为它们准备停当了。你想入梦,但要有音乐伴随。满怀着甜蜜尝试的享受性预感,你走向橱边,上百双眼睛,上百个名字,默默地、耐心地迎着你搜寻的目光,宛如苏丹宫殿里的女奴在迎候自己的主人,谦卑地听候使唤,同时对自己被选中、被享用而又感到欢欣。于是,犹如手指触动了琴键,你找到了内心旋律的音调。这沉默的洁白之物,柔弱地偎在你手上,它简直就是一把锁着的提琴,蕴涵了上帝的一切音符。你打开一本,读一行字句,咏一个诗节,可是

○热爱书吧,它会使你的生活变得舒畅愉快。

——高尔基

在这一时刻它的声音却不那么清晰。你失望了,你几乎毫不留情,把这本书放了回去。合适的,对这一时刻正合适的书终于找到了。于是你忽然被拥抱起来,你的气息融进了陌生人的气息之中,好像你的身边卧了一个女性的温暖胴体。现在你把书拿到灯下,而它,这个被选中的幸运儿,仿佛放射出内在的光芒。魔术开始了,在梦境的轻云薄雾中,幻影袅袅升起。宽阔的道路伸展开去,遥远的地方攫走了你那熄灭之中的感觉。

有个钟在什么地方滴答滴答响着。不过这儿的时间已经超脱了自己,它是挤不进来的。计算钟点,这儿有另外的算法。这儿有书,在其话语传到我们的嘴唇以前,它们已经游荡了许多世纪;这儿有年轻人,他们昨天才出生,昨天才从一个嘴上无毛的孩子的困惑与苦难中成长起来。且它们说的是富有魔力的语言,不论是这一个还是那一个,都震荡我们的呼吸,令人心潮澎湃。而且,它们一面令你激动,一面也在安慰你;它们一面引诱你,一面又在平息你刚刚被撬起的欲望。于是你自身渐渐地沉浸到它们里边去,你会沉静下来,进行体验,泰然漂游在它们的旋律中,漂游在这世界彼岸的属于它们的那个世界。

阅读的时刻,人们是最纯洁的,脱离了白日的喧嚣。书啊,你们是最忠诚、最沉默寡言的伴侣,你们总是准备着随时听命,你们的存在,就是永久的保存,就是无穷无尽的鼓舞,我多么感谢你们啊!在那灵魂孤独的最黑暗的日子里,你们意味着什么啊!在野战医院,在军营,在监狱,在病榻,你们无处不在,你们时时守护着,你们赐人以幻想,并在烦躁与痛苦中给人献上一刻宁静!每当灵魂被掩埋在凡尘之中的时候,你们这上帝的温柔磁石,总是能够把它们吸引走,使之回归自身的本质要素,每当阴沉昏暗的时候,你们总是把我们内心的天空扩展到远方。

你们小小的躯体,无穷无尽,静静地排列在一无装饰的墙边。你们这样立在我们的屋里,毫不起眼。可是,一旦有双手解放了你们,一旦有心灵触摸了你们,你们便会无形之中冲破日常劳作的房间;你们的语句就会像驾着火热的车辆,载着我们冲出狭隘境地,驶入永恒。

有了叫作"书"的仓库，谁的经验都可以收纳
进去，谁要经验都可以去自由捡取。

书·读书
SHUDUSHU

✳ 叶圣陶

　　书是什么？这好像是个愚问，其实应当问。

　　书是人类经验的仓库。这样回答好像太简单了，其实也够了。

　　如果人类没有经验，世界上不会有书。人类为了有经验，为了要把经验保存起来，才创造字，才制作书写工具，才发明印刷术，于是世界上有了叫作"书"的那种东西。

　　历史书，是人类历代生活下来的经验。地理书，是人类对于所居地球的经验。物理化学书，是人类研究自然原理和物质变化的经验。生物博物书，是人类了解生命现象和动植诸物的经验。——说不尽许多，不再说下去了。

　　把某一类书集拢来，就是人类某一类经验的总仓库。把所有的书集拢来，就是人类所有经验的总仓库。

　　人类的经验不一定写成书，那是当然的。人类所有的经验假定他100份，保存在那叫作"书"的总仓库里的必然不到100份。写成了书又会遇到磨难，来一回天灾，起一场战祸，就有大批的书毁掉失掉，又得从那不到100

○书的创造者是作者，而主宰书籍命运的则是社会。

份中间减少几成。

虽然不到100份，那叫作"书"的总仓库到底是万分可贵的。试想想世界上完全没有书的情形吧。那时候，一个人怀着满腔的经验，只能用口告诉旁人。告诉未必说得尽，除下来的唯有带到棺材里去，就此永远埋没。再就接受经验的一方面说，要有经验，只能自己去历练，否则到处找人请教。如果自己历练不出什么，请教又不得其人，那就一辈子不会有太多的经验，活了一世，始终像个泄了气的皮球，瘪瘪的。以上两种情形多么可惜又可怜啊！有了叫作"书"的仓库，谁的经验都可以收纳进去，谁要经验都可以自由捡取，就没有什么可惜又可怜了。虽说不能够百分之百地保存人类所有的经验，到底是一件非常了不起的事情。人类文明发展到如今的地步，可以说，没有叫作"书"的仓库是办不到的。

仓库里藏着各色各样东西，一个人不能完全取来使用。各色各样东西太丰富了，一个人太渺小了，没法完全取来使用，而且实际上没有这个必要。只能把自己需用的一部分取出来，其余的任他藏在仓库里。

同样的情形，一个人不能尽读所有的书。只能把自己需用的一部分读了，其余的不去过问。

仓库里藏着的东西不一定完全是好的，也有霉的，烂的，不合用的。你如果随便取一部分，说不定恰正取了霉的，烂的，不合用的，那就于你毫无益处。所以跑进仓库就得注意拣选，非取那最合用的东西不可。

同样的情形，一个人不能随便读书。古人说"开卷有益"，好像不问什么书，你能读它总有好处，这个话应当修正。不错，书中包容的是人类的经验，但是，那经验如果是错误的、过时的，你也接受它吗？接受了错误的经验，你就会上它的当。接受了过时的经验，你就不能应付当前的生活。所以书非拣选不可。拣选那正确的、当前合用的书来读，那才"开卷有益"。

所谓经验，不仅是知识方面的事情，大部分关联到实际生活，要在生活中实做的。譬如说，一本卫生书是许多人关于卫生的经验，你读了这本书，明白了，只能说你有了卫生的知识。你必须饮食起居都照着做，身体经常保持健康，那时候你才真的有了卫生的经验。

　　看了上面说的例子，可以知道读书顶要紧的事情，是把书中的经验化为自身的经验。随时能够"化"，那才做到"开卷有益"的极致。

○书痴者文必工，艺痴者技必良。

——蒲松龄

书籍比任何馅饼、蛋糕、玩具和世上的一切风
景名胜更有价值，可以给人一生中最纯洁的幸福。

读书的乐趣
DUSHUDELEQU

❋ [英]约翰·卢保克

书籍对于整个人类的关系，好比记忆对于个人的关系。书籍记述了人类的历史，记录了所有的新发现，记载了古今历代所积累的知识和经验。书籍给我们描绘了自然界的奇观壮景，千姿万态，书籍指引我们渡过难关，书籍能安慰我们的心灵，使我们摆脱悲哀和痛苦的羁绊；书籍可以使枯燥乏味的岁月化为令人愉快的时日，书籍将各种信念注入我们的脑海，使我们的脑海充满崇高欢乐的思想，从而使我们入神忘情，灵魂升华。

有一个东方故事，叙述了两个不同命运的人所做的梦。其中一个是国王，另一个是乞丐。国王每天夜里梦见自己成了乞丐，而乞丐则夜夜梦见自己成了王子，住在宫殿里。我不敢说这位国王愚蠢可笑，因为有时候想象的世界比现实生活更生动更吸引人。不管怎样，只要我们愿意，我们在书籍的世界里不但可以变成国王，而且还可以浪迹万水千山，遍游天下的名胜之最。这种旅游既不使人疲倦，又无交通不便之处，也无须花钱破费。

在那些无所不有的巨富之中，有许多人都说，他们一生中最纯洁的幸

福,主要来源于书籍。阿斯查姆(英国作家)在《校长》一书中讲了一个感人的故事,叙述他最后一次拜访简·格雷夫人的情景。那天,他碰上她坐在一个凸窗上,正在阅读柏拉图(古希腊哲学家)写的有关苏格拉底(古希腊哲学家)之死的一篇精彩的文章。当时,她父母亲都在花园里游猎,猎犬追奔,吠声越窗而入。阿斯查姆见格雷夫人不陪父母游猎,竟独自凭窗读书,惊讶不已。可是她却满不在乎地说:"他们在花园里得到的全部快乐,远远不及我在柏拉图的书里享受的快乐。"

马考雷(英国历史学家兼政治家)曾经权位显赫,家财万贯,名驰遐迩。然而,他在自传里却这样写道,他一生中最幸福的时光,都是在书本里度过的。他曾经给一位小姑娘回了一封娓娓动听的信,里面有这样一些话:"我一向乐意成全小姑娘的幸福。最使我欣慰的莫过于看见她喜爱书籍,因为当她到了我这般年纪,她会懂得,书籍比任何馅饼、蛋糕、玩具和世上的一切风景名胜更有价值,即使有人提出,只要我不再读书,就可成为历史上最伟大的国王,身居王宫,享受珍馐佳酒,拥有车马万乘,华服贵饰,侍卫随从,前呼后拥,我也决不答应。我宁愿做一个穷汉子,挤在一间窄小却富有藏书的阁楼里,也不愿当不好读书的国王。"

书籍为我们建立起一座完整的、光怪陆离的思想之宫,这是千真万确的。让·保罗·理治特(德国作家)曾经说过:"从艺术女神居住的巴拿斯斯山峰上所看到的风光要比坐在王位上所看到的宏伟壮阔得多。"从某种意义上说来,书籍所赋予我们的思想比现实生活所赋予我们的更加生动活泼,正如倒影里面反映出来的山石花卉常常要比真实的更加多姿迷人一样。

书籍在我们日常生活中所赋予我们的规劝和慰藉,质同金玉,价值无量。我们读书时,有如同最高尚的先哲们携手共游,飞越无数迷人的仙境和神奇的国土。

冬日,当我们坐在炉旁烤火时,无须动步,就可以借助书籍,走到天涯海角,或者飞上天国,在那里受到斯宾塞(英国诗人)笔下那群美丽仙姑的欢迎,还可以听到弥尔顿(英国诗人)笔下那群天使们围绕我们高唱乐园赞

○书籍使我们成为各个时代的精神生活的继承者。

——钦宁格

美诗。科学、艺术、文学、哲学，总之，人类思想所发掘的一切，人类劳动所创造的一切——千百代人用苦难的代价换来的一切经验，所有这一切，都在书籍的世界里等待我们。

（本文作者为英国19世纪末、20世纪初的银行家、政治家、科学家）

> 优秀的书籍，对于不爱阅读、不会阅读的人，也只不过是"知识尘埃"罢了。——这既是书的悲哀，更是人的悲哀，甚至是一个民族、一个国家的悲哀。

知识尘埃
ZHISHICHENAI

❋ [秘鲁]里贝罗　白凤森译

每天放学或课间休息的时候，我都要到华盛顿大街去站上一会儿，透过窗上的栅栏凝望着那座房子的灰墙，因为那里面严密地收藏着知识的钥匙。

从孩提时代起，我就知道那座房子里保存着我曾祖父的藏书。

我曾经听父亲说起过那些藏书，他一直把自己身体垮了这件事情归咎于那次给藏书搬家。曾祖父在世时，那1万册图书一直在圣灵街的家里。等他去世之后，子女们分了他的财产，而那部分藏书给了当大学教授的伯祖父拉蒙。

拉蒙娶了一位非常富有的太太，但是她不能生育，耳朵又聋，而且不通人情，使拉蒙一辈子都过得很不舒心。为了弥补夫妻生活上的失意，他就随便跟所有能够弄到手的女人勾勾搭搭。他因为没有子女，在众多的甥侄当中特别偏爱我父亲。这不仅意味着父亲可望继承遗产，同时他也必须承担义务。因此，当需要把那些书籍从圣灵街往华盛顿街伯祖父家里搬的时候，事情自然就落到了我父亲的头上。

○世界上有许多好书，但这些书仅仅对那些会读它的人才是好的。

——皮丁

据父亲说，整整用了一个月的时间才把那上万册书籍搬光。他得爬到很高很高的架子上面去，把书搬下来，装进箱里，运进另一所房子，再重新整理分类，而且所有的这些工作都是在灰尘扑面、飞蛾乱舞的情况下干的。书是搬完了，但他却一辈子也没有缓过劲来。但是这番辛劳是有报偿的。拉蒙伯祖父问我父亲："等我死的时候，你希望我把什么留给你？"父亲毫不犹豫地回答："你的藏书。"

拉蒙伯祖父健在时，我父亲经常到他家去读书。从那时起，他就和一笔总有一天会到手的财产厮守在一起了。曾祖父很博学，他收集了人文科学方面的大量书籍，所以，可以说，他的藏书汇集了19世纪末叶一个有教养的人应该掌握的全部知识。与其说我父亲是在大学里学有所成的，倒不如说他是从那批藏书里接受到了更多的教益。他常说，坐在藏书室里一把椅子上贪婪地阅读着随手拿来的书籍的时代，是他一生中最幸福的岁月。

然而，我父亲却注定永将得不到那笔宝贵的财富。伯祖父死得很突然，没有留下遗嘱，所以藏书和其他财产一起就都归了他的遗孀。再说，伯祖父拉蒙死在一个情妇家中，所以伯祖母对我们家，特别是对我父亲，一直怀着不解的仇恨。她根本不想见到我们，怀着满腔怨恨，独自躲在华盛顿街的房子里深居简出。过了几年之后，她把房子一封，就到布宜诺斯艾利斯和亲戚同住去了。当时我父亲经常到那栋房子前面徘徊，望着栅栏和封死的窗户，想象着依然摆在架子上而他从未读完的书籍。

父亲去世后，我继承了他的强烈的心思和希望。我的一位前辈怀着深厚的感情购买、收集、整理、阅读、抚爱、享用过的书籍，竟成了一个既不关心文化又跟我们家没有关系的吝啬的老太婆的财产，在我看来这简直就是犯罪。眼睁睁看着它们落到最不识货的人的手里，不过，我仍然相信公理永存，总有一天它们必将物归原主。

机会来了。我听说，伯祖母杳无音讯地在布宜诺斯艾利斯住了几年后，要到利马来待几天，了结一桩卖地的事情。她在玻利瓦尔饭店住了下来，我三番五次给她打电话，终于说服她同意见我一面。我希望她允许我从那些藏书中挑点儿书，哪怕是几本也好，因为我本来想对她说："那些藏书原是我们家的。"

她在下榻的套间里见了我，还请我喝茶、吃点心。她的样子简直像是一具木乃伊，却搽着脂粉、穿珠戴翠，实在可怕得很。她实际上没讲话，但我猜得到，她从我身上看见了她丈夫、我父亲以及她所憎恶的一切事物的影子。我们一起待了十分钟，她从我嘴的动作中揣摩着我讲的话，明白了我那难以启齿的要求。她的回答毫无商量的余地，并且极其冷淡："她的东西"什么也到不了我们家里。

她回到布宜诺斯艾利斯之后不久就死了。她的亲戚继承了华盛顿街的那栋房子以及房里的所有东西，这样一来，藏书离我就更远了。实际上，那些书的命运必然是通过继承转户的渠道逐渐转到跟它们关系越来越少的人手里，他们可能是南方的乡巴佬，也可能是专营生产咸肉或从事鼠窃狗偷的布宜诺斯艾利斯无名之辈。

华盛顿街的房子继续封了一个时期。可是，继承它的人——莫名其妙，竟是阿雷基帕的一位医生——决定给它派点用场。由于房子很大，他就把它变成了学生公寓。我是偶然了解到这一情况的，当时我就要从大学毕业了，并且由于不再抱任何幻想，不再到那座旧房子前面去打转转了。

一天，一个和我要好的外省同学邀请我到他家去同他一起准备考试。我万万没有料到，他竟把我带到了华盛顿街那栋房子里。我以为那是不怀好意的玩笑，可是他却说，已经和五个同乡同学在那儿住了好几个月了。

我毕恭毕敬地走进房子，对周围的一切十分留意。门厅里有一位漂亮的太太，可能是公寓总管，我对她没有理会，只顾认真地察看里面的陈设，揣度着房间的布局，以便找到那些神奇的藏书。我没费力气就认出了直到那时我只是在家庭相册上见过的沙发、靠壁桌、绘画和地毯。不过，那些在相片上显得庄重和谐的器物，全都遭到了破坏，好像已经失去固有的光彩，而变成了一堆被不问其来历也不知其用途的人淘汰和糟踏了的破桌烂椅。

"我的一个伯祖父在这儿住过，"我对我的朋友说。他看见我望着一个大衣架出神，已经显出有些不耐烦的样子，可是那个从前用来挂翻皮大衣、外套和帽子的衣架，现在却挂着掸子和抹布。"这些家具过去是我家的。"

○世界上最不幸的人该是那些不懂得阅读好书所得到的心灵满足的乐趣的人。

——贝内特·塞尔夫

他对我的表白几乎没有任何反应，只是催我到他房间去准备功课。我跟着他去了，但注意力却集中不起来。我的想象继续在这幢房子里漫游，搜寻着那些看不见的书籍的踪迹。

"喂，"我终于忍不住对他说，"开始学习之前，你能告诉我藏书在什么地方吗？"

"这儿没有什么藏书。"

为了使他相信，我就告诉他说：一共有1万册大部分从欧洲订购来的书籍，是我曾祖父收集起来的，我伯祖父拉蒙占有并保管过，我父亲拿过并且还读过很多书。

"我在这房子里从未见过一本书。"

我不信，由于我坚持自己的说法，他告诉我也许医学系学生的房间可能有一点儿，不过他从来没到那边去过。我们去到了那几个房间，但只找到了一些破烂家具、扔在屋角的脏衣服和病理学讲义。

"那些书总得放在什么地方啊！"

像大多数外省的学生一样，我的朋友野心勃勃，而且粗鲁得很，对我提出的问题毫无兴趣。可是当我告诉他，里面可能有一些极其珍贵的法学书籍对我们准备考试非常有用之后，他就决定去问问唐娜·玛露哈。

唐娜·玛露哈就是在我进门时见到过的那个女人，而且我没有搞错，正是她在管着公寓。

"噢，书呀！"她说，"可费了我的事了！有满满三屋子，全是老古董。三四年前我接管公寓时，真不知拿它们怎么办才好。我不能把它们扔到街上去，会罚款的。我让人搬到原来仆人住的房子里去了。还不得不雇了两个人呢！"

仆人的房间在后院。唐娜·玛露哈把钥匙交给了我，并说如果我愿意把书搬走，真是再好不过了。这样的话，那几间房子就可以腾出来了。当然，她只是说说笑话而已，要想搬走，我得要一辆卡车，一辆不行的话，得好几辆。

在开锁之前，我迟疑了一下。我早就料到等待着我的会是什么情景，我把钥匙插进锁孔，门刚打开，一大堆发霉的纸就呈现在我的眼前。水泥地上，到处都是烂书皮和虫蛀的书页。要进那间房子，走是不行的，必须爬。书几乎一直堆到了天棚。我开始向上爬去，并且觉得手、脚都在向一种像灰尘似的松软的东西里面陷下去，刚要伸手去抓，立刻就散了开来。有时也会踩到某种硬东西，抽出一看，原来是皮革书皮。

"快出去吧！"我的朋友对我喊道，"你要得癌的。那里全是病菌！"

但是，我没有泄气，继续惊恐而又愤怒地攀登着那座知识的山峰，但最后还是不得不改变初衷。那里除了知识尘埃之外，已经什么都不剩了。我朝思暮想的藏书已经变成了一堆垃圾。由于年深日久，无人问津、照管、爱护和使用，所有的稀世珍本全都被虫子蛀蚀或者自己腐烂了。多少年前曾经阅读过这些书籍的人已经长眠地下，但是却没有人接他们的班，所以，一度曾是光明和乐趣源泉的东西，现在已经化成一堆毫无用处的粪土。我好不容易才发掘出一本犹如史前珍禽异兽的骨头一样奇迹般保存完好的法文书。其余的全都泯灭了。正像拿破仑的帽子放在博物馆的玻璃柜里，其实要比它的主人更加没有意义。

○书籍是世人累积智慧的长明灯。

——寇第斯

人类的文明演进，一个民族的复兴与强盛，终究离不开书籍。一个人的成长，也同样终究离不开书籍。

书与我们的世界
SHUYUWOMENDESHIJIE

✴ ［法］勒克莱齐奥

无法想象一个没有书籍的世界

想象一下，若没有书籍，我们的世界会变成什么样。玛雅人在这一点上就是一个很好的例子，他们生活在公元前4世纪至公元10世纪的墨西哥。虽然当时处于完全的孤立中——气候恶劣，水资源和各种资源稀缺，且处于周边民族随时的威胁之中，但是灿烂的玛雅文化还是创造了代表人类知识的一切：艺术、科学和哲学。

此外，他们还创造了象形文字书写体系，类似于古埃及人的文字。这种文字使得他们能够在无花果木制成的纸上书写文集，这些纸张用锌漂白，按照古代中国书籍的样子折起来——他们在里面记录了历史、天文学知识、复杂的礼仪以及他们最关切的时间的流逝。

但是他们却不知印刷术，这就是为什么他们消亡了。1520年西班牙人狄亚哥·德·兰达踏上尤卡坦半岛时，古代玛雅社会已经消失了。留下的只有手稿、祭拜器物、纪念品，这些都由他们的后人保存了下来，这些后人生活在森林深处散落的村子里。这些历史记忆是很危险的，很有可能成为新被征服的印第安人造反的诱因。狄亚哥·德·兰达深谙这一点，他命人将古代玛雅人所有的手写典籍汇集到曼尼城中心广场上，并放了一把火。被化为灰烬的珍宝是不可估量的。

想象一下，如果古登堡没有应文艺复兴之需，适时采用中国人的发明，创造活字印刷术，那么一切又会是什么样子呢？书写文化是存在的，但是由于极其稀少——那是精英的特权，大部分人，无论是在西方还是在东方，都与书写的文化相隔，没有办法与之接触——科学、技术发明和各种思潮只能以极其缓慢的速度流传。

重写历史总是很吸引人

如果没有印刷的书籍，我们的世界将完全不一样。也许它会同鼎盛时期的埃及社会、玛雅社会一样：一个封闭的世界，很难受什么影响，不公正与不公平盛行，严重失衡，无可救药。

在这样一个世界里——如我举的例子，古时的玛雅世界——没有民主，法律面前鲜有平等，公民道德水平更是低下。大部分民众，屈服于某几个权高位重的教士、某个太阳王、某些暴君、某些武装的独裁者的统治。最好的情况，也不过是处于有教养的僧侣统治之下，在那里，艺术、知识、技术慢慢发展起来，但只为少数人服务。

在这样的一种体制下，知识不是用来交流的，也不是用来谋求民众的进步。它主要是用来在掌握知识的人与大部分只识图画的人之间设立一道无法逾越的障碍：建立宏伟的庙宇、富丽堂皇的宫殿，甚至像埃及那样，建立金字塔那样令人称奇的墓穴。人民大众，则像奴隶一样建造着这些工程，甚至都不理解这一切的意义。这就是怪龙之社会，正如普洛普在民间故事分析中定义的那样。

没有印刷术，没有文字，我们的文明，西方的或东方的，会变成什么样

○人死后留下一部好书，要比宫殿或陵园圣堂更有价值。

——希腊谚语

子呢？也许就会变成过去那些专制而奢华的社会。它们完全依托某个拥有特权的精英人物，埃及的法老、罗马的帝王或者像尤卡坦的玛雅真人，这些社会极其脆弱。一点点微小的事儿，一场饥荒、一次传染病、一次宫廷暴乱，就足以摧毁它们，使它们化为乌有。

重写历史总是很吸引人。对于我这样的小说家来说，这可以让心灵得到满足，这对衡量文化与文明的相对性不无裨益——这也使保尔·瓦雷里在第二次世界大战前夕得出了一个醍醐灌顶的结论："我们这些文明，我们现在终于明白，我们总是会消亡的。"

事实上，我觉得根本就无法想象一个没有书籍的世界。诚然，现在存在其他传播知识的手段，通过图像、计算机。也许这些新的手段有一天会完全取代古登堡的发明。但，书是与人类文化相关的事物，不仅与他的思维方式相关，而且与他双手的形状相关——是一种工具，可以与其他不可或缺的工具如锤子、刀、针、开水壶等相提并论，也可以与其他精致的工具如小提琴、长笛、打击乐器、毛笔、砚台等相提并论。很难想象有一天书会变成虚拟交流的附属物。书籍具体有形的特性，本身就是创造性天才的标志，是一代代流传下来的薪火的标志。

但我们还是要担心没有书籍的世界会来临。倘若没有这个充满智慧、愉悦和颠覆力的六面体，我们也许将再次看到幽灵般的神权政治与专制统治，可恶的怪龙——玛雅人也称之为云中蛇——将吞噬人类的心灵。

（本文节选自2008年诺贝尔文学奖获得者勒克莱齐奥于2011年8月21日在南京大学发表的演讲）

069

闻香识书

> 穷不是咱们的错,书却会使咱们位低而人品不微,贫困而志向不贱。

读书示小妹生日书

DUSHUSHIXIAOMEISHENGRISHU

❋ 贾平凹

7月17日,是您18岁生日,辞旧迎新,咱们家又有一个大人了。贾家在乡里是大户,父辈那代兄弟四人,传到咱们这代,兄弟十个,姊妹七个;我是男儿老八,你是女儿最小。分家后,众兄众姐都英英武武有用于社会,只是可怜了咱俩。我那时体单力屡,面又丑陋,13岁看去老气犹如二十,村人笑为痴傻,你又3岁不能言语,哇哇只会啼哭,父母年纪尚老,恨无人接力,常怨咱这一门人丁不达。从那时起,我就羞于在人前走动,背着你在角落玩耍;有话无人可说,言于你你又不能回答,就喜欢起书来。书中的人对我最好,每每读到欢心处,我就在地上翻着跟头,你就乐得直叫;读到伤心处,我便哭了,你见我哭了,也便爬在我身上哭。但是,更多的是在沙地上,我筑好一个沙城让你玩,自个躺在一边读书,结果总是让你尿湿在裤子上,你又是哭,我不知如何哄你,就给你念书听,你竟不哭了,我感激得抱住你,说:"我小妹也是爱书人啊!"东村的二旦家,其父是老先生,家有好多藏书,我背着你去借,人家不肯,说要帮着推磨子。我便将你放在磨盘顶上,教你拨着磨眼,我就抱着磨棍推起磨盘转,一个上午,给人家磨了三升包谷,借了

○好书是伟大心灵的宝贵血脉。

——弥尔顿

三本书，我乐得去亲你，把你的捡蛋都咬出了一个红牙印儿。你还记得那本《红楼梦》吗？那是你到了4岁，刚刚学会说话，咱们到县城姨家去，我发现柜里有一本书，就蹲在那里看起来，虽然并不全懂，但觉得很有味道。天快黑了，书只看了五分之一，要可去，我就偷偷将书藏在怀里。三天后，姨家人来找，说我是贼，我不服，两相骂起来，被娘打过一个耳光。我哭了，你也哭了，娘也抱住咱们哭，你那时说："哥哥，我长大了，一定给你买书！"小妹，你那一句话，给了兄多大安慰，如今我一坐在书房，看着满架书籍，我就记想那时的可怜了。

咱们不是书香门第，家里一直不曾富绰，即使现在，父母和你还在乡下，地分了，粮是不短缺了，钱却有出没入，兄虽每月寄点，也只能顾住油盐酱醋，比不得会做生意的人家。但是，穷不是咱们的错，书却会使咱们位低而人品不微，贫困而志向不贱。这个社会，天下在振兴，民族在发奋，咱们不企图作官，以仕途之路作功于国家，但作为凡人百姓，咱们却只有读书习文才能有益于社会啊。你也立志写作，兄很高兴，你就要把书看重。什么都不要眼红，只眼红读书；什么朋友都可抛弃，但书之友不能一日不交。贫困倒是当作家的准备条件，书是忌富，人富则思惰，你目下处境正好逼你静心读书，深知书中的精义。这道理人往往以为不信，走过了方才醒悟，小妹可将我的话记住，免得以后悔之不及。

兄在外已经十年，自不敢忘了读书，所作一二篇文章，尽属肤浅习作，愈使读书不已。过了2月21日，已到了而立之年，才更知立身难，立德难，立文难。夜读《西游记》，悟出"取经惟诚，伏怪以力"，不觉怀多感激，临风而叹息。兄在你这般年纪，读书目过能记，每每是借来之书，读得也十分注重，而今桌上，几上，案上，床上满是书籍，却常常读过十不能记下四五，这全是年龄所致也，我至今只有以抄写辅助强记，但你一定要珍惜现在年纪，多多读书啊。

既有条件，读书万万不能狭窄。文学书要读，政治书要读，哲学，历史，美学，天文，地理，医药，建筑，美术，乐理……凡能找到的书，都要读读。若读书面窄，借鉴就不多，思路就不广，触一而不能通三。但是，切切又不要忘了精读，真正的本事掌握，全在于精读。世上好书，浩如烟海，一生不可能读完，且又有的书虽好，但不能全为之喜爱，如我一生不喜食肉，但肉却确实是世上好东西。你若喜欢上一本书了，不妨多读：第一遍可囫囵吞枣读，这叫享受；第二遍就静心坐下来读，这叫吟味；第三遍便要一句一句想着读，这叫深究。三遍读过，放上几天，再去读读，常又会有再新再悟的地方。你真真正正爱上这本书了，就在一个时期多找些这位作家的书来读，读他的长篇，读他的中篇，读他的短篇，或者散文，或者诗歌，或者理论，再读外人对他的评论，所写的传记，也可再读读和他同期作家的一些作品。这样，你知道他的文了，更知道他的人了，明白当时是什么社会，如何的文坛，他的经历、性格、人品、爱好等等是怎样促使他的风格的形成？大凡世上，一个作家都有自己一套写法，都是有迹而可觅寻，当然有的天分太高了，便不是一时一阵便可理得清的。兄读中国的庄子、太白、东坡诗文，读外国的泰戈尔、川端康成、海明威之文，便至今于起灭转接之间不可测识。说来，还是兄读书太少，悟觉浅薄啊！如此这番读过，你就不要理他了，将他丢开，重新进攻另一个大家。文学是在突破中前进，你要时时注意，前人走到了什么地方，同辈人走到了什么地方？任何一个大家，你只能继承，不能重复，你要在读他的作品时，就将他拉到你的脚下来读。这不是狂妄，这正是知其长，晓其短，师精神而弃皮毛啊。虚无主义可笑，但全然跪倒来读，他可以使你得益，也可能使你受损，永远在他的屁股后了。这你要好好记住。

在家时，逢小妹生日，兄总为你梳那一双细辫，亲手要为你剥娘煮熟的鸡蛋。一走十年，竟总是忘了你生日的具体时间，这你是该骂我的了。今年一入夏，我便时时提醒自己，到时一定要祝贺你成人。邻居妇人要我送你一笔大钱，说我写书，稿费易如就地俯拾，我反驳，又说我"肥猪也哼哼"，咳，邻人只知是钱！人活着不能没钱，但只要有一碗吃，钱又算个什么呢？如今稿费低贱，家岂是以稿费发得？读书要读精品，写书要立之于身，功于天下，哪里是邻居妇人之见啊！这么多年，兄并不敢侈奢，只是简朴，唯恐忘了往昔困顿，也是不忘了往昔，方将所得数钱尽买了书籍。所以，小妹生日，兄什么也不送，仅买一套名著十册给你寄来，乞妹快活。

○书犹药也，善读可以医愚。

——刘向

3

读书癖好

一日三餐
怎比得上读书滋味长
游山玩水
远不及在文字的密林徜徉

坐拥书城焚膏继晷
你会听到灵魂拔节的声响
没有羁绊，自由游弋
你就远离了世俗的忧伤

> 读书的癖好能够使人获得一种更为开阔的眼光，一个更加丰富多彩的世界。

读书的癖好

DUSHUDEPIHAO

✳ 周国平

　　人的癖好五花八门，读书是其中之一。但凡人有了一种癖好，也就有了看世界的一种特别眼光，甚至有了一个属于他的特别的世界。不过，和别的癖好相比，读书的癖好能够使人获得一种更为开阔的眼光，一个更加丰富多彩的世界。我们也许可以据此把人分为有读书癖的人和没有读书癖的人，这两种人生活在很不相同的世界上。

　　比起嗜书如命的人来，我只能勉强算作一个有一点读书癖的人。根据我的经验，人之有无读书的癖好，在少年甚至童年时便已见端倪。那是一个求知欲汹涌勃发的年龄，不必名著佳篇，随便一本稍微有趣的读物就能点燃对书籍的强烈好奇。回想起来，使我发现书籍之可爱的不过是上小学时读到的一本普通的儿童读物，那里面讲述了一个淘气孩子的种种恶作剧，逗得我不停地捧腹大笑。从此以后，我对书不再是视若不见，而是刮目相看了，我眼中有了一个书的世界，看得懂看不懂的书都会使我眼馋心痒，我相信其中一定藏着一些有趣的事情，等待我去见识。随着年龄增长，所感兴趣的书的种类当然发生了很大的变化，对书的兴趣则始终不衰。现在

○对于有文化的人，读书是高尚的享受。我重视读书，它是我一种宝贵的习惯。

——高尔基

我觉得，一个人读什么书诚然不是一件次要的事情，但前提还是要有读书的爱好，而只要真正爱读书，就迟早会找到自己的书中知己的。

读书的癖好与所谓刻苦学习是两回事，它讲究的是趣味。所以，一个认真做功课和背教科书的学生，一个埋头从事专业研究的学者，都称不上是有读书癖的人。有读书癖的人所读之书必不限于功课和专业，毋宁说更爱读课外和专业之外的书籍，也就是所谓闲书。当然，这并不妨碍他对自己的专业发生浓厚的兴趣，做出伟大的成就。英国哲学家罗素便是一个在自己的专业上做出了伟大的成就的人，然而，正是他最热烈地提倡青年人多读"无用的书"。其实，读"有用的书"即教科书和专业书固然有其用途，可以获得立足于社会的职业技能，但是读"无用的书"也并非真的无用，那恰恰是一个人精神生长的领域。从中学到大学到研究生，我从来不是一个很用功的学生，上课偷读课外书乃至逃课是常事。我相信许多人在回首往事时会和我有同感：一个人的成长基本上得益于自己读书，相比之下，课堂上的收获显得微不足道。我不想号召现在的学生也逃课，但我国的教育现状确实令人担忧。中小学本是培养对读书的爱好的关键时期，而现在的中小学教育却以升学率为唯一追求目标，为此不惜将超负荷的功课加于学生，剥夺其课外阅读的时间，不知扼杀了多少孩子现在和将来对读书的爱好。

那么，一个人怎样才算养成了读书的癖好呢？我觉得倒不在于读书破万卷，一头扎进书堆，成为一个书呆子。重要的是一种感觉，即读书已经成为生活的基本需要，不读书就会感到欠缺和不安。宋朝诗人黄山谷有一句名言："三日不读书，便觉语言无味，面目可憎。"林语堂解释为：你三日不读书，别人就会觉得你语言无味，面目可憎。这当然也说得通，一个不爱读书的人往往是乏味的因而不让人喜欢的。不过，我认为这句话主要还是说自己的感觉：你三日不读书，你就会自惭形秽，羞于对人说话，觉得没脸见人。如果你有这样的感觉，你就必定是个有读书癖的人了。

有一些爱读书的人，读到后来，有一天自己会拿起笔来写书，我也是其中之一。所以，我现在成了一个作家，也就是以写作为生的人。我承认我从写作中也获得了许多快乐，但是这种快乐并不能代替读书的快乐。有时候我还觉得，写作侵占了我读书的时间，使我蒙受了损失。写作毕竟是一种劳动和支出，而读书纯粹是享受和收入。我向自己发愿，今后要少写多读，人生几何，我不该亏待了自己。

○没有比读书更廉价的娱乐，没有比读书更持久的满足。

——蒙田

一个嗜书如命的人，他的呼吸都与书紧密相连，他已和书融为一体。

书痴自白
SHUCHIZIYOU

✳ 沙叶新

书是我的命。古人云："士大夫三日不读书，便觉语言无味，面目可憎。"我则道："沙叶新一日不读书，便觉腹中空空，气息奄奄。"

酒鬼闻酒香而下马，我这书痴闻书香必驻足，只要路过书店我总要忍不住地进去看看。骑车上下班，路经书店、书亭、书摊，必要停车四五次，这叫"停车坐爱书林香"。

平时上街更是如此，见书店就钻。到外地出差，到国外访问，也不例外。不到书店，就好像没上远街；不去某地、某国书店转转，就如同未去访问过该地、该国。我一扑进书店，便两眼发亮，周身发热，血液循环加快，心潮澎湃激荡，就像年轻人见到自己的恋人一样。一卷在握，其乐无穷！

星期日如有人来访，我不在家，只要到附近的几家书店找我，常能将我找到。我如果要在外边与人碰头，也常喜欢约在书店等候；在见朋友之前，先见见书这个老朋友。我对书极爱护。弟弟为我搬家，摔坏了家什，我反而安慰他，可他将我的书掉在泥水中，我却埋怨他半天。给人送礼，我也最爱送书。某年友人结婚，我买了几本新书，厚厚的近千页，并以两个成句凑成一联附上送他。联曰："君子之交淡如水，秀才人情纸千张。"妻子说哪有结婚送书的？我说，书是我的命，我把命都送上了，这个礼还不重？

如今家中藏书近万册。以前最怕别人向我借书，所以我在书橱上贴了一张"安民告示"："本室藏书，恕不外借。诸亲好友，免开尊口！"如有人硬是要借，我便去书店买一本书送他，而自己家中的这一本是断然不借的。因为家中的这本，或我看过，或我批注过，和我共同度过了一个或十几个美好的白天或夜晚；我与它情长谊深，它成了我密友，成了我生命的一部分；如若轻易借人，岂不等于出卖朋友，我于心何忍？现在随着国家的对外开放，我家中的藏书也对外开放了。因为我终于明白再珍贵的书籍也都是暂存于己的身外之物，况且"书不流通如废纸"，还是借人为好。不过有个别的借书者，比我还爱书，借了就不还，也许忘了，我顺便在这儿出个通知：凡借我书者，请按时归还，谢谢！

○最爱惜书的人，本身就是最聪明的人。

——爱默生

> 我的童年、我的少年、我的中年，都是由书
> 砌成的。我和书彼此相恋，永不相负。

梦里梦外尽是书

MENGLIMENGWAIJINSHISHU

✳ [新加坡]尤　今

我的童年、我的少年、我的中年，都是由书砌成的。

我诞生于马来西亚北部一个美丽的小镇怡保，就在那儿，我度过了我生命里的最初八年。

第二次世界大战结束后，我的父亲在怡保创办了一家称作《迅报》的小报社。这是一段亦欢亦苦的岁月。在经济上，我们捉襟见肘，毫不宽裕；但是，在精神上，我们很富有。父亲多年以来从事文化建设的理想，通过他所创办的报社，作了具体的实现。他和母亲，常常在用过简单的晚膳后，把头凑在一起，共同策划报纸的内容，我们几个小孩儿，一知半解地坐在一旁听，听不懂便去翻弄父亲给我们带回来的故事书。翻着翻着，看着看着，慢慢的，整个人便入了迷。

爸爸办的，是一家"曲高和寡"的报纸，他不肯随俗，更不肯媚俗，结果呢，读者和他的经费一样，越来越少，最后，终于闭门大吉了。

父亲在寻找工作上处处碰壁后，终于决定带着一家大小到新加坡来另谋发展。

初到新加坡来，我们住在一个叫作"火城"的地方。

我们在一幢高达四层的旧楼房里租下一个房间。楼下，是一长排店铺。其中有一家是卖文具杂书的小店。成人的书不多，儿童故事书倒有不少。新到的，放在平台上；稍为旧一点的，便放在门口的大纸箱里。

那时，我读小学二年级，常常在放学后溜到那儿去，看免费书，站着看、蹲着看，那老板，不催又不赶，任我去。事隔那么多年，他的长相，我早已忘了；不能、不会忘的，是他那双含笑的眉、含笑的眼。在那袋子里没有多余的零钱的岁月里，倘若不是碰上这么一个慈和随便的老板，恐怕我便得苦苦地压抑喜欢看书的那一份欲望了。

父亲当上了建筑承包商后，家里经济逐渐好转。书本，再也不是可望而不可及的奢侈品了。父亲爱买书、爱看书，他给自己买，也给家里的孩子买。不是一本一本地买，而是一套一套地买。

他买给我的第一套书是：《成语故事十册》。

我废寝忘食地看，愈看便愈惊于叹于中国语言的优美、精深、凝练、广博。

我和方块字，至此正式结缘。一结缘以后，便终生与它纠缠不清。

在文字的掌握上有了基础后，父亲便开始为我买中国的古典文学作品。我小学还没有毕业，便读完了《红楼梦》、《西游记》、《水浒传》、《三国演义》、《聊斋志异》等大部头著作。

上了中学后，我有了固定的零用钱，开始懂得上书局去挑选自己爱读的书。这时期，我读了大量的翻译小说，比如《傲慢与偏见》、《静静的顿河》、《巴黎圣母院》、《父与子》、《娜拉》、《约翰·克利斯多夫》、《飘》等等，都是一本一本地接着读的。当时喜欢读外国的翻译小说，主要是为作者创作的背景和书里的时代气息所吸引。

除此之外，对古典诗词也爱不释手，那时记忆力好，《唐诗三百首》几乎全都能背诵得出来。

进了大学，受到校园风气的影响，我开始大量地阅读有关哲学、社会学和心理学方面的书。硬性的书读得多，我需要一些软性的书来加以调和。

○我扑在书籍上，像饥饿的人扑在面包上一样。

——高尔基

就在这个时期,我把阅读的触角伸向了台湾。台湾浩如烟海的文艺作品,整个地把我淹没了;这个时期的我,好似骤然闯入了一个百花齐放的园圃里,看到这里也是花、那里也是花,朵朵娇艳,朵朵鲜丽,五彩缤纷,香气扑人,我目眩神迷之余,日夜不分地沉醉在内了!

读读读,无日或辍,无时或断。

由于长期以来养成了持续不断的阅读习惯,所以,这些年来,我几乎不能一日无书。

有人说:不读书的人,言谈无味,面目可憎。然而,对于我来说,言谈和面目是不是无味、是不是可憎,都还是其次的问题,最主要的是:倘若不读书,我的日子,便过得无欢、无趣、无味、无乐。

过去,当我还是在籍学生时,看书比较有系统,总是把同一位作者的书看完了,才开始看另一个人的书。现在,我除了工作外,还要照顾家庭,还要从事笔耕,时间不但有限,而且被分割得非常零碎。所以,难以拟订系统化的读书计划。

目前的我,什么书都看,硬性的理论、传记、杂文,软性的小品文、散文、小说,全看;来自中国大陆的,台湾、香港地区的,都看。

081

我看书,分两个步骤。第一个步骤,是囫囵吞枣、一目十行地看。这时候,眼睛好像长了翅膀,在书页上任意飞翔。虽然是看得很快,然而,由于是在全神贯注的情况下看的,所以,我并不曾辜负我手中的书。倘若读毕以后,觉得这是一部好书,我便会从头到尾再细细重读一遍。细读时,我会作眉批。有时是段批,有时是章批。在细读一本书期间,我会利用闲暇速读另一本新书。一缓一速,循序并进。换言之,在以反刍的方式消化旧有知识的同时,我并没有放松自己对新知识的吸收。

有一个问题,是别人常常问我的:

"你每天可资利用的时间,好像总比别人多出了一大截,究竟你是怎么分配的?"

答案是:分秒必争,全力以赴。

我家里除了订阅四份日报外,还订了好些周刊、月刊、季刊;这些报纸和杂志,有许多都是在烟飞油溅的厨房里读完的——我在煎鱼煮饭的同时,利用中间的空当来读它们。此外,我多年以来坚持的一个习惯是:不论时间多迟,我在临睡以前一定要看上一个小时的书。倘若不看,便睡不安宁。日积月累的,被我眼睛消化了的书本,数目便十分可观了。

由于日日夜夜都沐浴在书海里,有时晚上做梦,连梦都沾着书香呢!

我爱书。

实在是太爱了,套一句目前最流行的话:

"书,是我最始与最终的唯一。"

我和书彼此相恋,永不相负。

○假如没有书本作伴,我就无法生活下去。

——杰弗逊

她因环境的动荡失去了读书的机会,但她酷爱读书,视书为命,为一本书而在众人面前低头钻进竹榻底下。

人和书的亲情

RENHESHUDEQINQING

✽ 梁晓声

大约在30年前,一个上海女孩儿成了云南插队知青。她可算是知青中年龄最小的一个了,才十四五岁。她是个秀丽的上海女孩儿,曾被上海电影制片厂的导演邀去试过镜头。女孩儿的父母作为大学里的领导,"文革"中在劫难逃,自然是被首批打入另册的。女孩儿的家自然也是被抄过的了。在"文革"中,知识分子的家一旦被抄,便再也找不到一本书了。

女孩儿特伤心,为那些无辜的书哭过。

然而这女孩儿天生是乐观的,因为她已读过不少名著了。书中某些优秀的人物那时就安慰她,开导她,告诉她人逢乱世,襟怀开阔乐观是多么重要。

艰苦的劳动女孩儿只当是体魄锤炼,村荒地远女孩儿只当是人生的考验。女孩儿用歌唱和笑容,以青春的本能向那个时代强调和证明着她的乐观。

但女孩儿也有独自忧郁的时候。对于一个爱看书的女孩儿,到哪儿都发现不了一本书的时代,是一个多么可怕的时代啊!

有次女孩儿被指派去开什么会,傍晚在一家小饭馆讨水喝,非常偶然地,她一眼看到了一本书。那一本书在一张竹榻下面。人不爬到竹榻下面去,是拿不到那一本书的。女孩儿的眼睛一旦发现了那一本书,目光就再也不能离开它了。女孩儿的心激动得怦怦跳,女孩儿的眼睛都发亮了!

女孩儿颤抖着声音问:"那……是谁的书?喏,竹榻下面那一本书……"

大口大口地吃着饭的男人们放下了碗,男人们擎着酒杯的手僵住了,热闹的划拳行令之声停止了……

小饭馆里那时一片肃静,每一个人的目光都注视在女孩儿身上。人们似乎已经好几个世纪没听到过"书"这个字了,似乎早已忘了书是什么……

"书……竹榻下那一本书……谁的?"

一个男人终于回答她:"别管谁的,你若爬到竹榻下拿到手,就归你了!"

女孩儿喜上眉梢,乐了。

还有什么可犹豫的呢?于是,十四五岁的,秀丽的,已是云南插队知青的这一个女孩儿,在众目睽睽之下,当即往土地上一趴,就朝竹榻下面那一本书爬去——云南的竹榻才离地面多高哇,女孩儿根本不顾惜一身干干净净的衣服了,全身匍匐着朝那一本书爬去……

当女孩儿手拿着那一本书从竹榻下爬出来,站起来,不仅衣服裤子脏了,连脸儿也弄脏了,头发上满是灰……

但是女孩儿的眼睛是更亮晶晶的了,因为她已经将那一本书拿在自己手里了呀!

"你们男人可要说话算数!现在,这一本书属于我了……"

小饭馆里又是一阵肃静。

女孩儿疑惑了,双手紧紧将书按在胸前,唯恐被人夺去似的……

大男人们脸上的表情,那一刻,也都变得肃然了……

那一本书是《青年近卫军》。

如今,当年的女孩已经当妈妈了。她的女儿比当年的她还大两岁!她叫林结,是"文革"后中国为数不多的几位法学博士中的首位女博士。

人之爱书,也是足以爱得很可爱的呀……

○谁要是没有被一本好书俘虏过,将是最大的遗憾。

——尤里邦达列夫

书，有时候不需要读，摸一摸就很美、很满足了。

摸　书

❋ 冯骥才

名叫莫拉的这位老妇人嗜书如命。她认真地对我说："世界上所有的一切都在书里。"

"世界上没有的一切也在书里。把宇宙放在书里还有富余。"我说。

她笑了，点点头表示同意，又说："我收藏了4000多本书，每天晚上必须用眼扫一遍，才肯关灯睡觉。"

她真有趣。

我说："书，有时候不需要读，摸一摸就很美、很满足了。"

她大叫："我也这样，常摸书。"她愉快地做着摸书的动作，烁烁的目光真诚地表示她是我的知音。

谈话是个相互寻找与自我寻找的过程。这谈话使我高兴，因为既找到了知己，又发现了自己一个美妙的习惯，就是摸书。

闲时，从书架上抽下几本书来，或许是某位哲人智慧的文字，或许是某位幻想者迷人的呓语，或许是人类某种思维兴衰全过程的记录——这全凭一时兴趣、心血来潮。有的书早已读过，或再三读过；有的书买来就立在架

085

三

读与癖好

上，此时也并非想读，不过翻翻、看看、摸摸而已。未读的书是一片密封着的诱惑人的世界，里边肯定有趣味更有智慧；打开来读是一种享受，放在手中不轻易去打开也是一种享受；而凡读过的书，都有了生命，就像一个个朋友，我熟悉它们的情感与思维方式，它们每个珍贵的细节，包括曾把熄灭的思想重新燃亮的某一句话……翻翻、看看、摸摸，回味、重温、再体验，这就够了。何必再去读呢？

当把一本古旧的书拿在手里，它给我的感受便是另一番滋味。不仅它的内容，它的一切一切，都与今天相去遥远。那封面的风格，内页的版式，印刷的字体，都带着那时代独有的气息与永难回复的风韵，并从磨损变黄的纸页中生动地散发出来。也许这书没有多少耐读的内涵，也没有多少经久不衰的思想价值，它在手中更像一件古旧的器物。它的文化价值反成为第一位的了，这文化的意味无法读出来，只要看看、摸摸，就能感受到。

莫拉说，她过世的丈夫是个书虫子。她藏书及摸书的嗜好，一半来自她的丈夫。她丈夫终日在书房里，除读书之外，便是把那些书搬来搬去，翻一翻、看一看、摸一摸。每每此时，"他像醉汉泡在酒缸里，那才叫真醉了呢！"她说。她的神情好似看到了过去一幅迷人的画。

○读书的癖好与所谓刻苦学习是两回事，它讲究的是趣味。

——周国平

在长期的病痛中，是一本本书让我沉静下来。
书本告诉我，即使是痛苦的生命，只要不放弃，也会
绽放出艳丽的花朵。

我是船，书是帆

WOSHICHUANSHUSHIFAN

✳ 张海迪

偶尔翻开少女时代的一个日本子，几片彩色纸片从里面忽闪着飘落到地上，捡起来，我禁不住快乐地笑了，它们给了我一个意外的惊喜，那是我少女时代自己做的书签。有用卡片纸做的，也有用树叶做的。我在小小的卡片上用水彩画了美丽的图画，每一个书签都系了一根彩色的丝线。其中一片书签上画着一只小船，正高高地扬着白帆在蓝色的海上航行。我久久地凝视着这片书签，那时候，我正像一只小船，疾病像急流冲击着我，而一本本好书却像鼓满的风帆推着我勇敢地逆流而行……

那时，我没有想到后来自己能成为作家，我想我当作家或许是因为我读了很多作家写的书。我并不具备当作家的天赋，缺乏作家思维的能力。我生性热情奔放，率直单纯，少女时代我只是梦想将来当医生或是化学家。在长期的病痛中，是一本本书让我沉静下来，它们牵着我的思绪四处漫游，从遥远的古代到奇幻的未来，从幽静的山村农舍到繁华喧闹的异国城市，都留下了我思想的航迹。还有古今中外圣贤哲人睿智的思想和渊博的学识，各种各样平凡的人们形形色色的生活、境遇、梦想和希望，都留下

读书癖好

了我触摸的手印……终于有一天，我觉得我有很多很多话要用笔来倾诉，我幻想着我的脑汁凝固成一本书——就像我曾读过的书。

在读书中，我的心灵得到了陶冶，我的思想得到了升华，不再把个人的痛苦看得太重，我懂得了世界和人类的历史就是由无数的灾难、苦痛和奋争组成的。那些日子，我曾经为书中的人物热血澎湃，我曾经为他们的命运流下泪水，我更对许多高尚者肃然起敬。哦，书是多少敏感的心灵在悲与喜的交织中碰撞出来的火花，书是多少深沉的头脑对社会对人生反复思索的结晶，书是多少人对后代的期望和启蒙……

我不再仅仅沉湎于文学作品之中，我拓展着自己生活的天地。我读外语、读历史、读地理、读哲学……我记住了弗朗西斯·培根的"知识就是力量"这句话。知识是基础，是成功的基石。学习专业知识远比单纯地阅读文学作品困难得多，学习中每一段道路都必须负重而行。学习外语时不光要读书，还要把书中的知识消化掉，变成自己的知识积淀。学习专业知识时，经常有读不下去的时候，甚至为了记忆要经受令人难耐的反复阅读。几年下来，一本本工具书甚至被磨得毛了边儿。那努力的过程，就像希腊神话中的西西弗斯整日推着一块大石头上山，推上去，滚下来，再推上去……但苦读之后，如同饮下一杯醇香的酒。知识带给人类的快乐真是回味无穷。

在我攻读硕士学位的日日夜夜，身边又堆起比往日更多的书，古今中外的哲人对生活和生命博大精深的认识和诠释，使我的文化视野更开阔，也使我能重新审视自己的生命轨迹。生活是什么？人生的意义是什么？什么样的生活才有意义？在那之前，我曾经多次产生过对痛苦的厌倦，对疾病折磨的无可奈何，而书本却告诉我，即使是痛苦的生命，只要不放弃，也会绽放出艳丽的花朵。

今天，我依然像童年和少女时代一样，深深地热爱每一本好书。长期被疾病禁锢在室内的生活，于常人看来是太孤独了，而我不这样想。清晨，每当我睁开眼睛，第一眼就会看到满架的书籍，还有堆在桌子上和床头的一本本打开的书，甚至还有半夜因困倦从手中滑到地上的书。我一醒来就

○不是我造就了书，而是书造就了我。

——蒙田

会感到自己置身于一个纷繁的世界。翻开一本本书，我的眼前便会浮升起一条颤动的地平线，于是，我就仿佛看见古今中外的人物晃动着不同的身影向我走来……

多少年，我总是在书籍的鼓舞下，在探求知识、渴望知识的激情中，从病床上一次次挣扎起来，开始一天的工作。

我是船，书是帆，尽管生活的大海上有时还会浓雾迷漫，还会有狂风巨浪，但有了帆，我的航线就不会偏离，我的船就不会沉没……

三 读书癖好

> 阅读——而不是别的，可以给我比一个人的生命更多的生命，因为它从生命的深处增加了生命，尽管它并不能在岁限上延长它。

我为什么喜欢读书

WOWEISHENMEXIHUANDUSHU

✳ [埃]阿巴斯·马哈茂德·阿卡德

当把这个问题提给一位从事写作的人时，我们首先想到的是他会这样说："我喜欢读书是因为我喜欢写作！"

但实际上那个读书仅仅为了写作的人，不过是一个"邮差"，或者一个尾巴主义作家，而非真正地道的作家。如果在他之前没有别的作家，那就绝对不会有他这位作家；如果在他之前没有一位说过什么的人，那他也就不会有什么东西能说给读者听。

不，我绝不是为了写什么才阅读，也不是为了增加估计中的年岁。我爱读书只是因为，在这个世界我只有一个生命，而一个生命对我来说是不够的，一个生命不能把我心中的全部动因都激发起来。

阅读——而不是别的，可以给我比一个人的生命更多的生命，因为它从生命的深处增加了生命，尽管它并不能在岁限上延长它。

你的思想是一个思想。

你的感觉是一个感觉。

你的想象是一个想象——如果你限制了自己的想象的话。

○书是昨天的记载，今天的镜子，明天的航标。

——谚语

但是，你若借助你的思想与另一个思想相会，借助你的感觉与另一种感觉相会，借助你的想象与另一个想象相会，那么，事情就不止于此了：你的思想变成了两个思想，或者，你的感觉变成了两种感觉，你的想象变成了两个想象。

绝不仅仅如此！由于这一相会，你的思想变成了数百个有力度、有深度、有广度的思想。

一个思想是一条被分开的小溪。

但许多相会在一起的思想，则是融汇全部溪流的大海。这二者的区别，正如广阔的天际和汹涌的波涛同狭窄的堤岸和有限的轻波之间的区别。

很多问题，也许表现上或标题上有所不同，但你若将其归到这个本源上来，那最远的也像最切近的了。

例如，昆虫的天性和宗教哲学有什么关系呢？

宗教哲学与一首抒情诗和一首讽刺诗有什么关系呢？

这首诗或那首诗与一段复兴史或一场革命有什么关系呢？

一个人的生平与一个民族的历史有什么关系呢？

从表面上看，事情风马牛不相及。

但实际上它们都是一种生命的物质，都是从一眼泉中涌出的溪流，还要归回到海里去。

昆虫的天性是对生命初始的一种研究。

宗教哲学是对生命永恒的一种研究。

抒情诗和讽刺诗，是对一个人的生命在爱情和报复时的两块燃烧的木炭。

民族的复兴或革命，是千百万人心中生命波涛的汹涌澎湃。

伟大的个人的生平是一个优秀生命在其他生命之中的展示。

所有这些都在同一个大海中相会。它们把我们从溪涧引向浩瀚的大海。

在我阅读时，我并不知道自己是在寻求这一切，也不知道这一爱好是

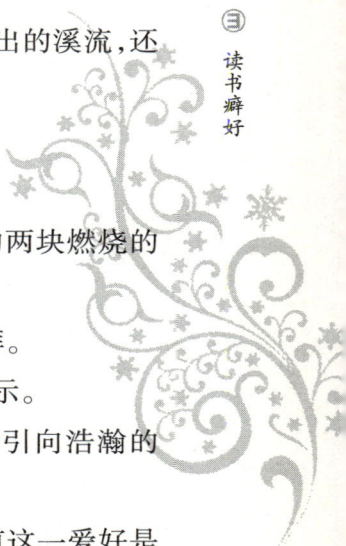

从这一愿望中产生出来的。

但是我喜欢阅读了。我从我们所读的东西中发现了这一广泛的联系。由于这一联系，阅读有关一只蝴蝶的书和阅读有关麦阿里和莎士比亚的书这二者是彼此接近的。

我喜欢读书，因为一个生命对我来说是不够的。一个人尽管可以吃，但他决不可能吃下比一个胃的容纳量还要多的食物；尽管可以穿，但他决不可能穿比一个人体所能穿的还要多的衣服；尽管他可以行走，但他不可能同时在两个地方落脚。然而，当他的思想、感情、想象增长时，他不能把许多生命集中于一身，但能成倍地扩充自己的思想、感情和想象，正如彼此交换的那种爱情的成倍增长，亦如两面镜子间叠映出的那张像那样层出不穷。

○书籍是任何一种知识的基础，是任何一门学科的基础的基础。

——茨威格

> 对书本的浓厚兴趣,是一生智慧的启蒙标志。

一张废纸片
YIZHANGFEIZHIPIAN

成就的文学大师
CHENGJIUDEWENXUEDASHI

✳ 鲁先圣

这是一个阳光明媚的春天。美国密苏里州的大街上,行人散淡,有人手拿书本坐在街边的木凳上翻看着。这个时候,在不久之后的未来将要成为美国文学之父的马克·吐温,因为无所事事,也来到这个大街上闲逛。当然这个时候的马克·吐温还一文不值,就连他自己也不知道他的名字将要响彻世界。

这个时候,马克·吐温只有14岁。他漫不经心地走着,他突然发现路边一个人正在翻看的书中掉下了一张纸。他以为,也许是一张银行存折,也许是一张现金借据,或者是一张财宝藏图。总之,他以为这是上帝的恩赐,他马克·吐温发财的机会来了。他快步上前拣起那张纸片仔细看。不是他想象的发财机会,那是一张记载着一个叫约翰的人的离奇的传记故事。他闲着也没有事情,就从头至尾地阅读起来。没有想到这张纸片的故事如此离奇,一向讨厌读书的马克·吐温竟然读得如痴如醉。但是,接下来却让马克·吐温为难了,只有一张纸,约翰的故事中断了,可是他实在想知道故事的下文和结局。他立即在街上寻找那个拿书本的人,希望能够借他的书让自己看完约翰的故事。但是,那个人早就没有踪影了。

他立即去书店和图书馆,寻找阅读有关约翰的书。虽然这个时候年轻的马克·吐温已经开始做事情,而且非常繁重,但是这丝毫没有影响他对于约翰书籍的阅读。当其他的人都去喝酒玩乐的时候,他独自一人呆在房间里看书。看不懂的地方就去查字典。甚至有一次,由于他彻夜阅读,到天亮了才刚刚睡下,其他人都准备上班去了,喊他一起去,他竟然说:"你们先睡吧,我得再看一会书才睡。"

后来的传记作家便曾在马克·吐温的传记作品中这样写道:"偶然得到的约翰传记作品中的一张纸,引起了马克·吐温对其生平的浓厚兴趣,对这种兴趣的热衷就是他一生智慧的启蒙标志,而且这种兴趣至死都没有改变。从拣起那片废纸的那一刻起,他就走向了开创自己卓越智慧的路途。"

不久以后他就开始了自己出外谋生的经历。做印刷厂的排字工人,来往于密西西比河一带的几个城市。他依然在不间断地阅读,并利用一切业余时间开始了创作,给报刊投稿。几年以后,他当上了河上领航员,因为经常听到水手测量水的深度时喊"马克·吐温",意思是说水的深度可以航行,他就选择了这个笔名。因为他的经历惊险动荡,能接触到社会最底层的各种各样的人物,他对他们的性格和生活状态进行了深刻的描述和挖掘,加上他幽默风趣的文笔和辛辣的讽刺,他的作品很快在美国文坛走红。

1862年,这个几乎没有进过什么学校,靠一张废纸片引起阅读兴趣,一直在流浪中读书写作的青年人,终于靠自己的文笔,在自己27岁的时候,成为《事业报》的新闻记者,以记者的身份游历欧洲,从此开始了自己叱咤世界文坛的文学创作道路。

1867年3月,马克·吐温完成了他的第一部作品,即包括《卡拉韦拉斯县驰名的跳蛙》在内的短篇小说集。他最著名的作品是《汤姆历险记》和《顽童流浪记》,当中呈现了他童年生活的面貌,文笔生动活泼,深受读者喜爱。美国名作家海明威曾经说:"美国的整个现代文学,都发源自一本书,它的名字就是《顽童流浪记》。"马克·吐温在40年的创作生涯中,写出了十多部长篇小说、几十部短篇小说及其他体裁的作品。他的文章充满了喜

○爱读书的人办起事来总是得心应手;只要他想干什么,他就会拥有作出决断和付诸行动的力量。

——威·葛德文

悦、冒险、进取、轻快、幽默的意味，最能代表美国的民族性，因而他被称为"幽默大师"。

马克·吐温的幽默不仅反映在作品中，他日常的言谈也风趣幽默。一年愚人节，有人愚弄马克·吐温，在纽约一家报纸上报道说他死了。结果，他的亲戚朋友从全国各地赶往他家吊丧，却见马克·吐温正在桌前写作，于是齐声谴责那家造谣的报纸。马克·吐温却不怒不愠地说："报纸报道我死是千真万确的，不过把日期提前了一些。"

这就是被世界文坛誉为美国的"文学林肯"的马克·吐温。

> 一个人，不论身处何种恶劣的环境，都不应该低下高贵的头颅，当然，除了读书。

恶劣环境中的书迷（两则）

ELIEHUANJINGZHONGDESHUMI

✳ 黄 成

拾荒者的阅读时光

有一张照片给我的印象非常深刻。那是2012年"世界读书日"前夕，在肯尼亚内罗毕，一名拾荒者抓紧时间阅读一本捡来的书。她说："这让我觉得每天除了捡垃圾外还有其他事可做。"这张照片获得2013年世界新闻奖当代热点类一等奖。

这张照片可以传达给读者不同的感受，可以是励志的，可以是怜悯的。看了这张照片，有的人会抓紧时间读书，更加珍惜每一秒钟；有的人会为照片中的妇人感到惋惜，感叹命运使她只能坐在垃圾堆中，阅读一本捡来的书。

不过，我觉得这张照片的意义还不仅于此，我们应该深入这张照片中去体验、去聆听妇人的话外之音。她并没有把她的话全部说完。

你看，她所处的环境是如此恶劣，周遭除了荒芜就是垃圾，以及身边塑

○书籍可以使枯燥乏味的岁月化为令人愉快的时日。

——卢伯克

料袋中所装的或许有用之物——这是否该感谢那些慷慨的丢弃者？你看，人们甚至丢掉了一本书。且不管它是一本书还是一本杂志，总之，它不是一份报纸。不管怎样，如果是我，我会随身带着它，直到捡到更好的读物。

虽然她从事的是最"低下"的工作——捡垃圾，但是在捡垃圾之外，她还有其他事情可做，那就是读书这项"高尚"的活动。那时，她忘却了自己的身份，只作为一个高贵的读者而存在，她沉入书海，洗净尘埃，捧起一本书，愉快地读着。

如果哪位高手帮帮忙，给这张照片加工一下，换一下背景，那么，这将成为最好的读书图。她是那么专注，脸上还带着笑容，丝毫没有留意到镜头的存在，这种读书生活对她来说太普通了，只有镜头后面的那双眼睛捕捉到了这强烈的对比。

或许，我们可以这样理解她所说的话，"每天除了捡垃圾外，我还有其他事要做，那就是读书。"

一个人，不论身处何种恶劣的环境，都不应该低下高贵的头颅，当然，除了读书。

097

废墟中的读者

拾荒者面对的是荒芜，战乱中的读者面对的则是废墟。

1940年10月22日，位于伦敦肯辛郡的荷兰屋图书馆几乎被德军炸成废墟。屋顶塌落，房梁烧毁，天空阴霾一片，梯子、建筑碎片散落一地，到处一片狼藉，然而废墟中的书架依然屹立着，架上的书依然可供取阅。废墟中的图书馆，仍旧以包容的姿态，迎接着读者。你来，它便接纳你。

陆续有读者冒着建筑坍塌的危险，走进这废墟中的图书馆，他们并非没有预见到潜在的危险，而是这其中有更为吸引人的风景值得探索。他们起初怀着悲凉的心情走进这废墟，渐渐地，他们忘却了废墟，他们的注意力全都集中到书籍上，他们抬头仰望，高高的书架上，那些经历战火依然高贵的精灵；他们伸手用指尖触碰，碎石瓦砾前，那些依旧可爱的精灵；他们站在废墟之上，双手小心翼翼地捧着书本，专注地读着。

镜头记录下这一刻。这张照片是如此自然，镜头后的拍摄者又是如此小心翼翼，没有惊动这废墟中的读者，真实地记录下三位读者阅读的姿势。他们在废墟中，依然保持着内心的宁静，我想，这废墟中的书籍，一定给了他们抚平创伤的慰藉与面对未来的希望。

〇人离开了书，如同离开空气一样不能生活。

——科洛寥夫

读书，是走出心灵迷茫的需要，是改变自己命运的需要，是实现人生价值的需要。

读书岂止是"爱好"

DUSHUQIZHISHIAIHAO

✽ 解思忠

国人在历数自己的爱好时，往往将读书也列入其中；听的人并不会感到有什么不妥，而且还会顿起敬意。在有些国家却不是这样。我们一位同胞曾以《中国日报》访问记者的身份，去美国华盛顿一家报馆工作了三个月；平时和同事聊天，总要被问及有些什么爱好。他便回答说：我爱好读书、游泳、集邮，还喜欢吹口哨。对方听了总是一愣：读书能算"爱好"吗——在美国人看来，把读书作为爱好，也许就像把吃饭也作为爱好一样的不可思议。

不管外人怎么认为，能把读书列入游泳、集邮，甚至是吹口哨之类的爱好，总比不爱读书的人是一大进步。鲁迅先生曾以"有病不求医，无聊才读书"的诗句自嘲嘲人。时过半个多世纪，国人还没有把读书作为一种不可缺少的需要，自觉地去读书；即便是到了无聊的时候，也未必去读书；即便是读书，也未必是读有益之书。旅途，可以说是最无聊的时候了；然而只要稍加留意，就会发现很少有人利用这段闲暇时间读书，多数人是在瞪着眼发呆，不停地抽烟、嗑瓜子，或凑在一起打扑克……倒是许多外国人，只要一坐定，立刻就会下意识地从随身所携带的背包里抽出一本书来。

我在构思写作《国民素质忧思录》一书时，对于"不爱读书"能否算作是国民文化素质的一个缺陷，颇费了一番斟酌。后来，还是以吃饭为比喻，才作了定夺——如果一国之民普遍厌食，那无疑是健康素质的一大缺陷；而一国之民普遍不爱读书，则也是文化素质的一大缺陷无疑。于是，我在"文化素质"篇中，将"不爱读书"列于"文化程度低"之后，作为国民文化素质的第二个缺陷，并在这一章的开头写道：

> 如果把文化程度，即受教育程度视为国民文化素质的"先天"，那么，能否自觉地学习，就是"后天"了。有的人由于种种原因，没有受到良好的教育，却通过刻苦自学，具备了一定的文化素质；有的人尽管有着较高的学历，却不再自学自修，久而久之，便"泯然众人矣"。一个人的文化素质最终取决于在漫长的人生旅途上，能否锲而不舍地坚持自学。学习，固然是多方面的，但读书却是人们公认的提高文化素质的主要手段。"书籍是人类进步的阶梯"——高尔基的这句名言，形象地说明了书籍对推动人类文明的作用。一个爱读书的人，必定是一个文化素质较高的人；一个爱读书的民族，也必定是一个文化素质较高的民族。

我在这里所说的读书，显在指的不是学龄青少年在校期间的看课本，也不是借助某些书籍消磨时光的休闲，更不是通过窥视内容不健康的书籍以达到不可告人之目的的，而指的是以提高自身文化素质乃至整体素质为目的的读书；所读之书，除了职业需要外，主要应是人文科学著作，以及与人类生活关系密切的自然科学普及读物。

世界已进入一个国际竞争空前激烈的时代。在我国，随着从传统计划经济体制向社会主义市场经济体制的转变，生产者个体将由从属地位被推向基本利益主体地位，人际竞争也空前激烈。在这场竞争中，应是高素质者取胜。无庸讳言，在我们目前的人际竞争中，由于规则尚不健全，使得一

○热衷地想读书与太无聊才想读书是两回事，差距太大了。

——柴斯特顿

些低素质者侥幸取胜；但这种现象是不会长久的，随着社会的不断进步，高素质者将越来越赢得主动。我们总不能在意识到由于知识缺乏而素质低下时，像查找吉日良辰一样临时去翻看皇历吧。

朋友们！对于读书，不要再说爱好不爱好了。读书，是走出心灵迷茫的需要，是改变自己命运的需要，是实现人生价值的需要。

读书癖好

好书常如最精美的玉器，珍藏着人的一生思想的精华。

书 友
SHUYOU

✳ ［英］斯迈尔斯

看一个人读些什么书就可知道他的为人，就像看一个人同什么人交往就可知道他的为人一样。因为世界上有与人为友的，也有与书为友的。无论是书友或朋友，我们都应该择其最佳者而从之。

一本好书就像是一个最好的朋友。它始终不渝，过去如此，现在仍然如此，将来也永远不变。它是最有耐心、最令人愉快的伴侣。在我们穷愁潦倒、临危遭难的时候，它也不会抛弃我们，对我们总是一往情深。在我们年轻时，好书陶冶我们的性情，增长我们的知识；到我们年老时，它又给我们以安慰和勉励。

人们常常因为同爱一本书而结为知己，就像有时两个人因为敬慕同一个人而交为朋友一样。古谚说"爱屋及乌"，但是"爱我及书"这句话却有更深的哲理。书是更为坚实而高尚的情谊纽带。人们可以通过共同爱好的作家沟通思想感情，彼此息息相通。他们的思想共同在作者的著述里得到体现，而作者的思想反过来又化为他们的思想。

哈兹利特曾经说过："书潜移默化人们的内心，诗歌熏陶人们的气质品

〇一个爱书的人，他必定不至于缺少一个忠实的朋友、一个良好的老师、一个可爱的伴侣、一个温情的安慰者。

——巴罗

性。少小所习,老大不忘,恍如身历其事。书籍价廉物美,不啻我们呼吸的空气。"

好书常如最精美的玉器,珍藏着人的一生思想的精华。人生的境界,主要就在于他思想的境界。所以,最好的书是金玉良言的宝库,若将其中的崇高思想铭记于心,就成为我们忠实的伴侣和永恒的慰藉。菲利普·悉尼爵士说得好:"有高尚思想作伴的人永不孤独。"

当我们面临诱惑的时候,优美纯真的思想会像仁慈的天使一样,纯洁并保卫我们的灵魂。优美纯真的思想也孕育着行动的胚芽,因为金玉良言几乎总会启发善行。

书籍具有不朽的本质,是人类勤奋努力的最为持久的产物。寺庙会倒坍,神像会朽烂,而书却经久长存。对于伟大的思想来说,时间是无关紧要的。多少年代前初次闪现在作者脑海里的伟大思想今天依然清新如故。他们当时的言论和思想刊于书页,如今依然那么生动感人。时间唯一的作用是淘汰不好的作品,因为只有真正的佳作才能经世长存。

书籍引导我们与最优秀的人物为伍,使我们置身历代伟人巨匠之间,如闻其声,如观其行,如见其人。同他们情感交融,悲喜与共。他们的感受成为我们自己的感受,我们觉得有点儿像是在作者所描绘的人生舞台上跟他们一起粉墨登场了。

读书种子，关系着国运之盛衰，文化之兴废。
不可令读书种子断绝！

读书种子

DUSHUZHONGZI

✳ 李 乔

近读宋人笔记，诗人黄庭坚的一句话跳入眼帘，不禁心头一震。语云："不可令读书种子断绝！"此话虽是对古代士大夫之家讲的，但又何尝不是当今许多有识之士所要道出的心声呢？据报道，某年全国有300多个图书馆未购进一册书，全国有38％的青年人基本无藏书，藏书极丰的北京图书馆经常"门庭冷落车马稀"，许多学龄儿童成了小商贩，"读书无用论"的幽灵又活现起来……面对这种心理倾斜，精神变局，有识之士理当大呼："不可令读书种子断绝！"

"读书种子"，一作"书种"，是古人创造的一个颇富文化意蕴的称谓。其含义一是说读书传统之相继，犹如植物种子之递续，在此递续传统中的读书人，特别是世代相承的读书人，便是读书种子；其二是将习语所谓"读书材料"或学有根底的、优秀的读书人称为读书种子。明代政治家姚广孝称大文人方孝孺为读书种子，清代学者阎若璩称大思想家、大学者顾炎武、黄宗羲为读书种子，民国学人傅斯年称大史学家陈寅恪为读书种子。这些读书种子，都是承继了中国读书传统的优秀的读书人。清人说："秀才者，

○外物之味，久则可厌；读书之味，愈久愈深。

——程颐

读书之种子也。"我们今天常称某位读书多的人为"秀才"(如毛泽东称田家英),其意也犹如清人所谓读书种子。近有一本谈读书掌故的书里说,"读书种子是谑称",此说恐不甚妥。"读书种子",多么美好的称谓!

中华民族自古以来就有一种重视读书、崇尚文化的书香精神,读书种子因此而世代相承,绵绵不绝。正是靠着读书种子之不绝,中华文化才得以传承、延续和发扬。有眼光的中国文化人历来关注读书种子是否兴旺和断绝。宋代诗人陆游诗云:"传家只要有书种。"另一宋人周必大说:"士大夫家,其可使读书种子衰息乎?"他们的话,虽未脱书香门第思想这一时代色彩,却反映出他们重视文化传承,重视这种传承的重要形式——家学,不愿使读书种子断绝的可贵的书香精神。抗战期间,拒不仕敌的北平辅仁大学校长陈垣先生最担心国家的读书种子断绝。他认为,被统治者若不读书,"则不一二世悉变为无文化之人,此统治者所求而不得也",所以他教导青年学子既要守住名节,又要努力读书。情况确是如此,在略有统治头脑的日本军阀眼中,有气节的中国读书人是非常可恨和可怕的,所以他们常常要着力捕杀之。读书种子,关系着国运之盛衰,文化之兴废,这一点,可谓古今通则。我们今天建设四化,乃前无古人的大事业,读书种子理应空前繁荣兴旺,而绝不应衰息、断绝。

在中国传统书香精神的熏陶下,许多中国人形成了一种可贵的价值观,即把读书和文化看得高于富贵。元代一位孔子后裔曾立座右铭曰:"宁存书种,毋苟富贵。"许多文化人确是宁愿做清贫的读书种子,也不肯苟活于富贵生活之中。中国文化的存续、发展,在相当程度上是靠了这些自甘清贫的读书种子。《聊斋志异·邵九娘》曾写到民间的一种择婿标准:"王侯家所不敢望,只要个读书种子,便是佳耳。"在这些择婿人家的眼中,读书种子是胜过公子王孙的,在他们的婚姻观中,已经渗入了高雅的书香精神。有见识的文化人,历来看不起那种脑满肥肠却无一点文化修养的庸人。有个叫任翔龙的古代文人曾作过一首《满江红》词,其中有句云:"也要他有个读书种子,一丁不识,富贵何为?"在词人看来,有财无文的庸人,纵然富贵,又有何用?其满身铜臭,如何比得上书香!对于读书与致富的关系,明清的徽商是很会处理的。他们"贾而好儒","亦贾亦儒",其治家格言是："几百年人家无非积善，第一等好事只是读书。"他们中的许多人，既是经商有道的富贾，又是饱读诗书的读书种子。读书与致富的关系，是个贯通古今的大问题，前人在这个问题上的卓见，颇值得今人玩味。

我们的时代需要读书种子，读书种子终究不会断绝。愿普天下有志者都成了读书种子！

○为善最乐，读书最佳。

——阮蔡生

4

书山有路

跋涉，就会有道路
一如自信，就会有绽放
盲目，收获的是迷茫
找到路径，心中一片亮堂

书山在前
总有一条路引你攀登峰巅
书海茫茫
总有一只船渡你抵达彼岸

所谓"读书秘诀"，目的只是骗人。但别人的读书经验提供的启迪和借鉴，却能使人受到教益。

读书有秘诀吗

DUSHUYOUMIJUEMA

✳ 邓 拓

以前在书店里常常可以看见有所谓《读书秘诀》、《作文秘诀》之类的小册子，内容毫无价值，目的只是骗人。有些读者贪图省力，不肯下苦功夫，一见有这些秘诀，满心欢喜，结果就不免上当。现在这类秘诀大概已经无人问津了吧！然而，我觉得还有人仍然抱着找秘诀的心情，而不肯立志用功。因此，向他们敲一下警钟还是有必要的。

历来真正做学问有成就的学者，都不懂得什么秘诀，你即便问他，他实在也说不出。明代的学者吴梦祥自己定了一份学规，上面写道：

> 古人读书，皆须专心致志，不出门户。如此痛下工夫，庶可立些根本，可以向上。或作或辍，一暴十寒，则虽读书百年，吾未见其可也。

看来这个学规中，除了"不出门户"的关门读书的态度不值得提倡以外，一般都是很好的见解。事实的确是这样。不管你学习和研究什么东西，只要

○读书之法无他，惟是笃志虚心，反复详玩，为有功耳。

——朱熹

专心致志，痛下功夫，坚持不断地努力，就一定会有收获。最怕的是不能坚持学习和研究，抓一阵子又放松了，这就是"或作或辍，一暴十寒"的状态，必须注意克服。吴梦祥的这个学规对我们今天仍然有一些用处。

这种学规早在宋代就十分流行，特别是朱熹等理学家总喜欢搞这一套。但是其中也有的不是学规，而是一些经验谈。如陈善的《扪虱新话》一书写道：

> 读书须知出入法。始当求所以入，终当求所以出。见得亲切，此是入书法；用得透脱，此是出书法。盖不能入得书，则不知古人用心处；不能出得书，则又死在言下。惟知出知入，得尽读书之法也。

用现在的眼光读这一段文字，也许觉得他的见解很平常。然而，我们要知道，陈善是南宋淳熙年间，即公元12世纪后半期的人。在那个时候他就能够提出这样鲜明的主张，也算是难能可贵了。他主张要读活书而不要读死书，就是说要知入知出；要体会古人著作的精神和实质而不要死背一些字句，就是说要体会古人用心处而不可死在言下。不但这样，他还反对为读书而读书的倾向。他主张读书要求实际运用，并且要用得灵活，即所谓"透脱"。你看他的这些主张，难道不是一种反教条主义的主张吗？他的这个主张，过去很少有人注意，因为他的声名远不如朱熹等人，但是他根据自己读书的经验而提出了这种主张，我想这还是值得推荐的。

宋儒理学的代表人物中，如陆九渊的读书经验也有可取之处。《陆象山语录》有一则写道："如今读书且平平读，未晓处且放过，不必太滞。"接着，他又举出下面的一首诗：

> 读书切戒在慌忙，涵泳工夫兴味长。未晓不妨权放过，切身须要急思量。

这就是所谓"读书不求甚解"的意思。本来说不求甚解也并非真的不要求

④
书山有路

把书读懂，而是主张对于难懂的地方先放它过去，不要死抠住不放。也许看完上下文之后，对于难懂的部分也就懂得了；如果仍然不懂，只好等日后再求解释。这个意思对于我们现在的青年读者似乎特别有用。

至于我们现在提倡读书要用批判的眼光，要取其精华，去其糟粕，这个主张，古代的读书人却没有胆量提出。古代只有一个没有机会读书的木匠，曾经有过类似这种思想的萌芽。这个人就是齐国的轮扁。据《庄子·天道篇》记载："桓公读书于堂上，轮扁斫轮于堂下，释椎凿而上，问桓公曰：敢问公之所读何言耶？公曰：圣人之言也。曰：圣人在乎？公曰：已死矣。曰：然则君之所读者，古人之糟粕已夫！"接着，轮扁还介绍了他自己进行生产劳动的经验。他的话虽然不免有很大的片面性，他不该把一切所谓"圣人"之言全部否定了，但是，他反对读古人的糟粕，强调要从生产劳动中去体会，这一点却有独到的见地。

我们现在读书的态度和方法，从根本上说，也不过如此。而这些又算得是什么秘诀呢?！如果一定要说秘诀，那末，不要秘诀也就是秘诀了。

○读书首先不在于方法。

——鲁巴金

知识能塑造人的性格。心灵上的种种缺陷，都可以通过求知来改善。

论读书
LUNDUSHU

✻ [英]弗朗西斯·培根 何 新 译

读书可以作为消遣，可以作为装饰，也可以增长才干。

孤独寂寞时，阅读可以消遣。高谈阔论时，知识可供装饰。处世行事时，正确运用知识意味着才干。懂得事物因果的人是幸运的。有实际经验的人虽能够处理个别性的事务，但若要综观整体，运筹全局，却唯有学识方能办到。

读书太慢会弛惰，为装潢而读书是欺人，只按照书本办事是呆子。

求知可以改进人性，而经验又可以改进知识本身。人的天性犹如野生的花草，求知学习好比修剪移栽。学问虽能指引方向，但往往流于浅泛，必须依靠经验才能扎下根基。

狡诈者轻鄙学问，愚鲁者羡慕学问，聪明者则运用学问。知识本身并没有告诉人怎样运用它，运用的智慧在于书本之外。这是技艺，不体验就学不到。

读书的目的是为了认识事物原理。为挑剔辩驳去读书是无聊的。但也不可过于迷信书本。求知的目的不是为了吹嘘炫耀，而应该是为了寻找

④
书山有路

真理,启迪智慧。

书籍好比食品,有些只须浅尝,有些可以吞咽。只有少数需要仔细咀嚼,慢慢品味。所以,有的书只要读其中一部分,有的书只须知其中梗概,而对于少数好书,则要通读,细读,反复读。

有的书可以请人代读,然后看他的笔记摘要就行了。但这只应限于不太重要的议论和质量粗劣的书。否则一本书将像已被蒸馏过的水,变得淡而无味了!

读书使人充实,讨论使人机敏,写作则能使人精确。

因此,如果有人不读书又想冒充博学多知,他就必须很狡黠,才能掩饰无知。如果一个人懒于动笔,他的记忆力就必须强而可靠。如果一个人要孤独探索,他的头脑就必须格外锐利。

读史使人明智,读诗使人聪慧,演算使人精密,哲理使人深刻,道德使人高尚,逻辑修辞使人善辩。总之,"知识能塑造人的性格"。

不仅如此,精神上的各种缺陷,都可以通过求知来改善——正如身体上的缺陷,可以通过适当的运动来改善一样。例如打球有利于腰背,射箭可扩胸利肺,散步则有助于消化,骑术使人反应敏捷,等等。同样,一个思维不集中的人,他可以研习数学,因为数学稍不仔细就会出错。缺乏分析判断力的人,他可以研习形而上学,因为这门学问最讲究繁琐辩证。不善于推理的人,可以研习法律案例,如此等等。这种种心灵上的缺陷,都可以通过求知来治疗。

〇书籍应有助于达到以下四个目的中的一个:获得智慧,变得虔诚,得到快乐,或便于运用。

——坎普腾·托马斯

青年人要读书，不必先谈方法，要紧的是先养成好读书、好买书的习惯。

读书的习惯重于方法

DUSHUDEXIGUANZHONGYUFANGFA

✳ 胡 适

至于读书的方法我已经讲了十多年，不过在目前我觉到读书全凭先养成好读书的习惯。读书无捷径，是没有什么简便省力的方法可言的。读书的习惯可分为：一是勤，二是慎，三是谦。

勤苦耐劳是成功的基础，做学问更不能欺己欺人，所以非勤不可。其次谨慎小心也是很重要的，清代汉学家著名的如高邮王氏父子、段茂堂等之成功，都是遇事不肯轻易放过，旁人看不见的自己便可看见了。如今放大几千倍的显微镜，也不过想把从前看不见的东西现在都看见罢了。谦就是态度的谦虚，自己万不可先存一点成见，总要不分地域门户，一概虚心地加以考察后，再决定取舍。这三点都很要紧。

其次还有个买书的习惯也是必要的，闲时可多往书摊上逛逛，无论什么书都要去摸一摸，你的兴趣就是凭你伸手乱摸后才知道的。图书馆里虽然有许多的书供你参考，然而还是不够的。因为你想往上圈画一下都不能，更不能随便地批写。所以至少你对于自己所学的有关的几本必备书籍，无论如何，就是少买一双皮鞋，这些书是非买不可的。

　　青年人要读书，不必先谈方法，要紧的是先养成好读书、好买书的习惯。

○成功的秘诀在于开始着手。

——莎丽·柏格

读书要抓住关键，要取舍得当。

怎样增进阅读效益

ZENYANGZENGJINYUEDUXIAOYI

✳ 约翰·科特·拉格曼

最近的一天晚上，我注意到我那19岁的最喜欢看书的儿子科德，正在阅读福克纳的小说《喧哗与骚动》，打开了书却迟迟读不下去。我也很喜爱这本书，并且知道读不下去的原因，开头几页描写一个愚钝的男孩观看一场高尔夫球赛时的思想活动，很难理解。

记起若干年以前，当我阅读陀思妥耶夫斯基的《卡拉玛佐夫兄弟》的前几章时，也曾踌躇费时，后来才走了一条捷径。我对科德说："略过第一章，先把故事看下去，以后再回过头来看前面的那部分。"后来，他捧着那本书看得入神，连吃饭时都不愿意抛开。

精明的读者往往会不知不觉地想出一些别的方法。有一次，我看着哥伦比亚大学新闻学院院长爱德华·巴列特翻阅一批新到的书籍。他抽出一本，浏览一下序言，翻翻目录，查对几处索引，读几段主要的引证，再看看有关作者的介绍。他用这种方法在15分钟里就对约十本书作出了评价，然后拿出其中三本准备仔细阅读。他说："略读一本书，就好像探查油矿，当你探明一些迹象后，就不会老是打出一些废井了。"

④ 书山有路

许多人认为读书就是从第一页翻起，一直读到末尾。哈佛大学的阅读指导专家威廉·白瑞认为，这种方法对于理解大作家的作品时是必需的，但是他说："并不是所有的书都值得这么读，耗费那么多的时间和精力。直截了当地说，我们读书的基本目的是要知道作者究竟想说明些什么，于是我们可以单刀直入，抛开其他无关宏旨的枝节。"

　　当我阅读一本很深奥的非小说类著作时，往往先读它的结论，一些科学家在读专业书籍和论文时，也用这种方法，他们几乎总是先读后面的摘要，然后再来查阅具体的过程和发现。有时你试了几次，都不能顺当地读下去。我念大学时的哲学教授普拉特曾经这样劝我们："不要打算一下子完全读懂一本书，当你觉得不能理解时，可以暂时抛开它，过一段时间再来读，总会被你读懂的。"

　　哥伦比亚大学负责指导阅读的尤琴·厄里希推荐一种方法：找几本同样内容的书，轮番阅读。他解释说："三四本书一起读，可以相互阐明和补充，比盯住一本容易懂。"

　　一般地说，人们常常容易低估自己阅读名著的能力。批评家克鲁琪认为，有些人以为只有浅薄、低级趣味或虚妄的读物才能吸引读者，这是一个目光短浅的错误。他说："平庸的东西绝对不会有趣，浅薄的书，拿在手里会比什么都难以忍受，没有价值的书终究会失去读者的。"一旦养成看书的习惯，我们自会惊奇地发现，阅读名著是多么迷人的享受。

　　对于一个成熟的读者，他手里的笔就像是一根探针，可以把书中的内容搜寻出来。纽约市立学院英语教授约翰·索华尔博士有一次对我说："我在重要的段落下画线，在书页的空白处作批注，在扉页上按门类作索引。当我需要引用一段论述，或查找作者对于恋爱、死亡或租税的观点时，索引使我很快翻到正确的页数。借着书上的标记和批注，使我对多年没碰过的书立刻熟悉起来，很快掌握了全书的要点。如果那本书不是我自己的，我就把重要内容的页码记在另一张纸上。"

　　对书本的各个章节作摘要，是了解和牢记书本内容的一个非常有效的方法。《纽约时报》记者范斯奥斯·福尔有一种奇特的方法，他假设要把自己

○读书如吃饭，善吃者长精神，不善吃者生疾痛。

——袁枚

所读的书的摘要拍发给报社,每字付费一元,因此要作非常精炼的概括,删去每一个不必要的字。

但是在书上作批注的方法是否会使人读得太慢呢?阅读方面的专家蒙蒂默·奥尔德博士说:"有时候我们正是要读得慢一些,大多数人都抱着这样一个错误的观念,认为阅读速度是衡量智力水平的一个标准。实际上有些书应该读得快,有些应该慢,甚至悉心研读。阅读上的聪明,就在于能恰当地根据书的不同价值,采取不同的读法。读好书时,不在于你能读过多少,而在于你能从书中汲取多少。"

在浩如烟海的书籍世界中,我们很容易迷失方向,不知道该学些什么。斯多华·蔡斯采取的方法,是把"值得了解的事物"一一列出,后来他以此为名写了一本书,介绍他书海"探险"的结果。他从"我需要知道些什么"出发,在排列出的各个领域里进行选择,从宇宙、太阳系到地球,从生命的起源到人类的诞生,再阅读经济学、心理学、人类学和宗教,以及研究人类的各项活动。这个范围很大,如果确能履行,一定能获得很大的成就。

交响乐团指挥盖·哈里生多年来一直坚持写读书笔记,他告诉我:"我记下了读过的每一本书的书名和作者,然后摘录内容,再加上自己的感想,有时只有简短的几句,有时是一大段。在阅读时,我就考虑着如何做笔记,这对于掌握书中要点,颇有帮助。摘录的过程,就是加强记忆的过程。当我回顾从前的笔记,即使最概括的几句话,也可以使我回想起很多有关的论述,如果不做笔记,就可能忘得一干二净了。"

读书还可以增加人生的各种乐趣。最近,我在买一套贝多芬的音乐唱片时,还买了一本贝多芬书信集,那些书信使作曲家显得更熟悉亲切,我读后更能理解和欣赏他的乐曲。另外,我是一个业余的园艺家,我在拾掇自己的花圃时大多依赖书本的指导,因此我对有关书籍的钻研,大概已经超过了掘土、种植和拔草所花费的时间。

我有一位朋友,在他全家准备作一次夏季旅游前的几个月里,他们经常在家里翻阅有关的书籍,例如对加拿大、墨西哥、英国、法国、希腊的历史和现状、风土人情和名胜古迹的介绍。当他们站在墨西哥的查普特柏克城

④

书山有路

堡，或观看白金汉宫守卫换岗时，就会产生丰富的遐想，得到双重的享受。

书籍还能使人找到知己良友。一位朋友把他最近的一次经历告诉了我："在前往芝加哥火车的餐车里，我读着詹姆士·亚基的《亲人之死》入了迷，对周围的一切全不注意。读到动人之处，不觉泪水沿颊而下。我偷偷擦去眼泪，希望没人发觉。这时，坐在对面的一个陌生人轻轻地说：'我读这本书的时候，也和你一样。'我立刻觉得我们好像是相知的朋友。我们共同消磨了一个愉快的晚上，以后也保持着密切的联系。"

有些人说，我喜欢读书，但实在没有时间。去年冬天，我的儿子杰参加滑雪旅游归来，当我帮他打开行囊时，从他靴子里抽出一叠书页，竟是韦吉尔的《埃尼德》前100页，从另一只靴子里取出来的则是半本帕尔格雷夫的《金库》。杰说："我们每天上山要坐六次钢缆滑车，就有三小时的看书时间。外衣里放不下书，只好塞在靴子里了。"这当然有些糟蹋书籍，不过它们是便宜的普及本。我还是为杰学会忙里偷闲的读书方法感到高兴。

内人总是埋怨我在家里把书籍东塞西摆，我得承认，确实是乱糟糟的，在餐桌、床边、窗台上，浴室和厨房里，到处可以找到书，不过我想正是由于这种环境，使我们的儿子养成了随时随地读书的习惯。

一个拜访过白宫的人说，肯尼迪总统在接待来宾的短暂间隙里，总是埋头查阅书刊。这位总统曾对人说："罗斯福在与别人的交谈中形成自己的观点，我则在翻阅书报时得出结论。"

因此，要有更多的收获，最好的途径恐怕还是这个简单的建议：抓住一切阅读的机会。

○好记性不如烂笔头。

——谚语

> 我要谈的读书，它既不能帮你获得学位，也不能帮你谋生；既不会教你怎样驾船，也不会教你怎样修机器，却可以使你生活得更充实。只是，要想得到这样的好处，你必须喜欢读才行。

读书是一种享受

DUSHUSHIYIZHONGXIANGSHOU

✳ 毛　姆

一个人说话时，往往会忘记应有的谨慎。我曾在一本名叫《总结》的书里，就一些青年提出的关于如何读书的问题说了几句话，当时我并没有认真考虑。后来我便收到各种各样读者的来信，问我究竟提出了怎样的看法。对此，我虽然尽我所能给予答复，但在私人信件里却又不可能把这样的问题讲清楚。于是我想，既然有这么多人好像很希望得到我提供的指导，那么我根据自己有趣而有益的经验，在此简要地提出一些建议，他们或许是愿意听的。

首先，我要强调的是，读书应该是一种享受。不错，有时为了对付考试，或者为了获得资料，有些书我们不得不读，但读那种书是不可能得到享受的。我们只是为增进知识才读它们，所希望的也只是它们能满足我们的需要，至多希望它们不至于沉闷得难以卒读。我们读那种书是不得不读，而不是喜欢读。这当然不是我现在要谈的读书。我要谈的读书，它既不能帮你获得学位，也不能帮你谋生；既不会教你怎样驾船，也不会教你怎样修机器，却可以使你生活得更充实。只是，要想得到这样的好处，你必须喜欢读才行。

我这里所说的"你"，是指在业余时间里想读些书而且觉得有些书不读可惜的成年人，不是指本来就钻在书堆里的"书虫"。"书虫"们尽可以想读什么就读什么。他们的好奇心总是使他们踏上书丛中荒僻的小路，沿着这样的小路四处寻觅被人遗忘的"珍本"，并为此觉得其乐无穷。我却只想谈些名著，就是那些经过时间考验而已被公认为一流的著作。

一般认为这样的名著应该是人人都读过的，令人遗憾的是真正读过的人其实很少。有些名著是著名批评家们一致公认的，文学史家们也长篇累牍地予以论述，但现在的一般读者却没有时间也没有兴趣去读了。它们对文学研究者来说是重要的，它们原来的诱人之处已不再诱人，因此现在要读它们，是很需要有点毅力的。举例说吧，我读过乔治·艾略特的《亚当·比德》，但我没法从心底里说，我读这本书是种享受。我读它多半是出于一种责任心，坚持读完后，才不由得松了口气。

关于这类书，我不想说什么。每个人自己就是最好的批评家。不管学者们怎样评价一本书，不管他们怎样异口同声地竭力颂扬，除非这本书使你感兴趣，否则它就与你毫不相干。别忘了批评家也会出错，批评史上许多明显的错误都出自著名批评家之手。你在读，你就是你所读的书的最后评判者，其价值如何就由你定。这道理同样适用于我向你推荐的书。

我们各人的口味不可能完全一样，只是大致相同而已。因此，如果认为合我口味的书也一定合你的口味，那是毫无根据的。不过，我读了这些书后，觉得心里充实了许多；要是没读的话，恐怕我就不是今天的我了。因此我对你说，如果你或者别人看了我在这里写的，于是便去读我推荐的书而读不下去的话，那就把它放下。既然它不能使你觉得是一种享受，那它对你就毫无用处。没有一个人有这样的义务，一定要读诗歌、小说或者任何纯文学作品。他只是为了一种乐趣才去读这些东西的。谁又能要求，使某人觉得有趣的东西，别人也一定要觉得有趣？

请不要认为，享受就是不道德。享受本身是件好事，享受就是享受，只是它会造成不同后果，所以有些方式的享受，对有理智的人来说是不可取

○旧书不厌百回读，熟读深思可自知。

——苏轼

的。享受也不一定是庸俗的和满足肉欲的。过去的有识之士就已发现，理性的享受和愉悦，是最完美、最持久的。

养成读书的习惯确实使人受用无穷。很少有什么娱乐，能让你在过了中年之后还会从中感到满足，除了玩单人纸牌、解象棋残局和填字谜之外，几乎没有什么游戏，你可以单独玩而不需要同伴。读书就没有这种不便；也许除了做针线活——可那是不大会让你安下心来的——没有哪一种活动可以那样容易地随时开始，随便持续多久，同时又干着别的事，而且随时可以停止。

今天，我们很幸运地有公共图书馆和廉价版图书，可以说没有哪种娱乐比读书更便宜了。养成读书习惯，也就是给自己营造一个几乎可以逃避生活中一切愁苦的庇护所。我说几乎可以，是因为我不想夸大其词，宣称读书可以解除饥饿的痛苦和失恋的悲伤；但是，几本引人入胜的侦探小说再加一只热水袋，确实可以使任何人对最严重的感冒满不在乎。反之，如果有人硬要他去读他讨厌的书，又有谁能养成那种为读书而读书的习惯呢？

为了方便起见，我将按年代顺序来谈我要谈的书，不过，要是你有意读这些书的话，我也没有理由一定要你照着这个顺序读。我想，你最好还是随你自己的兴趣来读，我甚至都不认为你一定要读完一本再读另一本。我自己就喜欢同时读四五本书。因为我们的心情毕竟天天都在变化，即便在一天里，也不是每小时都热切地想读某本书的。我们必须适应这样的情况。

我当然采取了最适合我自己的办法。早晨开始工作前，我总是读一会儿科学或者哲学方面的著作，因为读这类书需要头脑清醒、思想集中，这有助于我一天的工作。等工作做完后，我觉得很轻松，就不想再进行紧张的脑力活动了，这时我便读历史、散文、评论或者传记；晚上，我看小说。此外，我手边总有一本诗集，兴之所至就读上一段，而在我床头，则放着一本既可以随便从哪里开始读，又可以随便读到哪里都能放得下的书。可惜的是，这样的书非常少见。

好记性不如烂笔头，不动笔墨不看书。

不动笔墨不看书

BUDONGBIMOBUKANSHU

✳ 燕 堂

革命老人徐特立在湖南第一师范任教时，教学生读书要认真钻研，读深读透，还要记住要点，决不可囫囵吞枣，贪多图快。怎样才能做到这一点呢？他向学生介绍他自己的学习经验是：不动笔墨不看书。

证诸古今中外的名人学者，这确实是一条通用的、行之有效的好经验。

读书之用笔墨，大体有以下几种形式：

一、对书中重要的、精当的、带关键性的或有疑问的地方加圈加点，做上记号。

保尔·拉法格在《忆马克思》中说：马克思读书时，"常折叠书角，画线，用铅笔在页边空白处做满记号。他不在书里写批注，但当他发现作者有错误的时候，他就常常忍不住要打上个问号或一个惊叹号。画横线的地方使他能够非常容易地在书中找到所需要的东西。他有这么一种习惯，隔一些时候就重读一次他的笔记和书中做了记号的地方，来巩固他的非常强而且精确的记忆力。"

读书圈点画线，可以起到提纲挈领的作用。需要反复阅读的书，下次

○身边要永远带着钢笔和笔记本，读书和谈话时碰到的一切美妙的地方和话语，都把它记下来。

——列夫·托尔斯泰

可只读圈画过的地方,并用自己的思维语言回忆其他部分的内容,把全书贯串起来,这样一可加深对重点部分的印象,二可避免死记硬背,三可锻炼自己的思维能力,四可节省时间。

二、在书眉或空白处写出纲要,提出问题。

毛泽东在反复阅读某章书、某篇文章之后,常在眉头上写出提纲和批语,对于爱读的书,尤其写得多。他在湖南第一师范读书时,杨昌济先生教哲学,用商务印书馆出版的德国鲍尔生的《伦理学原理》译本为教本。毛泽东在这本仅有10万字的书上就用工整的小楷写了1.2万多字的批语和提纲。

这种办法可以同圈点画线结合进行,既可加深理解记忆,又可扼要记下自己的见解,有利于实用。梁启超的《墨经校释》,就是根据他的书头札记整理成的。他在该书《自序》中说:"启超幼而好墨,二十年来,于兹经有所校释,随札记于卷端,得若干条……"

三、做读书笔记。

法国著名科学幻想小说家儒勒·凡尔纳,40年如一日从事科学幻想小说创作,为了写得有根有据,对于每一个科学问题,都要看大量的资料。他去世后,人们在他的书房里发现他亲笔摘录的笔记竟有2.5万多本,别说一页一页地记笔记,就是一本一本地看书,这2.5万本要花多少时间啊!还别忘记他写了近100本小说,平均每年要写两三本。

笔记对学习和研究都很重要,它的容量大,既可抄录原书,又可写下自己的心得体会,还可以在自己的笔记上加圈点批注。有人把笔记本对折起来,一半用来抄录,一半用来写批注,也是好办法。记笔记要注意分类,不要把什么东西都记在一个本子上,将来用起来麻烦。

四、做卡片。

吴晗说:"不要以为历史学家有什么特别的本领,或者特殊的记忆力。学历史跟学其他的知识一样也是靠'业精于勤',偷懒是不行的。勤,除了要多看,还要多抄,把你认为重要的地方抄下来,或做成卡片,这样就能巩固记忆。通过勤抄,把很多的史料,不同的记载,提纲挈领地串起来,就可

④
书山有路

以发现问题,经过认真研究,解决一些问题。这样就能够把你原来认为难学的史书牢靠地掌握住,不会望史兴叹了。"

吴晗的书房里不仅有卡片柜,还摆着许多卡片盒。多年中他亲自动手积累了几万张卡片,卡片上的字写得工工整整,一丝不苟。每隔一定时期,他总要重新整理一下卡片,一方面使分类更加合理,一方面温习卡片的内容。他做卡片的经验是:第一,每一段资料要加上题目,指出这条资料属于什么问题。第二,抄录内容要有所选择,选取能说明关键性问题的资料。第三,写清楚材料的来源:作者、书名、页码以及事件发生的时间,等等。

卡片实际上是读书笔记的变种,它便于分类保存,用时又可随意抽取,比笔记方便,所以更有实际效用。但它的篇幅有限,似不能完全代替笔记,并行不悖可也。

五、写成纸条。

清张尔岐《蒿庵闲话》中叶奕绳尝言强记之法:"某性甚钝。每读一书,遇所喜即摘录之,录讫朗诵十余遍,粘之壁间,每日必十余段,少亦六七段。掩卷闲步,即就壁间观所粘录,日三五次以为常,务期精熟,一字不遗。壁既满,乃取第一日所粘者收笥中。俟再读有所录,补粘其处。随收随补,岁无旷日。一年之内,约得三千段。数年之后,腹笥渐满。每见务为泛滥者,略得影响而止,稍经时日,便成枵腹,不如予之约取而实得也。"

这种办法今人学外语时亦多用之;需要背诵科学定理、名人语录、文学名著时,也可适用。用后收藏,作用与卡片同。

总之,正如著名教育家、历史学家陈垣教授所说:"读书的时候,要做到脑勤、手勤、笔勤,多思、多翻、多写,遇见有心得或查找到什么资料时,就写下来,多动笔可以免得忘记,时间长了,就可以积累不少东西。有时把平日零碎心得和感想联系起来,就逐渐形成对某一问题的较系统的看法。收集的资料,到用的时候,就可以左右逢源,非常方便。"

"不动笔墨不看书",看似多花了时间精力,但留下的东西,却是收获的记录。尤其是青年求学时期养成此种好的习惯,自可一生受用不尽。

〇读书须知出入法。始当求其所以入,终当求其所以出。见得亲切,此是入书法;用得透脱,此是出书法。

——陈善

会背的东西才真正是自己的东西，这是工作
和继续学习的必要资本。

文人的背功

WENRENDEBEIGONG

✳ 陈鲁民

文人的背书功夫大小，与他的学问成就成正比，这个结论大体上是不会错的。

早年，章太炎在台湾做记者。一次与同学李书聊天，他自信地说："在我所读的书中，95％的内容都可以背诵出来。"李书不信，认为这是不可能的事，于是把自己读过的经书全搬了出来，想考倒他。不料，章太炎如数家珍，连哪一句出自哪本书的哪一页都丝毫不差，让李书佩服得五体投地。有这样的背功，章太炎后来成为海内外闻名的国学大师，想想也没什么好奇怪的。

1933年9月，钱锺书在私立光华大学外文系任讲师，兼做国文教员。当时，钱锺书和同事顾献梁同住一个房间。一天，他看见顾正在埋头钻研一本外国文学批评史，于是随便说了句，"我以前也读过这本书，不知道现在是否记得其中的内容，你不妨抽出其中一段来考考我"。顾不信钱锺书有如此好的记忆力，于是专门挑出最难念的几段。而钱锺书却面带微笑，从容不迫，十分流利地全部背了出来。钱锺书后来被誉为"文化昆仑"、"民

④
书山有路

国第一才子"，就与他的过人记忆不无关系。

大数学家苏步青背数学公式肯定是如数家珍，没想到背古文也是他的强项。他读小学的时候，天天背诵《左传》、《唐诗三百首》。到毕业时，这两部书他已能背诵如流。刚进中学，老师不相信他能写出《读〈曹刿论战〉》一文，顺口举出一篇《子产不毁乡校》让他背。他一口气背完，说："整部《左传》，我都可以背下来。"文理相通，互相促进，苏步青的成就又是一例。

也有一种观点说，背那么多东西没用，净浪费脑细胞，需要的时候去查一下，不就全有了。这话固然有理，但别忘了，如果没有查阅条件时，肚子里没有装上几十万字的东西，那可就抓瞎了。王勃的《滕王阁序》是即兴发挥，用了那么多典故、名言，他上哪去查啊？文天祥在牢里写成《正气歌》，广征博引，洋洋洒洒，如果没有平时的积累和记忆，恐怕也是难成其事的。

背书还有一种特殊用处。资中筠在《冯友兰先生的"反刍"》一文中讲到一件事：冯友兰晚年失明以后，完全以口授的方式"吐"出其所学，继续完成了《中国哲学史新编》，他自己把这戏称为"反刍"。

陈寅恪先生也是如此，他55岁时失明，在以后的24年里，一直凭着积累的学识在大学里传业授课，著书立说，成就斐然，令人敬仰。

还有唐代的鉴真和尚，东渡日本后，在双目失明的情况下，以他惊人的记忆力，努力弘扬佛法，纠正日本佛经中的错漏，传播中国文化，讲授医药知识。

试想，如果万一我们也双目失明，不能再阅读和查询，肚里还能有多少东西可以供我们驱使呢？经验告诉我们，会背的东西才真正是自己的东西。杜工部说"读书破万卷，下笔如有神"，破，一是弄懂，二是熟记。所以，民间也有"熟读唐诗三百首，不会作诗也会偷"的说法，话糙理不糙。

博闻强记的背功从哪里来？靠过目成诵的天赋，这种人少之又少，如同凤毛麟角；再就是靠苦读苦背，"三更灯火五更鸡"，舍此没别的捷径可走。当然，背书不是死记硬背，还要融会贯通，灵活运用，这才是最重要的。

○读书要目到、口到、心到。

——左宗棠

五位名人，五段故事，一"背"、二"抄"、三"想"、四"醉"、五"救"，有意思，也有意义。

名人与书的故事

MINGREN YUSHUDEGUSHI

✳ 钟　铭

大凡文化名人都与书有不解之缘，对书爱不释手，视为第二生命。这里略举几事，以飨读者：

茅盾背书

1926年的一个下午，开明书店老板请当时的文化名人沈雁冰（即茅盾）、郑振铎、夏丏尊和周予同等人吃饭。酒到半酣，老板说："光喝酒乏味，请雁冰兄助兴。"借着酒兴，茅盾问："怎么助兴？"老板说："听说你能背《红楼梦》，背一段怎么样？'茅盾当即说："没问题。"其他名人也想看看他有多大能耐，于是郑振铎拿来了《红楼梦》，指着回目，让他背，只见他随点随背，连背半个多小时，竟一字不错，让其他名人叹服。之后，茅盾能背《红楼梦》更传开了。

侯宝林抄书

相声表演艺术家侯宝林,虽然只读了几年小学,但也酷爱读书。有一次,有人向他推荐了一本明代的笑话《谑浪》,说对相声有好处。为了得到这本书,侯宝林几乎跑遍了北京的大街小巷,可仍没有买来。后来,人家告诉他,北京图书馆里有。于是侯宝林一头扎进图书馆,连续18天,终于把这本书全部抄了下来。这件事后来在相声界广为传颂。

华罗庚"想书"

这里说的"想书",不是指想要得到书,而是专指著名数学家华罗庚的读书方法。每当他拿到一本数学专著或长篇论文,阅读后就会在沙发上闭目凝思,想一想书上写了什么,作者为什么这样写,假如是自己,应该怎么写,等等,想完之后,再次阅读。当他想到作者思路与自己大体一致时,就会心一笑,然后一目十行读过去,当发现不一致时,就提出质疑。这样"想书",就是华罗庚先生有名的"默读法"。

闻一多"醉书"

人们大多听到过醉酒,也许还听到过醉茶的,可你听到过"醉书"的吗?话说民主战士闻一多先生年轻时就酷爱读书。他新婚那天,新房张灯结彩,热闹非凡,亲朋好友纷纷前来祝贺,可是,等了好久不见他新郎出来。开始,人们以为新郎在更衣打扮,后来迎亲的队伍都准备好了,唢呐锣鼓都已吹打起来,见他还没出来,人们就去书房找他。谁知他根本没换衣裳,却全神贯注地坐在那儿看书,叫他都没反应。家里人说,这个书呆子,一看书就"醉",像着了魔似的。

○古今中外,凡成就事业,对人类有作为的,无一不是脚踏实地、艰苦攀登的结果。

——钱三强

高尔基救书

　　《童年》、《在人间》、《我的大学》这三部曲的作者——苏联著名的文学家高尔基，年轻时为读书，受尽折磨。有一次，他的房间失火了，火势熊熊，高尔基不顾危险，首先冲进房间把书籍抱出来，差一点被烧死。后来别人问他为何不抢救更值线的东西，或者先逃命要紧，他说："书籍一面启示着我的智慧和心灵，一面帮助我在一片泥塘里站了起来。如果不是书籍的话，我早就沉没在这片泥塘里了，我就要被愚蠢和下流淹死了。"从这席话，足见他把书籍看得比自己的生命更重要。

④
书山有路

在学问征途上要作万里长征,必定要根据过去人类已取得的成就做出发点。掌握读书要领,长征从青少年时期出发。

读书是一种训练

DUSHUSHIYIZHONGXUNLIAN

✳ 朱光潜

学问不只是读书,而读书究竟是学问的一个重要途径。因为学问不仅是个人的事而是全人类的事,每科学问到了现在的阶段,是全人类分工努力日积月累所得到的成就,而这成就还没有湮没,就全靠有书籍记载流传下来。书籍是过去人类的精神遗产的宝库,也可以说是人类文化学术前进轨迹上的里程碑。我们就现阶段的文化学术求前进,必定根据过去人类已得到的成就做出发点。如果抹煞过去人类已得的成就,我们说不定要把出发点移回到几百年甚至几千年前,纵然能前进,也还是开倒车落伍。读书是要清算过去人类成就的总账,把几千年的人类思想经验在短促的几十年内重温一遍,把过去无数亿万人辛苦获来的知识教训,集中到读者一个人身上去受用。有了这种准备,一个人才能在学问途程上作万里长征,去发现新的世界。

历史愈前进,人类的精神遗产愈丰富,书籍愈浩繁,而读书也就愈不易。书籍固然可贵,却也是一种累,可以变成研究学问的障碍。它至少有两大流弊。第一,书多易使读书不专精。我国古代学者因书籍难得,皓首

○读书不能囫囵吞枣,而要从中吸取自己需要的东西。

——易卜生

穷年才能治一经，书虽读得少，读一部却就是一部，口诵心惟，嘴嚼得烂熟，透入身心，变成一种精神的原动力，一生受用不尽。现在书籍易得，一个青年学者就可夸口曾过目万卷，"过目"的虽多，"留心"的却少，譬如饮食，不消化的东西积得愈多，愈易酿成肠胃病，许多浮浅虚骄的习气都由耳食肤受所养成。其次，书多易使读者迷方向。任何一种学问的书籍现在都可装满一个图书馆，其中真正绝对不可不读的基本著作往往不过数千部甚至于数部。许多初学者贪多而不务得，在无足轻重的书籍上浪费时间与精力，就不免把基本要籍耽搁了。比如，学哲学的尽管看过无数种的哲学史和哲学概论，却没有看过一种柏拉图的《对话集》。学经济学的尽管读过无数种的教科书，却没有看过亚当·斯密的《原富》。做学问如作战，须攻坚挫锐，占住要塞。目标太多了，掩埋了坚锐所在，只东打一拳，西踢一脚，就成了"消耗战"。

读书并不在多，最重要的是选得精，读得彻底，与其读十部无关轻重的书，不如以读十部书的时间和精力去读一部真正值得读的书；与其十部书都只能泛览一遍，不如取一部书精读十遍。"旧书不厌百回读，熟读深思子自知"，这两句诗值得每个读书人悬为座右铭。读书原为自己受用，多读不能算是荣誉，少读也不能算是羞耻。少读如果彻底必能养成深思熟虑的习惯，涵泳优游，以至于变化气质；多读而不求甚解，譬如驰骋十里洋场，随珍奇满目，徒惹得心花意乱，空手而归。世间许多人读书只为装点门面，如暴发户炫耀家私，以多为贵。这在治学方面是自欺欺人，在做人方面是趣味低劣。

读的书当分种类，一种是为获得现世界公民所必需的常识，一种是为做专门学问。为获常识起见，目前一般中学和大学初年级的课程，如果认真学习，也就很够用。所谓认真学习，熟读讲义课本并不济事，每科必须精选要籍三五种来仔细玩索一番。常识课程总共不过十数种，每种选读要籍三五种，总计应读的书也不过50部左右。这不能算是过奢的要求。一般读书人所读过的书大半不止此数，他们不能得实益，是因为他们没有选择，而静读时又只潦草滑过。

④
书
山
有
路

常识不但是现世界公民所必需，就是专门学者也不能缺少它。近代科学分野严密，治一科学问者多固步自封，以专门为借口，对其他相关学问毫不过问。这对于分工研究或许是必要，而对于淹通深造却是牺牲。宇宙本为有机体，其中事理彼此息息相关，牵其一即动其余，所以研究事理的种种学问在表面上虽可分别，在实际上却不能割开。世间绝没有一科孤立绝缘的学问。比如政治学须牵涉到历史、经济、法律、哲学、心理学以至于外交、军事等等，如果一个人对于这些相关学问未曾问津，入手就要专门习政治学，愈前进必愈感困难，如老鼠钻牛角，愈钻愈窄，寻不着出路。其他学问也大抵如此，不能通就不能专，不能博就不能约。先博学而后守约，这是治任何学问所必守的程序。我们只看学术史，凡是在某一科学问有大成就的人，都必定于许多他科学问有深广的基础。目前我国一般青年学子动辄喜言专门，以至于许多专门学者对于极基本的学科毫无常识。这种风气也许是在国外大学做博士论文的先生们所酿成的。它影响到我们的大学课程，许多学系所设的科目"专"到不近情理，在外国大学研究院里也不一定有。这好像逼吃奶的小孩去嚼肉骨，岂不是误人子弟？

有些人读书，全凭自己的兴趣。今天遇到一部有趣的书就把预拟做的事丢开，用全副精力去读它；明天遇到另一部有趣的书，仍是如此办，虽然这两书在性质上毫不相关。一年之中可以时而习天文，时而研究蜜蜂，时而读莎士比亚。在旁人认为重要而自己不感兴味的书都一概置之不理。这种读法有如打游击，亦如蜜蜂采蜜。它的好处在使读书成为乐事，对于一时兴到的著作可以深入，久而久之，可以养成一种不平凡的思路与胸襟。它的坏处在使读书泛滥而无所归宿，缺乏专门研究所必需的"经院式"的系统训练，产生畸形的发展，对于某一方面知识过于重视，对于另一方面知识可以很蒙昧。我的朋友中有专读冷僻书籍，对于正经正史从未过问的，他在文学上虽有造就，但不能算是专门学者。如果一个人有时间与精力允许他过享乐主义的生活，不把读书当作工作而只当作消遣，这种蜜蜂采蜜式的读书法原亦未尝不可采用。但是一个人如果抱有成就一种学问的志愿，他就不能不有预定计划与系统。对于他，读书不仅是追求兴趣，尤

○学问是苦根上结出的甜果。

——大加图

其是一种训练，一种准备。有些有趣的书他须得牺牲，也有些初看很枯燥的书他必须咬定牙关去硬啃，一久了他自然还可以啃出滋味来。

读书须有一个中心去维持兴趣，或是科目，或是问题。以科目为中心时，就要精选那一科的要籍，一部一部地从头到尾读，以求对于该科得到一个概括的了解，作进一步高深研究的准备。读文学作品以作家为中心，读史学作品以时代为中心，已属于这一类。以问题为中心时，心中先须有一个待研究的问题。然后采关于这问题的书籍去读，用意在搜集材料和诸家对于这问题的意见，以供自己权衡去取，推求结论。重要的书仍须全看，其余的这里看一章，那里看一节，得到所要搜集的材料就可以丢手。这是一般做研究工作者所常用的方法，对于初学不相宜。不过初学者以科目为中心时，仍可约略采取以问题为中心的微意。一书作几遍看，每一遍只着重某一方面。苏东坡与王朗书曾谈到这个方法：朱子尝劝他的门人采用这个方法。它是精读的一个要诀，可以养成仔细分析的习惯。举看小说为例，第一次但求故事结构，第二次但注意人物描写，第三次但求人物与故事的穿插，以至于对话、词藻、社会背景、人生态度等等都可如此逐次研求。

读书要有中心，有中心才易有系统组织。比如看史书，假定注意的中心是教育与政治的关系，则全书中所有关于这问题的史实都被这中心联系起来，自成一个系统。以后读其他书籍如经子专集之类，自然也常遇着关于政教关系的事实与理论，它们也自然归到从前看史书时所形成的那个系统了。一个心里可以同时有许多系统中心，如一部字典有许多"部首"，每得一条新知识，就会依物以类聚的原则，汇归到它的性质相近的系统里去，就如拈新字贴进字典里去，是人旁的字都归到人部，是水旁的字都归到水部。大凡零星片段的知识，不但易忘，而且无用。每次所得的新知识必须与旧有的知识联络贯串，这就是说，必须围绕一个中心归聚到一个系统里去，才会生根，才会开花结果。

记忆力有它的限度，要把读过的书所形成的知识系统，原本枝叶都放在脑里储藏起来，在事实上往往不可能。如果不能储藏，过目即忘，则读亦等于不读。我们必须于脑以外另辟储藏室，把脑所储藏不尽的都移到那里去。这种储藏室在从前是笔记,在现在是卡片。记笔记和做卡片有如植物学家采集标本,须分门别类订成目录,采得一件就归入某一门某一类,时间过久了,采集的东西虽极多,却各有班位,条理井然。这是一个极合乎科学的办法,它不但可以节省脑力,储有用的材料,供将来的需要,还可以增强思想的条理化与系统化。预备做研究工作的人对于记笔记做卡片的训练,宜于早下功夫。

○读书切戒在慌忙,涵泳工夫兴味长。未晓不妨权放过,切身须要急思量。

——陆九渊

名家的经验之谈,好好领会,从实际出发正确取舍。

读书之要则
DUSHUZHIYAOZE

✳ 余秋雨

一、尽早把阅读当做一件人生大事

阅读的最大理由是想摆脱平庸。一个人如果在青年时期就开始平庸,那么今后要摆脱平庸就十分困难。

只有书籍,能把辽阔的空间和漫长的时间浇灌给你,能把一切高贵生命早已飘散的信号传递给你,能把无数的智慧和美好对比着愚昧和丑陋一起呈现给你。区区五尺之躯,短短几十年光阴,居然能驰骋古今,经天纬地,这种奇迹的产生,至少有一半要归功于阅读。

如此好事,如果等到成年后再来匆匆弥补就有点可惜了,最好在青年时就进入。

二、要把阅读范围延伸到专业之外

阅读专业书籍当然必要,主要是为了今后职业的需要。鲁迅说:"这样的读书,和木匠的磨斧头、裁缝的理针线并没有什么分别,并不见得高尚,有时还很苦痛,很可怜。"(《读书杂谈》)

生命的活力,在于它的弹性。大学时代的生命弹性,除了运动和娱乐,更重要的是体现为对世界整体的自由接纳和自主反应,这当然是超越专业的。

现在很多大学都发现了学生只沉陷于专业的弊病,开设了通识教育课,这是一个很好的办法。但同样作为一门课程,即使通识教育也保留着某种难于克服的狭隘性和被动性。因此不管功课多重,时间多紧,自由的课外阅读不可缺少。

更何况,时代的发展使每门专业的内在结构和外部界限发生了很大的变化,没有足够的整体视野,连专业都很难学好。

三、先找一些名著垫底

大学生的课外阅读,是走向精神成熟的起点,因而先要做一点垫底的工作。

垫什么样的底,就会建什么样的楼,因此尽量要把底垫得结实一点。时间少,要寻找一种省俭方式。最省俭的垫底方式,是选读名著。

名著因被很多人反复阅读,已成为当代社会词语的前提性素材。如果不了解名著,就会在文化沟通中产生严重障碍。名著和其他作品在文化方位上是不平等的,它们好像军事上的制高点,占领了它们,很大一片土地就不在话下了。对于专业之外的文化领地,我们没有时间去一寸一寸占领,攻取几个制高点就可以了。

四、名著读不下去也可以暂时放下

即使是一位熟悉的师长很有针对性地为我们开了一份必读书目,书目里的名著也有读不下去的时候。

读不下去就放下,不要硬读。这就是非专业阅读的潇洒之处。

这么有名的著作也放下?是的,放下。因为你与它没有缘分,或许说暂时无缘。

再有针对性的书目也只考虑到了你接受的必要性,而无法考虑到你接受的可能性。所谓可能,不是指阅读能力,而是指兴奋系统,这是你的生命秘密,别人谁也不会清楚。

五、有一两个文化偶像不是坏事

在选读名著的过程中,最终会遇到几部名著、几位名家最与你情投意

青少年阅读书

136

○读书之法,在循序而渐进,熟读而精思。

——朱熹

合。你着迷了,不仅反复阅读,而且还会寻找作者的其他著作,搜罗他们的传记,成为他们的崇拜者。我的一位朋友说他一听到辛弃疾的名字就会脸红心跳,我在读大学时对法国作家雨果也有类似的情景。这就是平常所说的偶像。

偶像的出现,是阅读的一个崭新阶段的开始。能够与一位世界级或国家级的文化名人魂魄与共,真是莫大的幸福。然而更深刻的问题在于:你为什么与他如此心心相印?不完全是由于他的学问、艺术和名声,因为有很多比他学问更高、艺术更精、名声更大的人物却没有在你心底产生这样强烈的感应。根本的理由也许是:你的生命与他的生命有某种同构关系,他是你精神血缘上的前辈姻亲。暗暗地认下这门亲,对你很有好处。

六、青年人应立足于个人静读

青年人读了书,喜欢互相讨论。互相讨论能构建起一种兴趣场和信息场,单独的感受流通起来了。

但是总的说来,阅读是个人的事。字字句句都要由自己的心灵去默默感应,很多最重要的感受无法诉诸言表。阅读的程序主要由自己的生命线索来联接,而细若游丝的生命线索是要小心翼翼地打理和维护的。这一切,都有可能被热闹所毁损。更何况我们还是学生,即使有点肤浅的感受也不具备向外传播的价值。在同学间高谈阔论易生意气,而一有意气就会坠入片面,肤浅变得更加肤浅。

就像看完一部感人至深的电影,一个善于吸收的观众,总喜欢独个儿静静地走一会,慢慢体味着一个个镜头、一句句台词,咀嚼着艺术家埋藏其间的良苦用心,而不会像有些青年那样,还没有出电影院的门就热烈谈论开来了。在很多情况下,青年人竞争式的谈论很可能是一种耗散,面对越是精深雅致的作品越可能是这样。

七、读书卡片不宜多做

读书有一个经常被传授的方法,那就是勤奋地做读书卡片。读到自己有兴趣的观点和资料,立即抄录在卡片上,几个月之后把一大堆卡片整理一番,分门别类地存放好,以后什么时候要用,只要抽出有关的一叠,自己也就可以获得一种有论有据、旁征博引的从容。

这种方法，对于专业研究、论文写作是有用的，但不适合青年学生的课外阅读。从技术上说，课外阅读的范围较大，又不针对某个具体问题，卡片无从做起，即使做了也没有太大用处，白白浪费了许多阅读时间。如果要摘录隽语佳句，不如买一本现成的《名人名言录》放在手边。

但技术上的问题还是小事。最麻烦的是，做卡片的方法很可能以章句贮藏取代了整体感受，得不偿失。一部好的作品是一个不可割裂的有机整体，即使撷取了它的眉眼，也失去了它的灵魂。

我不主张在课外阅读中做很多卡片，却赞成写一些读书笔记，概括全书的神采和脉络，记述自己的理解和感受。这种读书笔记，既在描述书，又在描述自己。每一篇都不要太长，以便对即时的感受进行提炼，把感受提炼成见识。

八、有空到书店走走

大学生的阅读资源，主要来自图书馆。但是，我希望大家有空也到书店走走。书店当然比图书馆狭小得多，但它是很有意思的文化前沿。当代人的精神劳作有什么走向？这些走向与社会走向有什么关系？又被大众接受到什么程度？解答这些疑问的最好场所是书店。

崭新的纸页，鲜亮的封面，夸张的宣传，繁忙的销售，处处让你感受到书籍文明热气腾腾的创造状态，而创造，总是给人一种愉悦的力量。这种力量对读书人是一种莫名的滋养，使你在长久的静读深思之后舒展筋骨、浑身通畅。

你可以关注一下畅销书排行榜，判断一下买书的人群，然后，也准备为自己选几本书。在书店选书与在图书馆有所不同，对于重要的书，你会反复考虑永久性拥有的必要性，于是在书架前进行了一次短短的自我拷问。你也许会较少犹豫地购买几本并不重要却有趣、可爱的新书，由此你对自己与书籍的奇异关系产生了某种疑问，这种疑问的每一个答案都让人开心。

○我们读书时应该弄懂的不是文字，而是我们感觉到的出现在字里行间的人。

——小巴特勒

读书是一种心灵的行走，静下心来，潜心于学，是非常必要的条件。

读书需要进入一种状态

DUSHUXUYAOJINRUYIZHONGZHUANGTAI

✳ 张永谊

　　中华民族有着悠久丰厚的读书传统。这种传统的积淀与传承，对今天的读书人依然有着深远的影响，尽管传媒方式在变迁，阅读者的价值取向、心理支配、读书习惯还是在受其影响。在数字化和网络技术飞速发展的今天，我们的生活节奏在加快，社会竞争在加剧，阅读的形态在改变，以传统方式阅读纸质书的人在持续性减少，网络浏览、电子阅读越来越成为人们的读"书"习惯，深度阅读的人越来越少，浅尝辄止的快餐式阅读到处泛滥。读书，进入一种状态的静心读书，似乎与我们渐离渐远，传统的研习性的深度阅读在渐渐隐退。人之所以需要读书，是为了"对抗"我们先天的蒙昧、后天的无知以及世俗熏染的狭隘，与智者对话，向贤达讨教，提升境界，净化心灵，赢得智慧。因此，读书，确实需要进入一种状态。

　　心理的准备。当我们置身于一个媒体异常发达的时代，各种信息对我们的感官时时都在"狂轰滥炸"，现实的生活又充满着各种各样的焦虑与诱惑，真想沉下心来，静心坐在书桌之前，饱餐一本心仪已久的好书，似乎是一种奢望，即使有读书的"形态"，但依然缺乏读书的"心态"。古人读书要做

"焚香净手"的形式准备,看似繁琐,实是心理的准备,与哲人对话的准备。我们今天自然不必如此,但"焚香净手"蕴涵的读书态度,确实需要我们思考与借鉴。读书,需要静心、精心、净心,驱除功利的烦扰,隔绝世俗的纠缠,静心与智者无声对话,在淡泊名利的阅读心境中,在字里行间泛起会心的感悟,细心而耐心地擦拭内心深处的精神污垢,清洁灵魂,丰富智慧,升华精神,这才叫真正的读书!

状态的调整。读书,并非只是为了"索取",它需要保持一种思考、反省、批判,上下求索的姿态和能力。读书应具备一种宽广的文化视野,以及对人类优秀文化兼收并蓄的胸怀与气度。读书是一种心灵的行走,当你踏进书的意境,就会忘掉世俗的烦恼,就没有生活中失落的思绪,就没有闲情的无聊,在心灵行走中觅寻行走的意义。试想,阅读那些经过时间淘洗的名家经典,就是穿越时空去叩问古今哲人的伟大心灵和智慧,沐浴在人类优秀精神文化的长河,体味人类的思索,感知世界的广大,体验未知的深邃。

方法的养成。真正的读书源于内心的热爱与执着,在与作者思想碰撞中,书中的人和事,与我们的经历体会、思想情感契合沟通,相鸣相合,发现真实的自己,进而疏浚心源,反思自我。

一个人的精神发育史实质上就是一个人的读书史。一个民族的精神境界、道德水准,在很大程度上取决于全民族的阅读水准。正是人类文明发育结晶的一部部经典,展现了人类高尚、开阔的精神境界,"阅读"改造了一代又一代人的愚昧、贫乏与平庸,引领了人们对高雅、高尚与美好的追求,进而更好地创造自我、创造世界、创造未来。

○苦读书胸中有宝,勤作文笔下生花。

——谚语

勤奋是最为质朴又颠扑不破的读书之道。

读书唯"勤奋"二字

DUSHUWEIQINFENERZI

✳ 冯其庸

谈起读书,我觉得无非是"勤奋"二字。勤奋是最为质朴又颠扑不破的读书之道。记得小时候读书,先生要求我们的,不仅是读文章,而且还要背下来。中国文学史上的诸多优秀篇章,小时候但凡花了功夫的,有很多至今都刻在脑子里。也许你要问:脑子里记住这么多文章有什么用? 那么我告诉你:至少它能够给你的写作带来灵感。人脑仿佛是一个宝库,多少东西都能装进去,脑子里的东西越多,下笔就越快,写文章就越丰富、越灵动、越容易碰见灵光迸现、左右逢源的情况。古人说"读书破万卷,下笔如有神",讲的正是这个道理。"破万卷"的"破"字,已经告诉了我们,读书不是点到即止,而是需要勤奋,需要下功夫。读书如果只是浮光掠影,浅尝辄止,收益是不大的。

仅仅读书还不行,最好能与调查、实践紧密结合起来,求之于书,证之于实,在实践中检验知识、完善知识。"读万卷书,行万里路",这是至理名言。我们不能因为进入了网络社会,很多知识可以方便地从网上获取,就忽略了行万里路的重要性。我的感受是,很多东西都需要进入到具体的实

④

书山有路

践调查中，才能去伪存真，才能真正领会与理解。以我自己为例，玄奘是中国历史上了不起的一个人，为了弄清楚他取经之后到底由哪一条路回来，我十次赴新疆等地考察。当时心中有个疑问，为什么玄奘东归时要到公主堡去？公主堡既非寺庙，也非顺路，他没理由绕远路跑去拜谒。后来在当地牧民的带领下，我们来到公主堡，当地人说，公主堡下才是真正的瓦罕古道！我这才明白，原来玄奘从明铁盖下来时走的其实是这条道，所以必经公主堡，然后到塔什库尔干。而此前，我误将一条由部队开辟的道路认作"瓦罕古道"了——它与公主堡下的瓦罕古道还远隔着一条大河！类似的情况，我经历得不少，这也让我更坚信：实地调查，走万里路，能够让一个人的知识变得更加准确、更加可靠。

如果研究的领域分得太细，可能难以产生通才式的人才。为什么呢？就因为学问之间是彼此关联、互相激发的。好比一位武术家，如果他只会耍枪，其他兵器一概不了解，你会觉得他是一位高手吗？我们倒是常常看到，很多有成就的人，往往旁搜远绍，从其他领域广泛汲取营养，化为己用，提升自己。读书也是一样的道理。搞文学的不懂历史，搞历史的不懂文学，都会事倍功半。文学与历史，甚至还有哲学、民俗等学科，本来就是共生共长，你中有我，我中有你，如果不能全面涉猎，怎么可能获得精深的见解？所以，我认为学科可以越分越细，读书却该越读越宽，惟其如此，才能融会贯通，才能更全面地看世界、想问题。

读书与写作密不可分，但读书宜早，著述宜晚。读书宜早现在大家都知道，著述宜晚却似乎没有多少人看重。古人说人生三大事：立德、立功、立言。立言需要有足够的人生锤炼与知识积累，不是随便为之的，怕的就是以己之昏昏，却欲使人昭昭，这怎么可能呢？那样只会贻误后人。

○读书是学习，摘抄是整理，写作是创造。

——吴晗

5

选书买书

挑剔的目光在书架上游移
随意只会败坏阅读的胃口
一次次的摒弃
是为了换取一回真正的心跳

从不吝啬，永远饥渴
就这么自私地
把书占为己有
让快乐潜滋暗长

书海浩淼，时间有限。应选择自己喜欢或对自己成长有帮助的书。

书海茫茫
SHUHAIMANGMANG

✳ 余秋雨

　　像真的海一样，我们既赞美它，又害怕它。远远地看，大海澄碧湛蓝，云蒸霞蔚，但一旦跳入其间，你立即成为芥末，沉浮于汹涌混沌之中。如何泅得出来？

　　到图书馆、书店走走，到街头的报刊亭看看，每次都感到纸页文字对生命的一种威逼。几年前还在热心地讨论"读书有没有禁区"的问题，我是主张对文化人不应有禁区的，但现在却出现了一种意想不到的无奈：必须自设禁区，否则将是时间的泄漏、生命的破碎，从一生的孜孜不倦走向一生的无所作为。

　　在一个文化不发达的国家，被印刷过的白纸黑字曾经是令人仰望的符咒，因此，读书很可能成为一种自欺欺人的行为。不管什么时候，在写字桌前坐下，扭亮台灯，翻开书本，似乎都在营造斯文，逼近神圣。这种误会，制造了无以数计抛掷生命的游戏，而自己和旁人还十分安慰。

　　为此，一些真正把书读通了的人总是反对"开卷有益"的说法，主张由学者们给社会开出一些大大小小的书目，以防在阅读领域里价值系统的迷

○仅次于选择益友，就是选择好书。

乱。我赞成这种做法，但这种做法带有常规启蒙性质，主要适合正在求学的年轻人。对于中年人来说，生命已经自立，阅读也就成了自身与阅读对象的一种"能量交换"，选择的重任主要是靠自己来完成了。因此，自设禁区，其实是成熟的表现。

感觉极好的文章少读，感觉不对的文章不读，这是我的基本原则。

感觉极好，为什么要少读呢？因为感觉极好是很不容易的事，一旦找到，就要细细体会，反复咀嚼，不容自我干扰。这就像我看电影，突然遇上一部好片，看完后绝对不会紧接着看另外一部，而会一个人走在江边，走在小路，沉湎很久。我即便知道其他几部片子并不比这一部差，也舍不得一块儿奢侈地吞噬。交朋友也是这样，天下值得交往的好人多得很，岂能都成为往来熟络的密友？推心置腹的有几个，也就够了。到处拍肩膀搂脖子，累死累活，结果一个也没有深交，一个也对不起。阅读和交友差不多，贪心不得。

感觉不对的文章不读，这一点听起来不难理解，事实上不易做到，因为我们在阅读时常常处于一种失落自我的被动态势，很少打开感觉选择的雷达。其实，即便是公认的世界名著，年轻时老师都是说必须读，只能遵循，到了中年发觉与自己的感觉系统不对位的就有权利拒读。人家好端端一本书，你也是好端端一个人，没有缘分就应该轻松地擦肩而过，如果明明别扭还要使劲儿缠在一起难受半天，多不好。

我所说的"感觉不对"，主要是指一些让我们感到某种不舒服的文章，或者做作，或者伪饰，或者炫耀，或者老滑，或者跋扈，或者酸涩，或者嫉妒，那就更要避开。如果我们误会它们了，我们也没有时间和兴趣去解除误会。避开了，误会也就不成其为误会。也许我们会出于某种传统的责任感对这种文章予以批评，但这种责任感往往是以否定多元合理为前提的。人有多种活法，活着的文明等级也不相同，住在五层楼上的人完全不必去批评三层楼的低下，何况你是否在五层楼还缺少科学论证。也有极少数文章让我们感到一种无以名状的邪恶和阴毒，才读几句就像吃了一个苍蝇，最好的办法也是赶快推开。

145

选书买书

有些朋友不理解：雪白的纸，乌黑的字，怎么能印出一篇篇这样的文字来呢？这是一种好心肠的痛苦，但不客气地说，这种痛苦产生于文化禁锢下的习惯和文化暖房里的梦幻。生活格局的开放，书报市场的开拓，使各色社会情绪有了宣泄的机会和场所，从总体看来不是坏事。例如嫉妒，既然有一批人成功了，难道那些暂时未成功的人连嫉妒一下都不可以？雨果说，一片树叶受到阳光照耀，它的背面一定是阴影，阳光越亮，阴影越深。树叶尚且如此，何况是人。白纸黑字不会只反射阳光，它们也传导阴影。把阳光和阴影加在一起，才是一个立体的社会。因此，不仅要允许嫉妒，也要允许做作，允许伪饰，允许炫耀，允许老滑，允许跋扈，允许酸涩，当然，也要允许你的不舒服，允许你的不理睬。从事事关注、事事难容，转变为关注不多、容忍很多，这应该是我们社会观众的一大进步。

○不好的书也像不好的朋友一样，可能会把你戕害。

——菲尔丁

从小爱跑书店,长大了准是个爱书人。与书结缘,也当与书店结缘。

买书结缘

MAISHUJIEYUAN

❋ 范　用

买书,说得确切一点,是看书,到书店看书。

55年前,1936至1937年,我在省城的一个私立小学读书。省城在京沪线(现在的沪宁线)上,上海出版的新书杂志,到得很快,日报傍晚就可以看到。

西门大街有家新书店,我爱去那家书店,放学路过,总要进去看看有什么新书杂志,有好看的,从架上抽下来,站在书架旁边,看它半个来小时。

这家书店,新文艺书比较多,除了商务、中华这两家老牌子书局,上海的一些出版社,现代书局、良友图书公司、新中国书局、生活书店、开明书店、文化生活出版社的新书,大多都有。北新书局、亚东图书馆早年出的书,也还有一些。成套的书,像生活书店的"创作文库"、"小型文库",良友图书公司的"文学丛书"、"良友文库",文化生活出版社的"文学丛刊"、"文化生活丛刊",一溜摆在书架上,挺馋人。现代书局、新中国书局也各有一套文学丛书,封面看上去蛮舒服。

我买不起书,除了开学的时候跟爸爸多报几毛钱文具费,再加上过年的压岁钱，买几本书，只能在书店白看，一本本看，看完一本再看一本。现在还能记得起看过的书，像张天翼的《蜜蜂》《团圆》，茅盾的《春蚕》，巴金的《砂丁》《电椅》，施蛰存的《上元灯》《梅雨之夕》，穆时英的《南北极》。巴金翻译的《俄罗斯童话》《门槛》，也是站着看完的。

平日，顾客不多，也就两三个人，有时就我一个看书的。快到年底，就热闹起来，店堂里挂出了贺年片，小学生挤在柜台前面，挑挑拣拣，吱吱喳喳。

三开间门面，宽敞明亮，门口没有橱窗，早晚上下门板。冬天，风往里灌，店堂里冷飕飕的；天好，阳光照进来，暖和一些。

有三个店员，从不干涉我看书，不像有的书店，用眼睛盯着你，生怕你偷书，你看久了，脸色就不大好看。

书店老板姓杨。后来在武汉，李公朴先生跟我谈起，说认得这位杨老板。李先生年轻时在镇江的一家百货店当过店员。

店员之中有一位年轻人，书生模样，年龄跟我小学老师相仿，二十来岁，后来熟了，我叫他"贾先生"。那时候，还不作兴叫"师傅"，更没有叫"同志"的。

贾先生人挺和气，用亲切的眼光看我这个小学生，渐渐攀谈起来，谈些什么呢？现在一点也记不起来。年轻人关心的职业、婚姻这些问题，贾先生不会跟我这个小孩子谈，多半谈喜欢读什么书，哪些书好看。再就是谈学校里的事情。我读书的那个学校是回族人士办的，贾先生是回民。

还有一个谈话题目：国难问题，日本人侵略中国，抗战抗不抗得起来。

就这样，我跟贾先生成了忘年交，他大我11岁，把我看作小弟弟，可是在我心目中，他是先生。

去年6月16日，贾先生在来信中说："忆昔约为1934年前后，我们相识于镇江书店，每周六，你来买生活周刊，那时你在我印象之中，是个好学深思的清秀少年。我也不过二十二三岁。"

孙女听我念信，笑了起来："哼！还清秀哩。"

是啊，她看到的爷爷，是个又干又瘪的瘦老头儿。奶奶却说："你爷爷是清秀。"

○宁穿旧衣裳，但要买新书。

——奥斯丁·费尔泼斯

不花钱看书,可是韬奋先生主编的《大众生活》(后来是《生活星期刊》)这本杂志,我是每期要买的,事过几十年,贾先生还记得这件事。

《大众生活》《生活星期刊》虽然只有薄薄的十几页,得买回去细细看,反复看。它用大量篇幅报道北平学生爱国运动,每期有四面新闻图片,不仅内容吸引人,编排也很出色,还有金仲华、蔡若虹编绘的"每周时事漫画"。有一期封面,是一个拿着话筒的女学生,站在北平城门口演讲,标题是:"大众起来!"后来知道女学生名叫陆璀。50年代,在东安市场旧书店买到一套《大众生活》,我把这一期送给了陆璀,老大姐十分高兴,如今她也满头银丝。

《大众生活》《生活星期刊》四分钱一本,合12个铜板。家里每天给我四个铜板零用钱,我用两个铜板买个烧饼当早点,一个礼拜积余12枚,正好够买一本杂志。

在书店看书,我特别当心,决不把书弄脏弄皱。放学以后先把手洗干净,再到书店看书。看到哪一页,也不折个角,记住页码,下回再看。

后来,贾先生到国货公司文具部当店员,文具部兼卖杂志,我也就跟过去看杂志,《光明》《中流》《读书半月刊》《生活知识》这些杂志就是在那里看的。

1937年冬天,日本人打来了,我们俩都逃难到汉口,又遇上了。过了年,读书生活出版社收留我当了练习生。我向黄洛峰经理引荐贾先生,黄经理听说他在书店做过事,他也进了读书生活出版社。

这一年我才15岁,黄经理能让我介绍一位朋友进出版社,我实在高兴。

贾先生在出版社没有待多久,他要到战地抗日,报考了战时工作干部训练团军校,从此分手,一别就是五十几年。

黄经理还常常谈起他,问我:"你那位好朋友在哪里?"我不知道,虽然我很想念他。

现在看了他的来信才知道,他在受训以后,被分配到军委会政治部第三厅军报科,也就是陈诚、周恩来任正副部长,郭沫若任厅长的政治部,以后被派去西北办报,一直从事新闻工作。1949年去台湾教书,现已退休。

时隔半个世纪，我们又怎么联系上的？

去年4月，香港一位诗人打来电话，问我可认识一位姓贾的老乡？我立即想起了他，准是他！

原来，台北《联合报》副刊登了诗人的一篇文章，里面提到我这个酒友，贾先生看到了，写信通过副刊主编痖弦先生向诗人打听："文中所指范用是否尚存在？是否知其下落？"并说："本人和他过去有很深厚的感情。"

于是，我们通上了信。我高兴的是，贾先生来信说秋后回乡探亲，定来北京叙旧。

他寄来全家福照片，可我怎么也认不出照片上的那位老人家就是贾先生。他看了我寄去的照片，也"不禁感慨系之"，小弟弟成了白头翁！

本月16日收到他发自江宁的信，说上月15日返乡，到了南京、镇江、上海、西安，因病不得已改变行程，折返南京治疗，预定的机票须14日返台，"千祈原谅不能北来苦衷"，并寄来300元给我进补，他还把我当作小弟弟。

这真叫我失望之至，无限思念，无限怅惘！

他已经八十高龄，倘若海峡两岸通航，往来捷便一些，再次回乡的日子当不会太远。我祈愿他老人家健康长寿！

一个书店店员，一个小学生，过了五十几年仍不相忘，还能相见。岂非缘分！

但愿多一些这样的书店，多结一些这样的缘分！

○若能常保数百卷书，千载终不为小人也。

——《颜氏家训》

十七八岁时淘得的心爱的旧书，居然在二三
十年后派上大用场。

淘书·买书·读书

TAOSHUMAISHUDUSHU

❋ 叶永烈

真绝，人们把买旧书说成"淘书"，这"淘"字传神极了。我就是个"淘书迷"。在北京上大学的时候，每趟进城，少不了到东安市场和西单的旧书店转悠转悠。空书包而入，满书包而出，每月除了伙食费之外，节余的钱都用在买书上。

有一回，我在东安市场看到一本布面精装、烫着金字、十六开本的《化学史通考》，丁绪贤教授著，北京大学1925年出版。我爱不释手，可是，这本旧书标价五元，相当于我当时十天的伙食费。我站在那里，一页页看着，越看越想买，终于咬咬牙，掏出五元钱。

我反复细读这本书，书中被我画上各种各样的阅读记号。我在写作中多次引用过书中的资料。将近30个年头过去，这本书一直保存在我的身边。

后来，我在一篇文章中提到我曾"淘"到丁绪贤教授的《化学史通考》。文章在《新民晚报》上发表之后，我忽然收到一封来自中国科学院上海分院的信件。信是一位姓丁的教授写来的。他说，他的父亲就是丁绪贤教授，由于家中遭受劫难，已经没有那本《化学史通考》。他问我愿以什么价格，转让那本《化学史通考》?

我很喜欢这本《化学史通考》。照我的本意，我是不愿"转让"的。考虑到这本书是丁教授的"镇家之宝"，我也就答应割爱，免费赠送给他。丁教授收到我的赠书，写来非常热情的感谢信。

1978年5月，我在上海遇见教育部原副部长董纯才。在谈话中，我说起看过他的《动物漫话》一书，写得很有趣。他大为惊诧，问道："你怎么看过我的《动物漫话》?"我一听，也大为惊诧，答道："我家里就有呀！"他要我第二天马上带书来，急急地要看这本书。

奇怪，书是他写的，干吗这般着急要看。原来，他写好书稿后，交给商务印书馆，便奔赴延安了，一直未见过样书。解放后，他多次向商务印书馆查询。由于书的印数不多，商务印书馆已无存书，各图书馆也没有。我是在北京旧书摊淘到的，那书的封面上盖着"商务图书馆藏书"印章，可想而知是他们卖掉的。当年，我买这本旧书时，压根儿不知道作者还未见过此书。

当我把书送到董老手中，他说："我借用几天，请人抄一遍，把原书还给你。"我笑了："我是花两角钱买的，送你吧！"他非常高兴。

两年后，《董纯才科普创作选集》出版了，董老特地寄我一本，书中收入了《动物漫话》中的文章——他用这本新书换我的旧书！

当高士其要出版他的科普创作选集时，我从我淘来的旧书中，寻出五本30年代出版的他的著作寄去——他自己手头也没有这几本书了。

我还淘到中国第一本科学小品选集——1935年出版的高士其、艾思奇、顾均正等著的《越想越糊涂》。

后来，天津科技出版社的编辑来我家，见到书架上有许多解放前的科普书籍，便约我主编《中国科学小品选》。后来，150万字的《中国科学小品选》分三卷印行，其中不少文章就选自我当年淘来的旧书。

其实，我淘这些旧书时，只十七八岁而已，不过是想买来学习、参考罢了，哪晓得二三十年后会派大用场。

当年，我在北京东安市场的旧书摊上，还多次见到晋察冀日报社出版的《毛泽东选集》。这是邓拓主编的，是中国最早的一套《毛泽东选集》。可

〇花钱买书不是支出，而是一种长远的投资。

——高希均

惜我当时只对自然科学感兴趣，没有买这套富有历史价值的书，现在回想起来，只能扼腕而叹！

至今，我仍喜爱淘书。特别是出差时，我最喜欢去的地方便是书店。现在，我家四壁是一排排一直延伸到天花板的大书架，号称"万卷户"，拥有几万册藏书。

书无所谓新旧。买新书、淘旧书，都是为了读书，多读书，读好书。书是一位态度和蔼的"博士"，书是没有围墙的大学，书是打开知识大门的金钥匙。不过，书也有一点小小的"架子"：你不主动去找它它不理你。你只有常常去找它，跟它交朋友，它才会毫无保留地把一切都告诉你！

我最大的乐趣，便是读这些从各地淘来的书，从中汲取知识的滋养。每一本书都像一位诲人不倦的教师。不论是寒冬炎夏，不论是清晨夜晚，只要从书架上取下书，翻开书，我就能从古今中外不同肤色的教师那里得到教益……

我的藏书甚杂。我喜欢读各种各样的书。专业之外的书，犹如陌生的国度，常给人以新鲜感，我爱读的界外书，大都是有一定深度、知识丰富的书。比如，有一次我步入书店，看见湖蓝色的封面上印着白色大字《新人口论》，马寅初著，当即买下。我把此书读了好几遍，使我知道了马寅初先生敢于坚持真理的可贵精神。"不屈不淫征气性，敢言敢怒见精神"——我被马寅初先生"寡不敌众"仍奋战不已的学者风范深深感动。美，仿佛妙不可言。我很喜欢英国威廉·荷加斯的《美的分析》，使我懂得怎样分析美。这本书没有学究气，写得生动活泼。谁都知道对称的美，而他却指出两颗对称痣长在脸上并不美——还存在着不美的对称！读《梅纽因谈话录》，如同与这位世界音乐大师晤谈，他谈音乐、谈家庭，也谈哲学……

我以为，当今，各"界"之间互相渗透，何况"界"之上的天、"界"之下的地本来就紧相连、互相通，大可不必"隔行如隔山"，老死不相往来。越界读书，使我受益无穷。

对于不同的书，我采用不同的读法：

看"界外"书，我开"特别快车"。开着，开着，有时候来个紧急刹车，细看那几章有参考价值的地方。待仔细看过了，再开"特别快车"。因为要读的新书实在太多，有时书只能这样泛读、略读。

我也喜欢看惊险小说，只是我的读书方法与众不同。看这类书，我往往倒过来看——先看末尾，知道了"谜底"，再从头飞快地看下去，看作者如何又独运匠心巧布迷阵。我要看"门道"，而不只是看"热闹"。我读克里斯蒂小说，大致上都是这么倒着看的。

有参考价值的书，我起码看两遍。第一遍泛读，有个总的印象。过些日子，再看第二遍。这一遍偏重于看"门道"。一边看，一边在想：作者为什么这样安排人物？为什么这样结构故事？

读名著，我手中总拿着笔，随手画下各种阅读记号。有时，把最重要的几页的书角折起来，便于今后查阅。

也有的文学名著，如《红楼梦》等，已看过好多遍，闲时常爱"跳读"——随手翻几页，细细揣摩一番。下一次，则翻看另几页，每次看一点，犹如看"折子戏"。

至于工具书，我买到之后，着重看目录，知道书的内容以及查阅方法，然后"养"了起来。要用的时候，拿出来查阅——"养兵千日，用在一时"。

我几乎每天要查一两次《辞海》。《新华字典》、《英汉辞典》已翻烂了。很多人以为《新华字典》是中小学生看的，作家怎么也看这书？我却以为，作家也常写错别字，而作家写错一个字，会影响成千上万的读者。所以只有常查《新华字典》，才能尽可能避免讹误。

《世界现代史大事记》、《中国现代史大事记》、《中华人民共和国大事记》这三本书，帮了我不少忙。比如，我的一篇报告文学涉及沈钧儒、史良等解放初期的职务，一查《中华人民共和国大事记》，唾手可得。写廖承志时，从《中国现代史大事记》中查得他于1946年1月22日获释出狱，以此为线索查解放前报刊，一下子就查到一批当时的新闻报道。

《新编万年历》也很有用。从户口簿上查得傅雷生日为1908年3月7日，而《傅雷家书》中却有一句："3月30日是我的生日。"究竟傅雷哪天生日？我查《新编万年历》解决了疑问：原来，《傅雷家书》中那句话是出自

○倾囊求知，无人能夺。投资知识，得益最多。

——富兰克林

1955年的信，这年阳历3月30日正好为阴历三月初七。由此可见，户口簿上傅雷生日为阴历。我再查《新编万年历》，终于查明他的阳历生日应为1908年4月7日。

我还买了《电影手册》、《音乐欣赏手册》、《外国文学作品提要》、《世界名剧介绍与欣赏》，成了我查找文学艺术作品时的向导。我把《外国名城一百座》也作为工具书，写作时涉及某些外国城市，可以查点背景资料。我把《古文观止》、《唐诗三百首》以及《古典诗词曲名句选》、《唐诗鉴赏辞典》之类置于书桌旁，写作时常用。《群众语言选编》、《外国谚语选》、《名联欣赏》、《名人名言录》等也是写作工具书。我还购置了中国佛教协会出版的赵朴初的《佛教常识答问》一书，从中查明什么是"法师"，什么是"十恶不赦"，写作时用到过多次。有了工具书，仿佛身边有了一个无声的"顾问团"，随叫随到，有问必答，排难解疑，受益匪浅。

我的藏书里，还常贴着剪报，这叫"书中贴报"。这是我多年来养成的读书看报的一种习惯。

我是不保存报纸的。因为几万册藏书已使家里变得拥挤不堪，再没有地方存放报纸合订本。每当夜深人静，我结束了一天的笔耕，总是把当天的报纸再浏览一遍，随手剪下自己感兴趣的资料。这些剪报，我分门别类贴于各种剪报册上。有时，我竟把剪报贴书上：倘若我看到某本书的书评、作者专访、作者谈这本书的写作体会或者争论文章，而我又正好有这本书，便顺手把剪报贴在书的扉页上。有些书，简直成了我的某一专题的剪报本。著名政治家、作家、科学家去世时的讣告、报道，我贴入《中华人民共和国党政军群领导人名录》、四卷本的《中国文学家辞典》和五卷本的《中国科学家辞典》，这样可以供日后查找他们去世日子及有关生平时参考。

夹入剪报最多的，要算是我自己的著作。每当看到有关的资料，便顺手夹入，供日后修订再版时参考。

我的这种"书中贴报"的读书看报方法，完全是为了便于自己的写作。利用零碎的时间，每日坚持做几分钟剪剪贴贴的工作，长年累月做下去，觉得颇有收益。

选书买书

作为孩子，读书是本分，是天职，不是玩。要付出这种代价，才能将读书化为自己的知识、血液和生命。

孩子读书五戒

HAIZIDUSHUWUJIE

✳ 肖复兴

常有人问我是如何指导孩子读书的。这确实是个问题。如今的书不是少，而是多得几近泛滥且鱼龙混杂，而孩子的时间是有限的，大多数时间又被繁重而无奈的学习考试所牵走（孩子一般比我们大人都忙），为孩子选择有用又有益的书来读，是每个做家长的都会重视的事情。并非开卷有益，我同意这样的说法，要将这话告诉我们的孩子。

在我的孩子从读小学到中学12年的读书经历中，我遵循着这样的原则，即我和孩子之间形成的不成文的读书五戒。

一戒时效性强的书。我家的新书很多，报纸杂志也很多，一般我不会让孩子看这些东西。即使有好些是专门办给孩子看的杂志，一般也不看。养成了习惯，孩子便也不对这些花花绿绿的东西感兴趣。并不是说这些杂志办得不好，杂志是以杂为主，对于相对清纯一点的孩子，杂便不适合孩子的天性，并且难以消化吸收，同时浪费时间。况且这些时效性强的东西很容易让孩子的心不那么单纯，容易随风转随着流行时髦转，破坏了孩子读书的天籁情境。孩子读书还是需要一点这样的情境的，虽然水至清则无

○不要阅读信手拈来的书，而要严格地加以挑选，要培养自己的趣味和思维。

——屠格涅夫

鱼,但水至浑则不仅无鱼,而且可能连孩子都没有了。这些杂志和书中也有相当不错的东西,一般我是替孩子找出来,经过他自己的认可,然后让孩子贴在或摘抄在本子里。

二戒礼品书。并不是所有的礼品书一律都是金玉其外败絮其中华而不实的,但是一把剪刀加浆糊、货卖一张皮里面却是浮文弱质的礼品书大量存在。不让孩子上当受骗是一方面,更重要的是不让孩子从小养成崇尚浮华的坏毛病。读书本是一件朴素的事,不是去赴宴或去舞场,不要讲究化妆。将书弄得珠光宝气,将书变成硬壳虫,将书制作得和玩具服装一样,对于孩子是不适合的,就是拿起来读都不方便,孩子的小手拿不动,而将书只当成了书柜里的摆设。

三戒作文辅导类的书。这类书或许也有极个别不错的,但一般是害孩子的。它们最为泛滥而且随便编纂不负责任。它们东拉来一篇西扯过一篇,极尽分门别类之能事,将作文肢解成屠宰生猪般大卸八块,将活生生的生命变成机械式的批量生产,它们瞄准的是孩子和家长的钱包。大量的这类辅导书,会让孩子无所适从,孩子如果长期照它的模式写作文,最容易千篇一律、公式化、模式化、标准的学生腔,将孩子本来的天真天性磨蚀殆尽,将孩子的想象空间萎缩蚕食。

四戒媒体上鼓吹宣传的书。在一个商业社会之中,书作为商品,越发注重炒作,这本是自然之事,无可厚非。但对于孩子来说,他们很难一时分辨出来炒作之中的真假优劣。一定要让孩子小心,或者索性让孩子不要接触这种书评所鼓吹的书。我们大人的工夫已经不那么值钱,正在求知的孩子,时间极为宝贵,搭不起这份时间。

五戒卡通书。这种书自有其娱乐和游戏的意义,但终不入流。孩子偶尔翻翻,无妨大局,要是真的迷恋下去,不是好事。对于孩子,读书不能全是为了学习那种功利,游戏本是孩子的天性,读书中增加游戏的色彩是应该的。但这种从国外舶来的卡通书,实在是商业社会的一种产品,是影视文化的一种变种,长期读它,对文字的消解,对阅读的剥离,只会让孩子随之变得越来越懒惰,越来越不懂得读书。让孩子从小就要渐渐地懂得,读书的苦与乐是相辅相成的,从本质上讲,读书的乐趣在于读书的艰苦之中。读书并不是都如夏天吃冰淇淋一样美滋滋的痛快,有时读书就是一桩苦事情。作为孩子,读书是本分,是天职,不是玩。要付出这种代价,才能将读书化为自己的知识、血液和生命。

○读好书的前提是不读坏书,因为光阴似箭,生命苦短。

——叔本华

书橱里的书在等着我，我一定会与它们有一
次美丽的约会。真的，这很幸福。

买书是为了以后读
MAISHUSHIWEILEYIHOUDU

✳ 成尚荣

家里有好几个书橱，摆满了各种各样的书，有高有矮，有厚有薄，有新有旧，色彩也不同。书们一本挨着一本，像是一家人，好不亲热。我总觉得它们在悄悄谈心。这些不同颜色封面的书，似乎是在讲述《颜色的故事》——那是英国维多利亚·芬利所著的《调色板中的自然史》的书名；这些不同国家作者的书，似乎在进行《跨文化对话》——那是乐黛云、法国李比雄主编的"生态文明专号"的书名；这些不同内容的书，似乎有一个共同的主题《成己与成物》——那是杨国荣关于"意义世界"的阐释……不管什么书，它躺在书橱里，我很喜欢它们那种神情，静静的，有点诡秘。

老实说，书橱里还有一些书，我至今还没翻过，有的买回来好久，书名已渐陌生，此时看到它们又顿生新鲜感，有一种立即想读的冲动。它们也好像在对我说："我在等你！"话中当然有些不满，不过更多的是一种期待。望着它们，我心里有愧疚是肯定的，但丝毫不羞愧，因为当初我买这些书不是为了装门面，是为了读，而且早作了准备，有一些不是为了现在读，而是为了以后才去读的。于是，我对书们的回答是："耐心点吧，我会和你们见

159

选书买书

面的。"

买书，当然是为了读。阅读的意义不言而喻。唐诺在《阅读的故事》里讲得好：意义最丰饶的生长之地却是在书籍的世界中，书籍是"意义之海"和"可能性的世界"。书籍这一"可能性的世界"，就是佛里斯特所说的："阅读，让我们成为移民"。这是一个多开阔、多开放的世界啊！它让我们从古代走来，又向未来走去；让我们从祖国走向世界，在全球留下我们的足印。无限大的可能就在书籍中，一切皆有可能，从某种角度说，是因为阅读才使我们一切皆有可能。

不过，我要补充说的是，不是所有买回来的书都要立马就读的，有的就得让它静静地躺在书橱里，躺上几个月，甚至躺上几年，有的或许买回来一直不会去读它。这，正是我阅读的理念，也是我阅读的方式。好吗？我觉得好。理由有以下几点：

就买书的理由来看，无非两类，一类是为了需要，一类是为了喜欢，当然，喜欢往深处讲也是一种需要。喜欢的书当然会立即翻看，但也常常因为喜欢而不会一下子读完，比如海德格尔的《人，诗意地栖居》，让它放在那儿，天天望着它，天天看一点，似乎像小孩在品味一种最喜欢而又最不易得到的美味食品；又好似买了一件如意的衣服，穿过一两回，挂在衣橱里，待择日穿上亮相一样隆重。这难免有点"孩子味"、"女人味"，不过实际上这是一种珍惜的心情、呵护的心情。至于需要，也是有两种：立即需要和以后需要。人的一生总有许多憧憬和打算，教师也如此。未来的发展与走向在哪里，比如想研究哪些问题，未来要写些什么文章，等等。因此，从某种意义上说，买书就是一种知识的储备，就是对未来的一种准备。我以为这样的购书是很有眼光的。我的书橱里有一些哲学类的、思想类的书，当时并不是急需的，但今后肯定用得着，于是，当时看到就会立即买来。

就读书的心态来说，阅读是一种心境的寻找与表达，而阅读的最高境界是自由。怀着放松的心情，凭着自己的兴趣，采取自己喜欢的习惯方式，读自己喜欢的书，读为了解决自己问题的书。这就是一种良好的阅读心态。正因为此，买来的书，总归要读，但从自己的需要和心境出发，有些书

○没有书籍的屋子，就像没有灵魂的身体。

——西塞罗

就是放在以后读,那时候读,才有味,才有效。我又以为,把书搁置在那儿,正是对阅读心态的磨炼。刘小枫的《诗化哲学》、《拯救与逍遥》等搁置一段时间后再去读,你的内心感受是不同的。

我已形成了一种习惯,逛书店时买些书,两本三本,带回来,先是堆在书桌上,然后翻一翻,然后就会归类放进书橱里,然后在一段时间里不断地瞄上几眼。这样,也许好久以后才去读它们。书橱里的书在等着我,我一定会与它们有一次美丽的约会。真的,这很幸福。

读自己买的书，是那么愉快、自在和便于利用。不过，买书之前要严格地选择，把钱花在对你最有用的书上。

书籍的购置

SHUJIDEGOUZHI

✳ 厄斯金

一个好的读者在知道有一本好书出版时，总是迫不及待地想要买到手。即使我们有充分的购买能力，但我们所读的书多数还是不属于自己的。然而读一本从图书馆借来的书，绝不会像读自己的书那么愉快、自在和便于利用。因为一本有价值的书，通常都得读一次以上，而每读一次，总会有新的发现和体会，并且希望以后能方便地查阅参考。

有些读者喜欢在阅读时画线作记号，但我在再次读到这本书时，画线的地方会使我想起第一次阅读时的感想，就很难有新的发现与启示，倒是不画线时会使人产生新鲜的感觉和印象。我的习惯是在阅读时做索引，先记下页码，再简略地写出提要与见解，在第二、第三次重读时，我会把索引的内容扩充几倍。我的私人藏书大部分有这样的索引，当我需要查找有关论述时，就能很快翻到正确的页数。

用这种方法去利用一本书，并且年复一年不断地加以利用，那当然必须购置自己的藏书。富裕的读者可以随意购买他所想要的任何新书，甚至是精装豪华的版本。但是我个人可能永远拿不出这么多钱。而且据我所

○书房里摆满书籍，远比钱包里塞满钞票要好。

——黎里

知，绝大多数勤勉而认真的读者，也买不起那些昂贵的书。我的藏书大部分是大众丛书或企鹅丛书之类廉价的古典作品汇编，体积小、容易携带，又不会占太多的空间。

最近几年，又出现几种便携而经济的丛书，如班顿丛书、印鉴丛书和袖珍丛书等，定价一般在二毛五分左右，在全国各地的书店几乎都可以买到，其中有数百种都是文学名著。当然这些廉价丛书也包括数以百计的凶杀侦探小说和其他趣味低下的渣滓。你只要花相当于一场电影、一杯鸡尾酒或一包香烟的代价，就可以获得一本好书，使你愉快地度过几小时光阴，同时不知不觉地丰富你的知识，启发你的思想，使你得益匪浅。

随着年龄的增长，我的藏书也增加了不少，但我还是喜欢那些比较小巧简便的版本。多年以前当我开始读书时，就为自己拥有几百部书而感到自豪；当我的书增加到1000本左右时，小小的书房几乎被书籍挤满了；最近几年，我为了不断增加的藏书不得不另行租房。于是我对书籍的选择越来越严格，使藏书始终保持在1万部以内。当然除非你是职业的作家或学者，否则这个数目未免太庞大了。因此，即使对于那些嗜书成癖的读者，我还是要劝你们至少每隔两年得清理一下藏书，淘汰那些过时的没有参考价值的读物，毫不犹豫地把你不想再读的书弃之如敝屣。

要是你清楚地看到这种淘汰过程将不断继续下去时，就会懂得如何把钱花在对你最有用的书上，也会理解那些藏书丰富的作家与学者们，在买到便宜的旧书时，只要是无破损的善本，都会很高兴。

你只要花几块钱，就能开始拥有自己的藏书，先买一些廉价版的好书或整洁的旧书，至少每月一本，但绝不要去买你眼下不会去读的书，如果把书籍作为装饰品，只是供别人参观，对你是莫大的损失。培养读书的兴趣，将使你终身获益。

> 我们已不必如作者那样"必须用那些用来维持生计的钱"购买喜爱的书了,但可不可以用那些零钱、闲钱买些想读的书呢?

历尽艰辛话买书

LIJINJIANXINHUAMAISHU

❋ ［英］乔治·吉辛

　　每逢我在自己的书架周围顾盼流连的时候,眼前总是浮现出兰姆的那些"断简残编"。当然我的书也不完全是从古旧书店买来的。我将它们一一进行检点的时候,每每发现其中有许多完好无损的书,有的甚至还是昂贵的古香版本呢。但由于我时常搬家,我那小小的图书馆在每一次迁移中也就难免厄运。说句实在话,我经常无法对付它(因为我在料理事物上,往往表现得笨拙无能)。这样一来,哪怕是我那些最贵重的书也往往蒙受着不公正的待遇。有不少的书甚至还被装订书箱的长钉戳破。当然这只是情形最糟的例子了。不过当我生活安定、心境平和的时候,我发现自己渐渐变得精明谨慎起来。显而易见,环境是能磨炼出一个人的长处来的。但我以为,一本书,只要它没有漏落页次就可以了,何必太讲究它的外表呢。

　　我听说过那些标榜自己读图书馆的书就像读自家书架上的书一样的人。这对我来说,简直是不可思议的。比如说,我对自己每一本书的气味都很熟悉,我只要把鼻子凑近这些书,它们那散发出来的书味就立刻勾起我对往事的种种回忆。就说我的那些吉朋的著作吧,那是八卷精致的梅尔

○从来没有人真正地付足书价——所付的只是印刷费。

　　　　　　　　　　　　　　　　　　　　　　　　——L.I.K.

曼本。我曾经连续不断地读啊，读啊，读了30多年。我丝毫无须翻动它，只要闻闻那质地精美的纸张香味，就能回想起当年我把它作为奖品来接受时的幸福情景。还有我的那些莎士比亚著作，它们是剑桥版本，也有一种能惹起我追忆往事的香味。这套书是属于我父亲的，当我还不能够读懂它们的时候，常常有幸被允许从书架上抽出一本来看看。这时我总是怀着虔敬的心情，将它一页一页地翻弄着。那些书散发着一股古老而奇特的幽香。每当我将它们捧在手中的时候，总有那么一种莫可名状的感觉，由于这种缘故，我很少读这套莎士比亚著作。而当我捧读另一套吉朋的书时，眼里总是闪烁着兴奋的光芒，因为我买这套书时，简直就像买一件价值连城的奢华物一样，甚至还有过之而无不及，所以我对这套书格外偏爱，该知道我是付出了多大的牺牲才将它得到手的啊。

牺牲——这个字眼压根儿也不是客厅里的那种冠冕堂皇的表白语。像我的好些书就的的确确是用那些必须用来维持生计的钱购买的。不知有多少回，我站在一家书店的前面或是一位书商的窗口，此时此刻，那种求知的欲望和活着就得吃饭的念头在我的头脑里进行着激烈的争斗。每逢到了该吃午饭的时候，我的肚子就照例嘟囔着要吃东西了，可偏偏就在这个节骨眼儿上，我看到了一本梦寐以求的书，而书的标价又是那样容易脱手。我在书店门口停了下来，心想绝不能让别人买去，可我一买它就势必得忍受挨饿的痛苦。我那套海讷编纂的《狄巴拉斯诗集》，就正是在这样一种情况下抢购到手的。那会儿它就摆在古德基街的一家古旧书店的书摊上，在那种书摊上，人们能够从那一叠叠的废书中寻到一些无价之宝。就是这套诗集，六便士竟是它的售价，这该是何等的廉价出售啊！当时我经常在牛津大街的一家咖啡馆运午餐（当然也就是我的主餐了），那是一家名实相符的咖啡馆，就像现在的咖啡馆一样。那一天，六便士是我的全部资财，确确实实是这样，就只剩下这么几个钱了。这笔小数目足可以买一份青菜炒肉。但我不敢担保这本《狄巴拉斯诗集》能一直留到第二天，而这种低廉的书价我又恰好能支付得起。我在人行道上踱来踱去，一会儿用手指头在口袋里搓捏着那几枚硬币，一会儿用眼睛瞟一瞟书摊，两种胃口在我腹中进行激战。终于书还是买到手了，我将它带回家中，一边吃着用粗糙的面包蘸黄油做成的午餐，一边美滋滋地掀动着书页。

在这本《狄巴拉斯诗集》的底页上我发现一行用铅笔写的字："1792年11月4日读毕。"100年以前，谁是这本书的主人呢？但上面再没有任何其他标记。我很愿意把他想象成一位穷困潦倒的学者，他大概和我一样，明明穷得要命，偏偏求知欲旺盛。当初他必定也是用自己的血汗钱来买这部书的，当他买到手后，其乐不可支的情景一定不会亚于我现在这个样子。这种欢乐的心境只能意会，难以言传。慷慨仁慈的狄巴拉斯啊，你那留在诗集中的肖像比罗马文学作品中的任何一张画像都逗人喜爱。

随后，我把这本诗集插上了那挤得满满的书架。事实上只要从书架上一取下这些书，我便能回味起那激战一番成功的情景，恰如历历在目一般。在那些岁月里，金钱对我来说，简直毫无价值，除了用它来买书之外，我对它不屑一顾。唯有书才是我的第一需要。我可以不吃饭，但不能不要书。当然我完全可以到大英博物馆去读这些书，但这比较起自己拥有这些书并能将它们摆在自己的书架上来，毕竟还不是一回事。我时不时地买上一本破烂不堪、印刷低劣的旧书，里面尽是乱七八糟的笔迹、被撕破的书页和一团团的墨迹。对这些我丝毫也不介意。我宁愿醉心于这样一本属于自己的破册子，也不大情愿去观瞻那些不属于自己的宝书。有时我也为这种纯粹的嗜好而感到不安。当一本书把我吸引住了的时候，也许它并不是一本我急需的书，尽管它是属于那种难以到手的贵重书籍一类，但经过一番深思熟虑之后，我只得恋恋不舍地离开。比如我的那本琼斯蒂林的著作，就是在霍利维尔大街看到的。对他那题为《诗歌与真理》的书名，我十分熟悉，当我的眼光掠过那书页的时候，买下它来的念头不禁油然而生。但那一天我克制住了。说老实话，我付不起18便士的书钱，当时我的手头太拮据了。但我一连两次在书台前面徘徊观望，暗暗庆幸这本书还没有买主。终于盼到手上有两个子儿的那天了。我记得自己三步并作两步朝霍利维尔大街奔去（其时我通常的步行速度是每小时5英里）。我不会忘记

○买书确是件好事，如果我也能买到读书的时间。

——叔本华

青少年阅读书

166

那位头发斑白的小老头，我常常因为买书而和他打交道。我相信这位经营书店的老人一定当过天主教士，因为在他身上有一种不同凡响的教士气质。他曾拿起琼斯蒂林的那卷书，将它缓缓翻开，欣赏了一阵子，然后故意瞟了我一眼，好像在说："可不是，我多想自己也能有时间读读它啊。"

有时候，我还得饿着肚子，像搬运工一样，把买到的书送回家。有一次，在波特兰路车站附近的一家小小书店里，我偶然看见了第一版的吉朋著作，而书的售价竟便宜得令人瞠目结舌。我记得是一先令一册。可要买下这套装潢精美的四开本，我还是得当掉自己的外套。当时我身上没有几个钱，可家里还有点儿余款。那会儿我住在伊斯林顿，我和书店的老板说了一声，便飞身回家取钱，再又赶回书店，然后扛着那一大叠书从离我住所安吉尔公寓很远的尤斯顿路西侧，一直走回到伊斯林顿我住的那条街上。我就这样一下子走了两个来回。这样的长途步行，我一生中仅走过这么一次。这是当我回想起吉朋著作的分量时，才体会到的。那天我一趟趟地计算着因为回家取钱而往返的路程，我走下尤斯顿路又爬上彭顿维尔大街，至于那天是在哪一个季节，是什么样的天气，我就记不太清楚了。说实在话，当时我高兴得忘乎所以，除了对书的重量有些感觉外，其他什么的就丝毫没有留意。那年头我的耐性很强，但体质屡弱。我记得自己走完最后一趟后，就一头栽倒在椅子上，四肢无力、浑身酸痛，简直就像要断气一样。

经济宽绰的人们听完这段经历，一定会感到惊讶，为什么我不找书店里的老板请人把这些书送上门呢？换言之，如果我等不及了的话，难道伦敦坦荡的大道上竟没有公共马车可乘吗？我如何来向这些人解释清楚呢？那天，我为了买书，已经倾囊而出，再也没有能力来支付一个便士了。没有，绝对没有。这种节省体力的开销我是从不敢设想的。我当时最大的欣慰莫过于通过自己辛酸的劳累而终于能成为这套书的主人。在那些岁月里，我根本没尝过坐马车旅行的滋味，我可以在伦敦的大街上一连走上12个乃至15个小时，可还从来没有想到过要花钱雇人送书以节省自己的体力或时间。我的确是太穷困了，实在不敢有非分的奢想，而上面这件事仅仅只是其中的一个例子罢了。

书店是读书人的天堂,是城市的精神地标。

爱书的孩子,当认识和重视书店的文化意义,并与之建立感情。

守护读书人的天堂

SHOUHUDUSHURENDETIANTANG

✱ 申孟哲

"如果有天堂,那么应该是图书馆的模样。"阿根廷作家博尔赫斯的这句话,被经常引用来表达爱书人对书的情感。对他们来说,逼仄但浩瀚的莎士比亚书店是一个传奇,《查令街84号》里围绕买书历程展开的超时空情缘的故事,则让他们无限"心向往之"。

在当今中国,实体书店正经受巨大的冲击。笔者就曾见证过许多书店的消失:广州购书中心的三联书店倒闭清场的时候,笔者在场;在北京读书时,见过身边著名的风入松书店关门谢客,目睹万泉河边的采薇阁书店再也不见;而清华附近的蓝羊书店,也在今年停掉了书店的业务,一心一意做咖啡馆。

有人或许会问,在网上书店如此便捷、价格又普遍比实体书店便宜的时候,为什么还要去实体书店买书呢?

这是非常理性、非常现实的比较。也因为这样的比较,实体书店才纷纷另觅他路——要么背靠大学的消费群体,凭借销量压低价格;要么发展出咖啡馆、唱片店、读书讲座沙龙等延伸功能,把书店变成一个交流与分享

○读那些永恒的书,做一个纯粹的人。

——周国平

的平台；或者在这股洪流中屹立不动，用其他业务上的盈余来补充书店的亏损。

这是书店经营者的理性判断与选择。那么读者呢？

在笔者看来，喜欢逛书店的原因，除了多年形成的习惯与留恋，更多是因为在书店你能直接面对书海，阅读书的封面，触摸书的质感，并且遇见自己不曾了解的书籍——这是一种精神上的"亲密感"。更重要的是，在定位准确、特色鲜明的书店，你看着与你兴趣相投、喜好相符的书籍陈列，与周围的读者虽不言谈却已神交，这是一种精神上的归属感。

或许正是因为这样的精神层面的亲密感与归属感，许多爱书人的行为才可以相对准确地被解释——为什么放着网店的便宜书不买，偏要到实体书店里看好之后下手；为什么到一座城市之后，景点可以不逛、名吃可以不尝，但一定要去当地著名的书店；又为什么仅仅是一座"24小时不打烊"书店，都让那么多人慕名而来、徜徉不去。

也正是因为这种归属感，我们才能理解为什么书店会成为城市的"精神地标"：在钢筋水泥、鳞次栉比的城市丛林里，在车水马龙、人来人往的紧张节奏里，书店似乎是一个"异空间"——在这里，书这种古老介质，依靠其精神层面的独立与超越，将城市里的时间变缓、喧闹隔离。对于为稻粱谋而心为形役的现代人来说，这样的空间殊为可贵甚至奢侈。"心之安处即为家"，书店正是因其使人"心安"的特质，才用不算伟岸的建筑空间树立起一座座精神灯塔。

同时，在今天提"精神地标"，也具有更深层的意义：一座城市，也会因着其独特的精神地标，让居民或过客有精神上的归属感，从而跳出千城一面的窠臼，散发出独特的气质与魅力；而在提倡全民阅读的今天，精神地标的提法，也让国人重新重视文化意义，让中华文明因此而有了"活起来"与"传下去"的动力。

大人们需要了解童书。有你的正确选购和
推荐,儿童的阅读才可能适当和精质。

很多很多的好书
HENDUOHENDUODEHAOSHU
我们都看见吧
WOMENDOUKANJIANBA

✳ 梅子涵

　　儿童阅读,是一件不限于儿童自己的事情。很多的时候,他们的所谓
阅读,其实主要是在听大人们讲。大人把书买来,看着书,把故事讲给他们
听,他们感动、快乐,也受到教育。即使他们长大了,上了小学,上了中学,
应该读些什么书,也需要大人的推荐:老师的推荐,父母的推荐,各类儿童
刊物的推荐。

　　所以大人们需要了解童书。有你这个第一读者,儿童才可能当成第二
读者。有你的正确选购和推荐,儿童的阅读才可能适当和精质,才可能不
是永远地局限在那几位作家,那几本书。

　　我是一个儿童文学作家,这种体会实在是很深。

　　很多的父母,很多的老师,乃至于很多的不是写作和研究儿童文学的
其他文学品种的作家,他们对于儿童文学的了解,就是格林和安徒生。他
们知道格林和安徒生,也只是《海的女儿》、《皇帝的新装》、《小红帽》、《卖火
柴的小女孩》。格林和安徒生的别的许多十分优秀的作品呢? 很多的其他
的天才、杰出的作家呢?

○时间会对作品加以处罚或者给它主持公道。

——雨果

他们不知道。小的时候，因为他们的父母和老师不知道，所以没有告诉他们；长大了，自以为是成年人，还有什么必要去关心儿童文学？

这种状态延续着，延续着，很多年了，没有人想到要去说明，要去结束。

我不知天高地厚，很想来结束一下，就在北京的一张影响很大的报纸上开了一个专栏："子涵讲童书"，希望用很好读的方式和语言，每次介绍一本儿童文学的书，从去年5月到现在，从《时代广场的蟋蟀》开始，到《铁路边的孩子们》。

有几位当父母的，当老师的，知道人类的儿童文学中，有纽约时代广场的蟋蟀和那只热情的塔克老鼠、那只智慧而老练的亨利猫之间的美丽而富有感情的故事？那个一夜之间遭遇不幸的家庭，在迁徙他乡之后所得到的关爱，而正是他们虽在不幸之中，却没有淡忘要去关爱别人，结果给予了多少爱，便有加倍的爱来到他们的日子，灿烂阳光的照耀就在艰难的每一天里了。

米切尔·恩德的《犟龟》告诉你，坚持你的打算，坚持着一路的前行，那么不仅最后总能走到那个地方，见到的景象更是远远超越你的向往，是想也想不到的。比龟兔赛跑的故事十足地生动了好多。

我把密切尔·恩德的《奥菲利娅的影子剧院》给我认识的一些从事成人文学写作的作家读，他们一向不把儿童文学放在眼里，自以为写给成年人读的文学总是水平比儿童文学高，但是《奥菲利娅的影子剧院》让他们目瞪口呆！终于说，这不是写成人文学的人可能想到、可能写出的。他们习惯于在一个个的人之间编着故事，哪里想得到夜晚的影子也是可以收集起来，演出精彩的剧的。其实，人类多少儿童文学杰作，从来都是只有天才的儿童文学作家才写得出来。

你让孩子去读一读那本《万花筒》吧，依列娜·法吉恩戴着眼镜在老式打字机上写出来的。多少年了，但是它的那种美丽和有趣，不知还能继续多少年！如果你真的知道什么叫作不朽，那么你肯定现在就能断定它会是不朽的。连同里面的那个木匠，那个"懒汉"，和那个傻瓜。人类还会吃多少年的蘑菇，那个傻瓜和他的蘑菇的故事就能存在多少年。什么风可以把他刮走？

纽斯林格的《狗来了》，凯斯特纳的《五月三十五日》，桑贝、葛西尼的《小尼古拉》，格雷厄姆的《杨柳风》，米尔恩的《小熊温尼·菩》，萨奇尔的《洞》，伊球的《拉拉与我》，特拉弗斯的《随风而来的波平斯阿姨》，埃克絮佩利的《小王子》，达尔的《女巫》，吉卜林的《勇敢的船长》，特罗耶波尔斯基的《白比姆黑耳朵》，塔金顿的《男孩彭罗德的烦恼》，矢玉四郎的《晴天有时下猪》，三田村信行的《门背后的秘密》，还有《毛毛》，还有《讲不完的故事》……

我也介绍不完。

我只是告诉你，这些你可能没有听说过的书都值得让孩子们去读一读，值得把它们放进孩子的书橱，乃至放进你自己的书橱。别看不见它们！书店里，书城里，都有着。

要看得见，还要看得懂。我很直率地批评一句，我们的大人们，其实不少的时候，水平真不怎么样。那么好的书搁在他的面前，他就是不明白好在哪里。否则那位天才的雅诺什的绘画书，那真是一种天才的幽默和情理，为什么只印了1万套，卖来卖去，全中国也没有把这1万套卖完呢？全中国啊，3亿多儿童，而且都是下定决心、不怕牺牲地要把自己的孩子培养成最优秀的人的。可是没有生动、优秀的童年阅读浸染到孩子们的性格和记忆里，于灵魂间飞翔，优秀会是一件很容易的事么？

我也在上海西南方向的那所漂亮的师范大学里当着教授，讲儿童文学。我很想以后能开办一个讲座，让那些希望让自己的孩子多读一些儿童文学的父母们来听。收不多的听课费，但是让他们知道很多挑选文学童书的标准，见到很多属于这些标准的书，需要的，可以当场买了去，果然觉得好了，就写封信给我，简单的一句："你推荐得真好，谢谢。"

不过，不用谢，要谢就谢那些伟大的儿童文学作家吧。也谢谢那些出版社。

○读书的技巧在于有选择地读。

——汉弥尔顿

一个孩子能从小爱上阅读，喜欢逛书店，不吝啬买书，真正能与书结缘，真是孩子本人与家庭的幸福之源。

能去书店的孩子，真幸福
NENGQUSHUDIANDEHAIZIZHENXINGFU

✽ 刘会然

　　每次去市新华书店，总能看到一些孩子或蹲或站，零零落落散布在书架的缝隙中。看着他们捧着书本甜蜜地阅读，心里想，这些能沉浸在书的世界中的孩子，真幸福。

　　偌大一个书店，真正来这里看书购书获取这种幸福的学龄儿童并不多。其实我也知道，大多数孩子在闲暇时间或假期里都忙着去上各种所谓的辅导班去了。在父母的要求下，或许他们只能去读那些所谓的考试科目的书了，而一些有益的文学书籍他们是无法亲近的。

　　都说现在的孩子幸福，但我认为一个不能阅读自己喜欢的书籍的孩子是可怜的。那天，我曾碰到一位匆匆赶到书店的小男孩。我问他为什么如此匆忙。他说，他是从辅导班偷跑出来的。他擦拭着汗津津的脑袋说，这里有一本很精彩的书，上次看了一部分，很想看完，但父母却不让他来书店，书实在吸引人，所以他今天偷偷地跑出来就是想把这本书看完。

　　看着这位跑得满头大汗的小男孩，我一阵唏嘘。

　　记得一位著名人士说过这样一句话，会看书的孩子不会差，也不会变坏。前些天，又看到2008年诺贝尔文学奖获得者法国的克莱齐奥在获奖演说中说过这样一句话："我理解了对孩子来说还比较模糊的一个真理，那就是：书籍是比不动产或银行账户更珍贵的财富。"

一个孩子能从小爱上阅读，我想这是一个孩子的幸福，也是一个家庭的幸福。可如今，有多少孩子的阅读的爱好被父母短浅的目光、现实的功利心所抹杀。在父母眼中或许只有与考试成绩有关的书本才是好书，其他的书都不能碰。我接触过很多带孩子来书店的父母，他们一进书店都是直往教辅区奔，去买老师指定的复习资料。很多孩子能来书店看书都是一个人偷偷过来的。

可喜的是我发现了少量的农民工的孩子也来书店了，他们来书店的初衷竟然是由于父母要上工没有时间陪伴他们。真想不到，父母的无暇管束竟然成就了这群孩子走进书店，亲近书本。我曾问过一个来自江西的农民工的小女孩。她说，这里的书店真好，有这么多书，她一个暑假能看上好几本，不过她也疑惑，城里的孩子来这里看书的为什么很少？小女孩当然不会明白，城里的很多孩子也都埋头流汗在读"书"，但并非像他们一样能读自己喜欢的书罢了。

教育学家朱永新说过："一个人的阅读史就是一个人的成长史。"缺少阅读的人生是不完整的人生，阅读能使人汇聚仁爱之心、文雅之气、宽容之怀、睿智之思。缕缕书香，才能奠基一个人最精彩的生命底质，愿书籍能为孩子的青春成长过程作证。

○评价一座城市，要看他拥有多少书店。

——鲁宾斯坦

6

阅读经典

走进书籍圣地
恰如探到宝藏
灵魂得到洗濯
精神得到滋养

潜入经典
你会发现
每一扇门里
都有一个春天等你分享

一部经典作品是一本每次重读都像初读那样带来发现的书。

为什么读经典
WEISHENMEDUJINGDIAN

✻ 张新颖

　　为什么读经典？这个问题往往会不知不觉地转换成另外的问题：读经典有什么用途？有什么好处？转换了，我们还以为是同一个问题。既然我们这么关心用途和好处，那么也就不必回避，直接的回答是：没有什么用途，没有什么好处。伊塔洛·卡尔维诺说：唯一可以举出来讨他们欢心的理由是，读经典总比不读好。他援引了一个故事：当毒药正在准备的时候，苏格拉底还在用长笛练习一首曲子。"这有什么用呢？"有人问他。"至少我死前可以学习这首曲子。"

　　在不同的时期读经典，意义不同。青少年时代，每一次阅读都是第一次接触一个世界，如同在现实中接受新鲜的经验一样。许多年之后，也许我们已经忘记了我们读过的书，可是它已经把种子留在了我们身上，它持续地在我们身上起作用，虽然我们未必意识得到。"当我们在成熟时期重读这本书，我们就会重新发现那些现已构成我们内部机制的一部分的恒定事物"。尽管如此，卡尔维诺还是认为，年轻时候的阅读往往价值不大，"这又是因为我们没耐心、精神不能集中、缺乏阅读技能，或因为我们缺乏人生经

○经典是我们常听人说"我在重读……"而不是"我在阅读……"的那类书。

——卡尔维诺

验。"基于这个理由，一个人在成熟的年龄，应该有一段时间去重新发现曾经读过的重要作品，这个时候也会欣赏或者说应该欣赏更多的细节、层次和含义。"一部经典作品是一本每次重读都像初读那样带来发现的书。"对于以前一直未曾读过的经典，也不妨假设是为自己保留了一个机会，"等到享受它们的最佳状态"——包括最佳的年龄——来临时才阅读它们，"它们也仍然是一种丰富的经验"。

关于重读，我在另外的地方看到过两个大诗人之间的交谈。

墨西哥诗人奥克塔维奥·帕斯年轻的时候曾经去访问过美国前辈诗人罗伯特·弗罗斯特，弗罗斯特说他15岁时写第一首诗，"我那时正在读普雷斯科特，也许是阅读他的书使我想到你们的国家，你读过普雷斯科特的书吗？"

"那是我祖父最喜欢读的书之一，因此当我是个男孩时便读过他的书，我愿意重读他的书。"

"我也喜欢重读一些书。我不相信不重复读书的家伙，还有那些读很多书的人。在我看来他们很蠢，这些现代的疯子，这样做只会增加学究的数量。我们应该经常认真地阅读某些书。"

"一位朋友告诉我人们发明了一种快速阅读法，我猜他们是想要把它介绍到学校里去。"

"他们疯了，应该教别人的是慢读，而不是填鸭式的让人烦躁。你知道人们为什么要发明这些玩意吗？因为他们害怕。人们害怕无所事事，那会危及他们的安全。"

两位诗人的谈话涉及了人所处的社会现实和阅读环境。必须说，人应该知道他是在哪里、在哪个位置上阅读经典的。卡尔维诺假设了一种幸运的读者，他可以把阅读时间专诚献给经典作家和作品，他的阅读和当代生活的任何世俗方式——如为报刊写评论，谋取大学教授职位等——无关，他甚至可以避免读报纸。这样幸运的读者也许存在吧，绝大多数人却不是，而且这样的阅读也未必合理。"当代世界也许是平庸和愚蠢的，但它永远是一个脉络，我们必须置身其中，才能够顾后或瞻前。阅读经典作品,你就得确定自己是从哪一个'位置'阅读的,否则无论是读者或文本都会容易漂进无始无终的迷雾里。因此,我们可以说,从阅读经典中获取最大益处的人,往往是那种善于交替阅读经典和大量标准化的当代材料的人。"

也可以说,阅读经典,一方面需要把经典里面蕴藏的信息读出来,读到当下的世界里来,读到你自己身上来;同时,也需要把当代的信息读进去,把你个人的信息读进去,读到经典里面去。这个当下的世界和当代的信息,这个你个人,就是你在你的位置上所感受和意识到的,不必幻想你是在桃花源。这就是为什么,你要知道你是在哪里读经典。

相关链接

阅读的层次与类型

刘铁芳

反思阅读与个人生命成长相伴的历史,让我清晰发现,阅读具有层次性,这种层次性与个人生命发展的阶段性遥相呼应,不同的年龄阶段有不同层次、不同类型的阅读。

文学阅读无疑应该作为基础性的阅读,少年阶段应该打下文学阅读的良好基础。文学阅读不仅仅涉及个人趣味的问题,实际上是奠定一个民族的精神基础,或者叫作精神的底子。良好的文学阅读直接启迪个人良好的生命趣味、历史文化意识、民族认同感。如果少年时期没有打好文学阅读的底子,则一个人在成年后也许需要必要的补课。

在文学阅读之上,便是通识性的阅读。通识性的阅读无疑就是给人提供一种开阔的视野,提升人的社会认知,培育成熟的理性。如果说文学阅读是情感性的、生命性的,那么通识阅读则是理智性的、人格性的。文学阅读滋润生命的质地,通识阅读则化育独立的人格。

阅读的第三个层次是经典阅读。经历了历史长河的不断筛选,经典实际上就是人类心智最充分的表达。经典阅读无疑是全面地深化、拓展、提升我们的思维、情感的广阔性、深刻性,扩展我们的理性的不可替代的形式,它让我们更充分地分享人类生存的经验,获得一种人之为人的陶冶,体验一种人之为人的境界。可以说,人之为人在这个世界中所能达到的最高境界,就在经典所敞开的世界之中。

就阅读的类型而言,大抵离不开两种:一是功利性阅读,或者叫功效性阅读,也就是

○漫无目标、无书不读的人,他们的知识很难是非常精湛的。

直接想从阅读中马上获得效果的阅读;一是教养性阅读,或者叫趣味性阅读,也就是一种为读书而读书的阅读,一种不仅让自己读书,同时让书来读我们自己——也就是让书香来浸染我们自己的阅读。前一种阅读往往直接着眼于我们的生活需要,由于有些急促,难以沉入个人的生命深处;后一种阅读,因为重在趣味,久而久之,潜移默染,一个人的生命趣味就在不知不觉中改变。

(三)
阅读经典

将读过的好书重读一遍，会有一种稔熟而新鲜的感觉。

重读之书

CHONGDUZHISHU

✳ 叶灵凤

小泉八云曾劝人不要买那只读一遍不能使人重读的书。这是一句意味很深长的读书箴言，也是买书箴言。中国古语所谓书籍"汗牛充栋，浩如烟海"，在机械生产的今日，一个人即使财力和精力都胜任，恐怕也不能读尽所有的书，买尽所有的书。因此我们在不十分闲暇的人生忙迫之中，能忙里偷闲，将自己所喜爱的读过的书取出重读一遍，实是人生中一件愉快的事。

读书本是精神上的探险，尽管有他人的介绍与推荐，对于一本书的真实印象如何，总要待自己读完之后才可决定。有些为一般人所指责的书，自己因了个人的特性或一时的环境关系，竟有特殊的爱好，这正与名胜的景色一样，卧游固是乐事，然而亲临其地观赏，究竟与在游览指南之类所得者不同。将读过的书重读一遍，正与旧地重临一样，同是那景色，同是自己，却因了心情和环境的不同，会有一种稔熟而又新鲜的感觉。这在人生中，正如与一位多年不见的旧友相逢，你知道他的过去，但是同时又在揣测他目前的遭遇如何。

○每一次重读经典，就像初次阅读一般，是一次发现的航行。

——卡尔维诺

有人说，与其读一百部好书，不如将五十部重读一遍，因为仔细地将已经获得的重新加以咀嚼，有时比生吞活剥更有好处。但可惜的是，人生太短，好书太多，我们遂终于在顾此失彼之中生活，正如可爱的季辛所慨叹：

　　"唉，那些不能有机会再读一遍的书哟！"

　　季辛所惋惜的，不仅是可以重读，而是那少数的可以百读不厌的书，因为他接着又说：

　　"温雅的安静的书，高贵的启迪的书；那些值得埋头细嚼的，不仅一次而可以重读多次的书。可是我也许永无机会再将他们握在手里一次了；流光如逝，而时日又是这样的短少。也许有一天，当我躺在床上静待我的最后，这些遗忘的书中的一部会走入我徬徨的思索之中，而我便像记起一位曾经于我有所助益的朋友一样的记起他们——偶然邂逅的友人。这最后的诀别之中将含着怎样的惋惜！"

　　在这岁暮寒天，正是我们思念旧友，也正是我们重新翻开一册已经读过一次，甚或多次的好书最适宜的时候。

阅读经典

老成持重的"老书"是时间留下来的金块，
是有所追求的读者值得重读的经典。

看老书
KANLAOSHU

✳ 张 炜

　　我们接触到大量书的人，也包括自己，某一个阶段会发觉阅读有问题，如读时髦的书太多，读流行读物，甚至是看电视、杂志、小报太多。我们因为这样的阅读而变得心里没底。还有，一种烦和腻，一种对自己的不信任感，都一块出现了。

　　相对来说，我们忽略了一些老书。老书其实也是当家的书，比如中国古典和外国古典、一些名著。我们还记得以前读它们时曾被怎样打动。那时我们把大量的时间花在读老书上。这些书，不夸张地说，是时间留下来的金块。

　　新的读物没有接受时间的检验，像沙一样。人人都有一个体会：年轻的时候读新书比较多；一到了中年，就像喜欢老朋友一样喜欢老书了。他们对新书越来越不信任，越来越挑剔。还有，他们对一般的虚构性作品也失去了兴趣。

　　我有一次在海边林子里发现了一个书虫。这个人真是读了很多书，因为他有这样的机会：右派，看仓库，孩子又是搞文字工作的。他们常拿大量

○读科学著作要读最新的，读文学作品要读最古的。古典文学往往是最摩登的。

——布尔沃-利顿

的书报杂志给他,只怕老人寂寞。结果他只看一些像《阿蒙森探险记》一类的东西,还看《贝克尔船长日记》,看达尔文和唐诗,又不止十次地读了鲁迅的书。屈原的书也是他的所爱,还有《古文观止》《史记》,反复地读。他把老书读得纸角都翘了,一本本弄得油渍渍的。

我问这么多新书不读,为什么总是读老书呢?他说:你们太年轻了,到了我们这把年纪,就不愿读那些新书了。我们的时间不多了,抓一把都该是最好的。还有,经历了许多事情,一般的经验写进书里,我们看不到眼里去。虚构的东西就是编的,编出来的,你读他做什么?我们尽可能读真东西,像《二十四史》、《戴高乐传》、《拿破仑传》、《托尔斯泰传》,这一类东西读了,就知道实实在在发生过什么,有大启发。

我琢磨他的话,若有所悟。回忆了一下,什么书曾深深地打动过我们?再一次找来读,书未变,可是我们的年龄变了。我们从书中又找到新的感动。我们并不深沉,可是大量的新书比我们还要轻浮十倍,作者哆哆嗦嗦的,这对我们不是一种伤害吗?老书一般都是老成持重的,它们正是因为自己的自尊,才没有被岁月淘汰。

轻浮的书是漂在岁月之河上的油污、泡沫,没有存在下去的道理。

当年读像托尔斯泰的《复活》,感动非常,记忆里总是特别新鲜,不能消失。里面的忏悔啊,辩论啊,聂赫留朵夫在河边草垛与青年人的追逐——月光下坚冰咔嚓咔嚓的响声,这些至今簇簇如新,直到现在想起来,似乎还能看到和闻到那个冬天月夜的颜色。现在读许多新书,没有这种感觉了——没有特别让人留恋的东西了。而过去阅读中的新奇感,是倚仗自己的年轻、敏感的捕捉力,还是其他,已经不得而知。后来又找《复活》读,仍然有那样新奇的发现。结果我每年读一两次,让它的力量左右我一下,以防精神的不测。

我发现,真正了不起的书,它们总有一些共同特点。一般来说,它们在精神上非常自尊,没有那么廉价。与现在的大多数书不同的是,它们没有廉价的情感,没有廉价的故事。所以有时它们并不好读,故事也嫌简单。大多数时候,它们的故事既不玄妙也不离奇,有时甚至是"微不足道"的。

就是说,用现代人的眼光来看,它尽写了一些"无所谓"的事情。正因为现代人胆子大极了,什么都不怕,什么都不畏惧,所以现代人才没有什么希望。我们当代有多少人会因为名著中的那种种事件,负疚忏悔到那个地步呢?看看《复活》的主人公,看看他为什么痛不欲生吧。原来伟大灵魂的痛苦,他不能原谅自己的方面,正是我们现代人以为的"小事情"、微不足道的事情。

我们现代人不能引起警觉和震惊的那一部分,伟大的灵魂却往往会感到震悚。这就是他们与我们的区别。

读一些老书,我们常常会想:他们这些书中人物,怎么会为这么小的事件、这一类问题去痛苦呢?这值得吗?也恰恰在这声声疑问之间,灵魂的差距就出来了。我们今天已经没有深刻忏悔的能力,精神的世界一天天堕落,越滑越远。现在的书比起过去,一个普遍的情形是精神上没有高度了,也没有要求了。没有要求的书,往往是不能传之久远的书,也成不了我们所说的"老书"。

这儿的意思是,人到了中年以后在阅读方面要求高了。比如愿意读真实的故事,那是因为岁月给人很多经验和痛苦之后,对一般的虚构作品不再觉得有意思了。《复活》是虚构作品,为什么还能强烈地吸引?鲁迅的书也是人们百读不厌的,他的小说也是虚构的。由此我们又会得出一个结论:要么就读真的,要么就读非同一般的虚构作品——灵魂裸露,个性逼人,从语言到思想,不同凡响。

人的一生太短暂,而作家的出现是时代的事情,以时代作为考量单位,问题也就清楚了:我们身处时间的局部,当然会对作家有极大的不满足。四十年五十年,不会有那么多优秀作家出现。作家是非常少的,我们现在说"作家"如何如何,那是一种客套,是对人对劳动的一种尊敬。

作家是一个非常高的指标,像军事家、思想家、哲学家等一样。他要达到那种指标,是有相当难度的。作家不是一般的有个性,不是一般的有魅力,不是一般的语言造诣;相对于自己的时代而言,他们也不该是一般的有见解。有时候他们跟时代的距离非常近,有时候又非常遥远——他们简直

〇善读书者,阅古人之世;阅世者,即读今人之书。

——严复

不是这个时代里的人,但又在这个时代里行走。他们好像是不知从何而来的使者,尽管满身都挂带着这个星球的尘埃。这就是作家。

他们在梦想和幻想中、在智慧的陶醉中所获得的那种快感,跟世俗之乐差距巨大。显而易见的是,真正意义上的作家不会太多。所以这才让我们一生追求不已。阅读是一种追求,是对作家和思想的追求、对个性的追求。正因为这种种追求常常落空,我们才去读老书——老书保险一些。

阅读经典

一个在阅读和沉思中与古今哲人文豪倾心交谈的人，与一个只读明星逸闻和凶杀故事的人，他们的内心世界是完全不同的。

读永恒的书
DUYONGHENGDESHU

✳ 周国平

　　人类所创造的精神财富是通过各种物质形式得以保存的，其中最重要的一种形式就是文字。因而，在我们日常的精神活动中，读书便占据着很大的比重。据说最高的境界是无文字之境，真正的高人如同村夫野民一样是不读人间之书的，这里姑且不论。一般而言，我们很难想象一个关注精神生活的人会对书籍毫无兴趣。尤其在青少年时期，心灵世界的觉醒往往会表现为一种勃发的求知欲，对书籍产生热烈的向往。"我扑在书籍上，就像饥饿的人扑在面包上一样。"高尔基回忆他的童年时所说的这句话，非常贴切地表达了读书欲初潮来临的心情。一个人在早年是否经历过这样的来潮，在一定程度上透露和预示了他的精神素质。

　　然而，古今中外，书籍不计其数，该读哪些书呢？从精神生活的角度出发，我们也许可以极粗略地把天下的书分为三大类。一是完全不可读的书，这种书只是外表像书罢了，实际上是毫无价值的印刷垃圾，不能提供任何精神的启示、艺术的欣赏或有用的知识。在今日的市场上，这种以书的面目出现的假冒伪劣产品比比皆是。二是可读可不读的书，这种书读了也

○真正的好书应是历经岁月的考验而常新的，不是那些仅能维持数周的畅销书。

——卡耐基

许不无益处，但不读却肯定不会造成重大损失和遗憾。世上的书，大多属于此类。我把一切专业书籍也列入此类，因为它们只对有关的专业人员才可能是必读书，对于其余人却是不必读的，至多是可读可不读的。三是必读的书。所谓必读，是就精神生活而言，即每一个关心人类精神历程和自身生命意义的人都应该读，不读便会是一种欠缺和遗憾。

应该说，这第三类书在书籍的总量中只占极少数，但绝对量仍然非常大。它们实际上是指人类文化宝库中的那些不朽之作，即所谓经典名著。对于这些伟大作品不可按学科归类，不论它们是文学作品还是理论著作，都必定表现了人类精神的某些永恒内涵，因而具有永恒的价值。在此意义上，我称它们为永恒的书。要确定这类书的范围是一件难事，事实上不同的人就此开出的书单一定会有相当的出入。不过，只要开书单的人确有眼光，就必定会有一些最基本的好书被共同选中。例如，他们绝不会遗漏掉《论语》、《史记》、《红楼梦》这样的书，柏拉图、莎士比亚、托尔斯泰这样的作家。

在我看来，真正重要的倒不在于你读了多少名著，古今中外的名著是否读全了，而在于要有一个信念，便是非最好的书不读。有了这个信念，即便你读了许多并非最好的书，你仍然会逐渐找到那些真正属于你的最好的书，并且成为它们的知音。事实上，对于每个具有独特个性和追求的人来说，他的必读书的书单决非照抄别人的，而是在他自己阅读的过程中形成的，这个书单本身也体现出了他的个性。正像罗曼·罗兰在谈到他所喜欢的音乐大师时说的："现在我有我的贝多芬了，犹如已经有了我的莫扎特一样。一个人对他所爱的历史人物都应该这样做。"

费尔巴哈说：人就是他所吃的东西。至少就精神食物而言，这句话是对的。从一个人的读物大致可以判断他的精神品级。一个在阅读和沉思中与古今哲人文豪倾心交谈的人，与一个只读明星逸闻和凶杀故事的人，他们当然有着完全不同的内心世界。我甚至要说，他们也是生活在完全不同的外部世界上，因为世界本无定相，它对于不同的人呈现不同的面貌。列车上，地铁里，我常常看见人们捧着形形色色的小报，似乎读得津津有味，心中不免为他们惋惜。天下好书之多，一辈子也读不完，岂能把生命浪

⑥
阅读经典

费在读这种无聊的东西上。我不是故作清高,其实我自己也曾拿这类流行报刊来消遣,但结果总是后悔不已。读了一大堆之后,只觉得头脑里乱糟糟又空洞洞,没有得到任何有价值的东西。歌德做过一个试验,半年不读报纸,结果他发现,与以前天天读报相比,没有任何损失。所谓新闻,大多是过眼烟云的人闹的一点儿过眼烟云的事罢了,为之浪费只有一次的生命确实是不值得的。

○我有三条可行的规则奉献给大家:一是不读问世不到一年的书,二是不读没有名气的书,三是不读自己不喜欢的书。

——爱默生

与普希金神交半个多世纪, 惠我良多!

我的朋友普希金

WODE PENGYOU PUXIJIN

✳ 邵燕祥

一个人能拥有许多朋友多好啊! 在我众多的朋友之中, 有一个就是普希金。我跟普希金结识是在 1947 年, 那一年我 14 岁, 他已经 148 岁了, 我们是忘年交。

那一年我得到了一本时代社出版的《普希金文集》。我一直保存到现在。我认识他, 主要是从他的抒情诗。书的前半本我翻熟了。纸的颜色泛黄, 好像能把人带到 19 世纪昏黄的路灯下, 天低云暗的涅瓦河边。

我没有把他当作一个纨绔子弟看。也许他出入上流社会, 衣着吐属, 都与我这个东方的平民孩子不同, 以至相去甚远。然而我不怀疑他将接纳我, 他会带我去看望他的奶娘, 他的女友, 由于年纪悬殊, 他对我全不避讳, 尤其是他会让我跟他一起参加他的秘密会见, 就像我当时在北平投入地下活动的小组一样。

"在残酷的年代, 我歌唱过自由。"就凭这一点, 我得引他为兄长, 为同志, 我也许会陪他去西伯利亚的矿坑底层, 把锋芒如雪的宝剑送到为自由而受难的囚徒手上。在 1949 年 6 月, 为纪念普希金诞生 150 周年, 我写了

阅读经典

《普希金和他的剑》：“生命是一把宝剑，闪烁在／爱人和敌人的中间。”1957年我在莫斯科河边叩访了他的故居，我注意到墙上挂着三尺剑，在黑色的鞘里，是不是还时时地铮铮鸣响？

我与普希金是神交，一卷在手，就与他相偕神游。波罗金诺古战场，高加索的群山，茨冈流浪的草原，泪泉喷涌的后宫……真的，普希金也像苏东坡似的“故国神游，多情应笑我早生华发”么？只是他活得太短，死得太年轻。当我找到他歌唱过的青铜骑士像时，一转眼他已不见，再回眸，他却披着大氅，伫立在那属于他的广场一角了。

他的精神空间是辽阔的，他的胸怀里起伏着大海，他的眼光直射到许多世纪之后，他并不需要人工的纪念碑。他有千千万万不分年龄、国籍、肤色、性别的读者，是倾心爱他的朋友。

他大概想象不到，在20世纪50年代中期，穆旦把他的一系列叙事诗译介出版后，我和我的朋友初读《加甫利颂》是多么开心，大笑不止，他当然不知道我们为什么如此欣赏他对加甫利的含笑的揶揄。

他大概更想不到，在1966年冬天，我和伙伴被押着列队外出劳动，走过钓鱼台，玉渊潭水结了层薄冰，只听脚步声声，没人说话，我望一眼湖面，忽然想到的是《欧根·奥尼金》里那一场冰上嬉戏的乡村冬景，依稀是一片笑语欢声。在那不自由的阴郁的日子里，普希金仍带给我一刻温慰。

我在夜校里学过一年多的俄语，但那是远远不足以领会普希金诗的语言之美的。我感谢翻译家们，特别是当我把不同的译本对照阅读的时候，比如把穆旦和吕荧分别用格律体和自由体译的普希金诗体小说并排着读，涵泳之间，我就觉得进一步走近普希金的世界了。

有人问，你的《假如生活重新开头》，是不是受了普希金的《假如生活欺骗了你》的影响，我相信这个感觉是可靠的。不过，从心底里说，普希金的诗无论长篇短制，叙事抒情，其中都流荡着一脉雍容的大气，这是诗人的气质和素养使然，硬学是学不来的。

与普希金交往已过半世纪，也可说是共过患难的；诗人惠我良多，恐不是字句的事了。

○好书是人类灵魂最纯洁的精华。

——托马斯·卡莱尔

在那些寂寞而艰苦的日子里，他乡遇故知
般，罗曼·罗兰是我最好的朋友。

感谢罗曼·罗兰
GANXIELUOMANLUOLAN

✱ 肖复兴

可以说，罗曼·罗兰的《约翰·克利斯朵夫》是我最喜欢的一部小说。那是在"文化大革命"后期我从北大荒插队回到北京待业在家时一位中学语文老师借我的书。我整段整段地抄，记了好几个笔记本。书写得太好了，傅雷翻译得也太好了，我觉得自己从来没有看过这样好的书，看书从来没有这样让我心动过，恨不得把整本的书都抄下来。书中有的地方，我看了两遍，后来翻看笔记，发现好几处地方竟然抄了两遍。

在那些寂寞而艰苦的日子里，他乡遇故知般，罗曼·罗兰是我最好的朋友。

克利斯朵夫在那样的环境下艰苦奋斗的精神感动了我。他从小生活在那样恶劣的家庭，父亲酗酒，生活贫穷……一个个的苦难，没有把他压垮，相反把他锤炼成人，让他的心敏感而湿润，让他的感情丰富而美好，让他的性格坚强而不屈不挠。

罗曼·罗兰在这本书中卷七的初版序中有这样的一段话让我记忆深刻——

"每个生命的方式是自然界的一种力的方式。有些人的生命像沉静的湖,有些像白云飘荡的一望无际的天空,有些像丰腴富饶的平原,有些像断断续续的山峰。我觉得约翰·克利斯朵夫的生命像一条河,我在本书中前几页就说过——那条河在某些地段上似乎睡着了,只映出周围的田野跟天边,但它照旧在那里流动、变化;有时这种表面上的静止藏着一道湍急的急流,猛烈的气势要以后遇到阻碍的时候才会显出来……等到这条河集聚起长期的力量,把两岸的思想吸收了以后,它将继续它的行程,向汪洋大海进发——我们大家归宿的地方进发。"

这段话是我理解克利斯朵夫的一把钥匙,也是理解生命的行程和意义的一把钥匙。生命像一条河,这是一个并不新鲜的比喻,但当时它深深地打动了我。罗曼·罗兰给予我这样的启示和鼓励,起码让我在郁闷不舒、苦不得志的时候,有了一点自以为是精神力量的东西。当社会在剧烈动荡之后,偶像坍塌、信仰失衡、整个青春时期所建立起来的价值系统产生了动摇而无所适从的时候,罗曼·罗兰所塑造的克利斯朵夫的形象和他所说的这些话,给我以激励,让我仰起头,重新看一看我们头顶的天空,太阳还在明朗朗地照耀着,只不过太阳和风雨雷电同在。不要只看见了风雨雷电就以为太阳不存在了。

以从前我所热爱崇拜的保尔·柯察金和牛虻为革命献身吃苦而毫不诉苦的形象来比较,克利斯朵夫更让我感到亲近,而他个人奋斗所面临的一切艰辛困苦,让我更加熟悉,和我自己身边发生的格外相似。同保尔·柯察金和牛虻相比,他不是他们那种振臂一呼、应者如云的人,不是那种高举红旗、挥舞战刀的人,他的奋斗更具个人色彩,多了许多我以前所批判过的儿女情长,多了许多叹息乃至眼泪,但他让我感到他似乎就生活在我的身边,我能真切地感受到他有些冰冷的手温、浓重的鼻息和怦怦的心跳。

重新翻看我所抄的《约翰·克利斯朵夫》这本书的笔记,能察觉得到当时我和克利斯朵夫,和罗曼·罗兰交谈的样子与轨迹。你抄什么不抄什么,无形之中道出了你当时心底的秘密。其实,你不过是在用书中的话诉说你自己。我抄的段落很多,只找有关痛苦和幸福的一部分——

○读书做人不是两件事。将所读之书,句句体贴到自己身上来,便是做人的法,如此方叫特能读书。

——陆陇其

比如："痛苦的犁刀一方面割破了你的心，一方面掘出了生命的新的水源。"这句话到现在我还清晰地记得，几乎成了我的一句箴言。

比如："失败对我们是有好处的，我们得祝福灾难！我们决不会背弃它。我们是灾难之子。"难道这不是对我这一代所做出的最好的预言和忠告吗？

比如："失败可以锻炼一般优秀的人物；它挑出一批心灵，把纯洁的和强壮的放在一边，使它们变得更纯洁更强壮。但它把其余的心灵加速它们的堕落，或是斩断它们飞跃的力量。一蹶不振的大众在这儿跟继续前进的优秀分子分开了。"说那时我是多么自命不凡也好，或说我不过阿Q一样安慰自己也好，我确实想做一个优秀的人，而不想碌碌无为让一生毫无色彩；我确实想让自己的心灵纯洁而强壮，而不想软弱成一滩再也拾不起来的稀泥。

再比如，罗曼·罗兰说克利斯朵夫："他到了一个境界，便是痛苦也成为一种力量——一种由你统治的力量。痛苦不能再使他屈服，而是他教痛苦屈服了：它尽管骚动、暴跳，始终被他关在了笼子里。"我以为这是罗曼·罗兰对于痛苦进行的最好的总结。他告诉我痛苦的力量与征服痛苦的力量，他让我向往并追求那种境界。

再来看看罗曼·罗兰对于幸福的论述。他不止一次地说过："对于一般懦弱而温柔的灵魂，最不幸的莫如尝到了一次最大的幸福。"他一直将幸福置于被贬斥的地位，他似乎对幸福不屑一顾甚至嗤之以鼻。相比而言，他认为痛苦更有价值。他还说过这样一段话："可怜一个人对于幸福太容易上瘾了！等到自私的幸福变成人生唯一的目标之后，不久人生就变得没有目标。幸福成为了一种习惯，一种麻醉品，少不掉了。然而老是抓住幸福究竟是不可能的……宇宙之间的节奏不知有多少种，幸福只是其中的一个节拍而已：人生的钟摆永远在两极中摇晃，幸福只是其中的一极；要使钟摆停止在一极上，只能把钟摆折断。"

这些话，当时不管我的理解是如何偏颇，但它们起到了作用，它们安慰我，鼓励我，让我认清痛苦，也认清幸福，既不对痛苦感到可怕而躲避，也不对幸福可怜地企盼而上瘾。

就像罗曼·罗兰说的，生命是一条小河，在它流过了浅滩和险滩之后，流过了冰封和枯水季节之后，渐渐有了一点生机和力量，山随平野尽，江入大荒流。

无论那时这种主题化、政治化和个人对号入座式的阅读是多么的可笑，毕竟是我们青春季节的阅读，它让那些外国文学作品多少有些变形，但在一切都变形的时代里，它与当时并不尽相同的形象、精神和语言方式滋润着我的心，并让我拿起笔来学习写一点东西。

○如果生活指着某本书说："这就是我。"那这本书就值得一读。

————马歇尔

《飞鸟集》是我百读不厌的奇妙的书，书中那些熟悉的诗句，已经和我的青春回忆交织融化在了一起。

鸟儿飞去又飞来

NIAOERFEIQUYOUFEILAI

✳ 赵丽宏

说一本书能影响一个人的一生，或者改变一个人的性格和生活，那大概有些夸张。不过在人生的旅途中，确实会有一本或者几本书，可能在你的心灵中刻下美丽的烙印，留下悠长的回声。对一个喜欢读书的人来说，有什么回忆能比这样的经历更为美妙呢！

在读初中的时候，我得到一本由郑振铎翻译的《飞鸟集》。泰戈尔那些简短、优美而又含义深长的诗句，像磁铁一样吸引了我。尽管有些诗句的含义我还不怎么理解，尤其是那些闪烁着神秘之光的叹息，但我还是为之痴迷。我在小本子上抄录自己喜欢的段落，并且把它们背下来，觉得其乐无穷。我是从《飞鸟集》认识泰戈尔的，后来又读过他的许多作品，然而最喜欢的还是《飞鸟集》。人类对大自然的观察和想象，对生命的思索和憧憬，对爱情的讴歌和哀叹，在这本薄薄的小书中被表达得那么缤纷多彩，那么意味深长。我由此而懂得，在一颗充满爱的心灵中，可以产生出何等美妙的思想。

"文化大革命"初期，"破四旧"之风席卷中国，几乎所有古今中外的文学名著都成了毒草。上海街头到处有焚书的火和烟。在一次抄家中,我的《飞鸟集》和许多文学书籍一起,被几个"造反队员"投入火堆。我眼睁睁地看着那绿封面的《飞鸟集》被金黄的火舌烧焦,烧成了灰烬。当时的感觉,是一件心爱的宝贝被人毁灭,是一个亲近的朋友被人谋杀。再看看火光中烧书者那几张笑嘻嘻的脸,心里想到的是《飞鸟集》中的句子:"当人是兽时,他比兽还坏。"

书可以被烧成灰烬,那些已经铭刻在心里的诗句,却是任何人也夺不走的。当狂暴的口号在周围喧嚣时,我经常独自默诵《飞鸟集》中的句子,从中得到平静和安慰。我常常默诵的句子中有这样一段:"人类的历史在很忍耐地等待着被侮辱者的胜利。"这种默诵,是一种旁人无法知晓的快乐。

在失去《飞鸟集》大约一年之后,有一次去旧书店闲逛,我竟然在一批出售的旧书中发现了一本《飞鸟集》。和我同时发现这本书的,还有一个十几岁的小女孩。她没有争夺,微笑着把这本《飞鸟集》的购买权让给了我。我拿着书去付款时,收钱的营业员吃了一惊,她失声自语道:"怎么搞的,谁把这样的书放出来了?"没容这位面孔严肃的中年妇女继续追问,我已经夹着书一溜烟离开了书店,就像是一个偷了书的窃贼。那个将《飞鸟集》让给我的小女孩,使我难以忘怀,她的表情既天真又开朗,而且熟悉泰戈尔(在60年代,泰戈尔在中国的名气远没有现在这么大)。尽管和这小女孩没说几句话,但以后只要读《飞鸟集》,我就会想起她。她在我的记忆中似乎成了一种希望的象征。

对失而复得的《飞鸟集》,我当然特别珍惜。当年去"插队落户"时,我的简单的行囊中便有这本书。在农村孤寂而又漫长的岁月中,《飞鸟集》是我百读不厌的书。这真是一本奇妙的书,不管在怎样的环境中,不管以怎样的心情去读,我都能从中领悟到新鲜的意境。烦躁时读她,它使我平静;平静时读她,它又使我心驰神游。少年时代感到神秘深奥的那些段落,此时似乎都能使我产生心灵感应。我也开始在烛光下写一些诗文。在我的笔记本的扉页上,我抄录的是《飞鸟集》的片断:"静静地听,我的心呀,听那

○书籍使我们成为以往各个时代的精神生活的继承者。

——钦宁格

世界的低语，这是它对你求爱的表示呀。"

关于《飞鸟集》的这段往事，我在70年代末写成了散文《小鸟，你飞向何方》。这篇散文，在当时曾产生较大的影响，并被收入国内外的很多散文选集和大、中学文科教材。使我欣慰的是，很多读者来信告诉我，他们是读了我的《小鸟，你飞向何方》后，才去找《飞鸟集》来读的。他们和我一样，也喜欢上了这本奇妙的书。

现在读《飞鸟集》，我依然会激动。因为，书中那些熟悉的诗句，已经和我的青春回忆交织融化在一起。

阅读经典

我打心底里感激着《古文观止》，它已深深地融入了我的灵魂。

《古文观止》
GUWENGUANZHI

对我一生的滋养
DUIWOYISHENGDEZIYANG

✳ 苏承慧

"环滁皆山也。其西南诸峰林壑尤美……"教师职称评审现场，一位清瘦的年轻教师把《醉翁亭记》的前半部分背诵一遍后，围绕"乐"字开始讲课。十余分钟后，一位戴眼镜的评委提问："你能把文章这样准确地背诵下来，一定下了很大功夫吧。"年轻教师笑一笑："也没有下什么工夫，我只是每天抄写一篇《古文观止》上的文章。抄写完《古文观止》后，又抄写其他古代散文。"

这是十几年前的事情。年轻教师也早已离开教育岗位从事其他文字工作了。像此前一样，每逢有人问怎样写好文章时，他提得最多的建议就是：背《古文观止》吧！

这位年轻教师就是我。

很小的时候，读完父亲送的《古代诗歌选》，就只有竖排本的《古文观止》可读了。开始，我非常排斥这颇为怪异的读物：竖排暂且不说，字体是繁体字，注解连带点评都是"之乎者也"的。三二百字的《周郑交质》远不如600多字的《琵琶行》读起来酣畅淋漓。可我实在拗不过那个没书可读的时

○信而好古，温故而知新，是读书得力处。

——冯班

代,只好三天打鱼两天晒网式地跳着去读《古文观止》。

这种囫囵吞枣式的阅读许多时候也是津津有味的:《桃花源记》的逼真,《北山移文》的华美,《马说》的精辟,《前赤壁赋》的恣肆……能够这样概括文章的精彩是很久以后的事情,当时只能用浮士德与梅菲斯特打赌的那句话来概括:你真美呀,请停留一下! 做得更多的是把书中许多"好词好句"辑录在一起,向别人炫耀。这很与学以致用的终极目标有点南辕北辙。后来,我的工作改为道篇背诵了,因为《古文观止》中的"好词好句"数不胜数,录不胜录。

上中学后,正是"伤痕文学"、"反思文学"铺天盖地的时代。在学校的图书馆里,丢开《古文观止》,我一头扎进了现当代文学的汪洋中,挑灯夜战,斩获颇丰。故事情节的魅力渐渐退去之后,我惊奇地发现,这些作品的根源几乎都可以在《古文观止》中找到。我们比古人进步了许多,也有许多地方还没有达到古人的高度。于是,我又回头去读《古文观止》。

那时,新版的《古文观止》逐渐增多,横排,简化字,不少还带上了翻译。我挪用了几天的饭费,购买了一套。先前的那套几乎散架,我给它包上书衣,尖锥轻扎,铜线装订,圣物一样地束之高阁了。说来奇怪,早先读《古文观止》时,我常常不满于没有浅显的解释,读起来费力,而拿起这新本,我竟然不需要再去看注解,很轻松、很从容地就读了下去,唯一的收获是纠正了一些误读误认的词汇。

高考时,自知才钝,不敢奢望名校,但专业是铁定已久的:汉语言文学,事遂我愿。在那所普通的院校中,我继续着《古文观止》的阅读历程。在教授们"之乎者也"的吟诵中,许多同学昏昏欲睡,我却凝神侧耳。

后来,当我撰写的评论得到读者首肯时,开辟的文学专栏引起注目时,一篇篇文字在报刊面世时,我无不打心眼里感激着《古文观止》。夜深人静的时候,我又翻开《古文观止》默读了下去——它已经深深地融入了我的灵魂。

是时候该教女儿读《古文观止》了,我对自己说。

199

> 每一个人都能根据自己的人生阅历和审美偏好，从浩如烟海的古今中外的经典和精品中，找到最适合自己的那一部分厚重之书。

厚重阅读让人生更厚重

HOUZHONGYUEDURANGRENSHENGGENGHOUZHONG

——在世界图书和版权日京版集团第七届讲坛上的演讲

✳ 吴雨初

每年这个时候，我都会不厌其烦地像诵读"六字真言"或者是《圣经》似的诵读一遍联合国教科文组织所确定的宗旨："希望散居在全球各地的人们，无论你是年老还是年轻，无论你是贫穷还是富有，无论你是患病还是健康，无论……都能享受阅读的乐趣，都能尊重和感谢为人类文明做出过巨大贡献的文学、文化、科学、思想大师们，都能保护知识产权。"

今年，我想说说"厚重阅读"。

或许我的说法显得有些不合时宜，如今在阅读上流行的是"浏览"、"搜索"、"速读"、"浅阅读"。

这里，我们首先要感谢数字化网络化技术的伟大发明和创造，使人类梦幻似的从有限信息时代跃入无限信息时代。我们对爆炸性的、海量的信息还来不及为之欢欣鼓舞，很快就感到无所适从，甚至无可奈何了。幸而有了应运而生的搜索引擎等新的工具，为生活在这个高速运转的社会的人们带来极大的便利。与此同时，信息获取渠道的多元化多样化，使得阅读方式越来越丰富、越来越便捷。所以，更多的人们、更多的时候、更多的情

○无法使人重读的书，绝不在名著之列。

——贝涅特

况下，不得不选择快餐式阅读、点心式阅读、零食式阅读、解构式阅读、功利性阅读、娱乐性阅读。毫无疑问，这对于满足我们的信息需求、知识渴望，对于全社会的阅读普及，都起到了积极的作用。

仅仅二三十年前，我们还苦于无书可读，突然到无从选择，阅读的便利、可以无限供给的阅读，使阅读本身成为一个问题。事实上，我们远比不上最近热议的《生死阅读》中的那位文盲主角汉娜所享有的厚重阅读。在这样的情形下，我想说的"厚重阅读"，几乎成为一种逆动、一种奢侈了。

我想说的"厚重阅读"，简单地说，就是从非功利、非实用的角度出发，去读一些大部头的书，无论是文学、文化、历史、哲学、宗教、科学的重磅作品，或者说是巨著。更直白地说，每一年，我们要拿出一些时间来，比如至少三天或一周，最好是更多的时间，读一本或几本20万字到100万字的大书，无论是文学、思想或科学著作。我当然也很喜欢短小精悍的作品，一些短小的诗文甚至精彩机智的短信。但我深信，只有阅读几十万上百万字的大书，才能真正地进入一个世界、一个领域当中，才能真正享受到深度阅读的乐趣。我所说的"厚重"，既是指它的体积和重量，更是指它的内容和含量。厚重阅读，才能感知和领悟到那些文学家、思想家、科学家是怎样用常人难以想象的力量，字字心血地用几十万字到上百万字构筑起一座复杂的大厦，开辟出一条曲折的道路，引领读者走向一个人工创造的世界，才能让读者带着景仰，带着惊叹，带着疑惑，带着感动，在连续的日日夜夜的忘我境界中，经历一场思想之旅、灵魂之旅、情感之旅、学术之旅。而这一切，是在快捷阅读和浅阅读中所难以得到的。

当然不是所有很厚很重的书都能被称为"厚重阅读"的。换句话说，我所说的"厚重阅读"，其实是指"经典阅读"和"精品阅读"。只是由于在当今，经典和精品被过于泛化和滥用了。曾经有过很多关于什么是"经典"的探讨。我印象比较深的一种说法，是诺贝尔文学奖获得者库切所说过的：'历经过最糟糕的野蛮攻击而得以劫后余生的作品，因为一代一代的人们都无法舍弃它，因而不惜一切代价紧紧地拽住它，从而得以劫后余生的作品——那就是经典。经典就是得以存活之物。"也许，人生最根本的遗憾就

201

是两条:一是人不能永远存活,二是人不能穷尽所有知识。人类所有文明成果都只能在这两个前提下来理解。在人类历史上,那些凝结着一代代人思想和智慧的作品,大浪淘沙始得金。人生不过几十年光景,思想和智慧通过哪怕是最先进的工具也无法将人类几千年的文明成果遗传或者拷贝,除了通过系统教育来承前启后,就只有经典阅读了。至于"精品",如果我们主要指的是当代作品的话,那么,它必定是在传承经典的同时作出创新的作品,它应当是我们这个时代的经典。我相信我们的同代人当中,必然有思想超群、才华超群、力量超群的文学、思想、科学的智者和勇者,他们的作品必然是精品。至于如何选择经典和精品,我相信,每一个人都能根据自己的人生阅历和审美偏好,从浩如烟海的古今中外的经典和精品中,找到最适合自己的那一部分厚重之书。

我想说的"厚重阅读",其实更是一种"沉静阅读"。除了职业知识分子以外,对于更广泛的大众来说,为生计奔波,为发展奔走,为事业奔忙,在激烈的竞争与拼搏之间隙,快速阅读、娱乐阅读、浅阅读,都是很好的方式。的确,当今时代的社会浮躁心理和现象是在所难免的。但如果我们能够用1%—2%或更多一点时间来享受一番奢侈的"厚重阅读",也许能够让我们短暂地卸却生活的重负,超越紧张的状态,与文学家、思想家、科学家进行一场心灵的对话,关注文学作品中的人物与命运、领悟思想家的境界与逻辑、感受科学家的想象与发现,我们不能说这种阅读能改变你的命运或者影响你的价值,但可以肯定地说,我们将会从中获得一种高贵的沉静,或许我们的生命会因此多一点色彩、多一分意义。爱因斯坦曾说过:"世间最不可思议的是,人类作为宇宙的产物,居然能够理解宇宙。"实际上,同样不可思议的是:人类从古至今都在试图理解人类自身,即苏格拉底所说:"认识你自己。"要理解我们人类自己和我们所在的宇宙,最好的路径就是通过阅读特别是厚重阅读来实现。

最后,我想引用梭罗在《瓦尔登湖》中的一段话:"好好读书,也就是说,以真正的精神读真正的书,是一项崇高的活动,会比被它同时代的习俗所推崇的任何一项活动都更需要读者竭尽心力。"厚重阅读,让你的人生更为厚重。

○读书愈多,精神就愈健壮而勇敢。

——高尔基

> 文学改变一个人的命运、气质，唤起我们的
> 兴趣，引起好奇心，使我们感情更丰富，使我们
> 的生活更有滋有味。

文学是一门做人的学问

WENXUESHIYIMENZUORENDEXUEWEN

✳ 解思忠

具备文学修养，并非是创作过文学作品，或者是评论过文学作品，而是指关注文学，阅读过相当数量的文学作品，受过高品位文学作品的熏陶，并具有一定的鉴赏力。

也许有人会认为，文学是作家和文学爱好者的事情，与一般人的关系不大，其实并非如此。文学可以从更高的层次上提升一个人的文化素质，乃至整体素质；衡量一个人文化素质的高低，文学修养是一个重要的标尺。这是由文学在文化中的作用，也是由文学对人生的作用决定的。

文学可以提升人的精神。文学作为从文化中升华出来的理想的结晶，是导引人们前行的灯火。真正的文学，无不对人类的生存环境与精神世界予以关切、思考和探索，以理性的精神给人类的心灵以抚慰和照耀，并为解脱人的痛苦投入真诚和热情。正如诺贝尔文学奖获得者福克纳在获奖演讲中所说的："作家的天职在于使人的心灵变得高尚，使他的勇气、荣誉感、希望、自尊心、同情心、怜悯心和自我牺牲精神复活起来。"

文学可以纯洁人的道德。文学和道德本身就是紧密相连的。文学借

助于道德,使自己变得高尚、纯洁,从而具有震撼人心、陶冶情操、净化灵魂和移风易俗的力量。道德借助于文学,使理性的规范变为活生生的、有血有肉的人物形象,变为他们的具体行为,特别是他们内心深处的细微活动和冲突。文学从它产生的时候起,就肩负着道德教化的责任,并内化为本身一项重要的功能。

文学可以改变人的气质。文学本身是审美的,可以给人以美的感受,进而提高人的审美素质。正如古人所说:"腹有诗书气自华"。人们还常常用"书卷气",来形容饱学之士的儒雅之气。一个具有文学修养的人,即便是腰缠万贯,也不会有令人反感的市侩气;即便是身居高位,也不会有令人厌恶的官僚气;即便是一个普通百姓,也不会有俗不可耐的市井气。

文学还可以丰富人的知识。文学能够帮助人们认识历史和现实,提高人的文化素质。许多史诗性的文学作品所描述的史实,要比历史教科书形象生动得多;所揭示的真理,要比人文学术著作深刻得多。

文学对人的教化作用,是其他任何知识无法替代的;良好的文学修养,也是对人生的深刻修炼。日本从1985年开始就筹划实施了一项培养"四合一"人才的计划,这种人才除了能赤胆忠心、报效祖国并具有健康的体魄外,还要集科技、文学、经贸、外语四者于一身。十多年来,日本已在培养"四合一"人才方面取得了举世瞩目的成就。目前,在丰田、东芝、三菱、松下等驰名全球的跨国公司里都拥有半数的"四合一"人才,他们以渊博的知识和非凡的能力打入各个领域,创造了一个又一个奇迹。

"文学就是人学",这是人们已熟知的一句话。文学观照人生,书写人生,评判人生;它以生动的形象,展现出一个个漫长坎坷的人生历程,揭示出一个个迥然不同的人生命运,使人们从形形色色的人物遭遇中得到人生的启迪。文学通过塑造灵魂、净化灵魂,从而实现自己的社会价值,发挥自己的社会作用。它本身是一门做人的学问,是一部永远也读不完的人生教科书。我们在博览群书时,应注意多读点文学作品,尤其是古今中外的文学名著,以提升精神,纯洁道德,开阔眼界,丰富思想。

○读书能获得知识,但更有用的知识、对世界的认识——却能通过研究各种各样的人才能获得。

——切斯特菲尔德

人生苦短，时间宝贵。在阅读方面应当尽量选择那些已有定评的名著——"经典"总是名著——来读，这样才能提高自己的思想格调，激励自己不断追求更高尚的目标。

何谓"名著"

HEWEIMINGZHU

❋ ［美］阿德勒

千百年来，新书源源不断地问世，属于"名著"的书目亦与日俱增。书海茫茫，世人难以全数涉猎。不管你的寿命有多长，你至多只能阅读书海中的一滴水珠而已，因此你所读的书应该是精华之所在，要读"名著"。值得庆幸的是，真正的名著相对说来是"凤毛麟角"。

自从世界上有了文化，就有人列出最佳书目。古代亚历山大城的教师和图书管理员就曾列过此类书单。

不同时代对书目的挑选会有所不同，这不难理解，但各个时代所选的最佳书目录却有惊人的相似之处。无论在哪个时代，书目编纂者对于古代和现代的作品总是兼收并蓄，而对于现代著作是否能同古典作品相媲美则深感怀疑。

何谓"名著"？标志是什么？本文所述之六条未必称全，但我在每年选择书目中发觉极为有用。

一、"名著"一般都拥有最广泛的读者。它们不是只风行一两年，而是经久不变的畅销书。《飘》比起莎士比亚的剧本和《堂·吉诃德》来，读者就相对要少得多。有人作过较切合实际的估计：3000年来，荷马的史诗《伊利亚特》至少拥有2500万读者。名著问世后未必在那个时代就成为畅销书，要经过一定时间才能拥有越来越多的读者。天文学家开普勒关于行星运动的书现在是本名著，而据报道当时他曾说过，"上帝等待了6000年才有一个观察者，我这本书可能要等上100年才会有一个读者"。

二、"名著"通俗易懂，不卖弄学问。它们不是专家写给专业人员看的专门性著作，无论是关于哲学或者科学，历史或者诗歌，它们所论述的是关于人类共同感兴趣的题材，而不是学究式的空谈。这些书并非为教授们而作，而是为普通人而写。要学高深的教材，必先学基础教材。"名著"所论述的都是各个专题的基础，从这个意义上我们可以说"名著"是基础教材，所不同的是它们不是互有联系的一整套教材，也并非按难易程度和问题的技术性而编排。有一类书却应先读，以便有利于名著阅读，那就是名著的作者读过的别的"名著"。以欧几里得的《几何学基础知识》和牛顿的《物理学的教学原理》为例。读欧几里得的这本书无须事先学习数学，因为该书本身便是名副其实的几何入门和基础算术入门。牛顿的书则不然，因为牛顿运用数学来解决物理问题，他的著作深受欧几里得关于比例和面积的论述的影响，若不先读欧几里得的书的话，恐怕连科学家也难以一下子读得懂。

我的意思不是说科学巨著可以轻易读懂，而是说要按历史顺序读才能事半功倍。正如欧几里得能启发人读懂牛顿和伽利略的著作一样，牛顿和伽利略又能帮助人理解爱因斯坦的著作。这一观点也适用于阅读哲学著作。

三、"名著"永不过时。为便于比较，我们把眼下流行的书称为"当代作品"，它们只流行了一两年或至多十多年。许多早期的畅销书恐怕你连书名也记不起了，也不会再有兴趣读它们。而"名著"却不会因思想运动、学说更迭、舆论分歧而过时。名著不是供学者研究而积满尘垢的遗著，而是当今世界上潜在的最强大的文明力量。人类的基本

○优秀的书籍是抚育杰出人才的珍贵乳汁，它作为人类财富保存下来，并为人类生活的进一步发展服务。

——弥尔顿

问题代代相同。读过德摩斯梯尼的演说辞和西塞罗的信件,或是培根和蒙田的散文,任何人都会发现:人们对于幸福和正义、美德和真理,甚至对于安定与变幻本身是何等的笃信不疑! 人类为其目标而奋斗的道路看来是不可改变的。

四、"名著"令人百读不厌。只要你认真阅读,你决不会感到扫兴。名著一页书所包含的思想要比一整本普通书的内容还要丰富得多。它可以使你百读不厌,其中的养料汲之不尽。理解能力不同或对事物持不同见解的人,都爱读"名著"。最明显的例子莫过于《格列佛游记》、《鲁滨逊飘流记》和《奥德赛》。儿童可以饶有趣味地阅读,但未能领会其中能为成年人所欣赏的全部妙处和含义。

五、"名著"最富有教育意义。"名著"含有其他书籍所没有的东西,不论你是否赞同书中的观点,它们是人类不可缺少的老师。"名著"受到那些既是读者又是作者的人的广泛讨论,"名著"是许许多多书籍所论述的题材,论述"名著"的书多得不胜枚举,大部分已为世人遗忘。

六、"名著"论述人生有待解决的问题。世上有一些真正奥秘的东西,那是人类知识和思维局限性的标志。人们不仅带着疑问开始探究,也往往满腹疑团终止探究。真正有才智的人老老实实地承认未能理解的东西,认识到这一点不是显得知识浅薄,而是表明知识的渊博。读书的人都以知识不为国界所局限而深感庆幸。我不知道如何冲破政治上民族主义的桎梏,但我确实知道我们可以怎样成为人类各方面精神的朋友,而不受时间和地点的限制。这就是靠阅读"名著"。

阅读经典

多啃一些名著，你会觉得自己的灵魂深处被那些历史上最有天赋的作家的思想和洞察力鼓舞着。

不啃名著枉过一生

BUKENMINGZHUWANGGUOYISHENG

✳ [美]斯蒂夫·爱伦　朱　红　译

在学校里，我们学会人类所完成的一项最了不起也是最困难的技巧——怎样阅读。我们每个人都遇到过这样的事，读老师指定的书。

老师指定读《白鲸》，我不想读，我不喜欢它，我以为我赢了。

实际上，我输了。我努力和《白鲸》保持一定的距离，使我付出代价，我失去了阅读名著本应得到的有益的东西。

后来，我自觉地回到《白鲸》上来，我喜欢它，每读一遍，我都发现一种新的乐趣。

什么是名著

名著就是这样的书，哪怕只是一瞬间，它都会使你从中感受到一部分生活的意义。

名著是能经受住时间考验的书，世界上亿万读者多少年来都可以从中得到特别启迪。

○读圣贤的书，走自己的路。

——周国平

不是很多书都能经受住这种考验的。自从人类第一次用凿子打制石器以来出版的所有著作,名著只占了其中极微小的一部分,还不到总数的千分之一,只不过有几千部。在这些书中,不足100部是它牢固的核心。

学会欣赏它们

我提出三条充足的理由:第一,名著开阔你的眼界。第二,名著助你成长。第三,名著帮助你了解生活,认识自己。最后一点是非常重要的。

名著可以使你洞察自己的内心世界,这是从别处得不到的。可以肯定,你几乎能够从许多书中得到乐趣;但是,一部名著,一旦你读进去了,它会把你带到更高的境界。

我常听到人们说:"名著太难懂了,我啃不进去。"

让我出些主意,帮助你打开这个奇妙的世界。

拿一本你常说要读的名著,然后按照下面的建议去读吧!

一、知道你正在读什么。这是一部小说、剧本,还是传记或历史? 要想知道这一点,查一查目录,读一读封面和前言,或者在《读者百科全书》中查一查题目或作者。

二、不要躺在床上读。我承认名著会是很难读的,所以你必须思想活跃,器官敏锐。如果你躺在床上读,你就想睡觉,那么当你开始打瞌睡的时候,你就会埋怨那本书。

三、不要被众多的人物所左右。陀思妥耶夫斯基在他的《卡拉玛佐夫兄弟》一书中抛出了50个主要人物,托尔斯泰在《战争与和平》的第一章中用了22个又长又复杂的名字,使你脑袋发胀。这时,不要急着往前翻,坚持看下去。渐渐地,这些人物就会变得清晰。你会觉得和他们在一起,就像和你的老朋友在一起一样。你还记得你的许多朋友,在结识前也是陌生人。

四、给作者一个机会。不要过早地说"我看不懂",要坚持读完。有时也许是你对你所要读的那本书还没有做好充分准备。我啃柏拉图的《理想国》一共啃了三遍，我才看懂。如果你认真看了但确实看不懂，你把它放到一边，搁一天或一年，先去读另一本书。

五、大段大段地读。别小口小口地啃，你读的句子越长，你就越能进入书的节奏和感情，从中得到的乐趣也就越大。

六、读作者读的书。莎士比亚为了写《尤力斯·恺撒》、《安东尼与克莉奥佩特拉》和《仲夏夜之梦》，曾仔细阅读了诺斯的普鲁塔克《名人传》的翻译本。任何一个作家是他所处的那个时代的产物。了解当时的历史、作家及其他人所面临的问题和他们的态度会帮助你理解作家的观点。作家的观点不一致。没关系，起码他使你思考！

七、阅读有关作者生平的书。你对作家的个人经历知道得越详细，你就越明白他为什么写他所写的作品，你就会开始明白那些隐藏在作家作品中的自传性的花絮。一个作家不可能不暴露自己。我们关于莎士比亚的大部分猜测都是从他的剧作中找出的线索。

八、重读一遍。所有名著都经得起反复读。你读完一本书后，如果很感兴趣，又不完全懂，那么立即重读一遍。你会发现更多的东西。几年前，你读过一部名著并且喜欢它，就再读一遍。书里还有那么多新的东西要告诉你，你简直不会相信这是同一本书。

不要只把你的脚尖浸在名著这潭深水中，要跳进去。像前面一代代聪明的人类一样。你会觉得自己的灵魂深处被那些历史上最有天赋的作家的思想和洞察力鼓舞着。

○博览群书不见得使人成为智者和贤人。但要成为智者和贤人，就必须认真地读通几本经典著作。

——理·巴克斯特

名著浓缩一句话

MINGZHUNONGSUOYIJUHUA

✳ 何 江

神要是公然去跟人作对,那是任何人都难以对付的。

——《荷马史诗》

生存还是毁灭,这是一个值得思考的问题。

——《哈姆雷特》

善良人在追求中纵然迷惘,却终将意识到有一条正途。

——《浮士德》

认识自己的无知是认识世界的最可靠的方法。

——《随笔集》

你以为我贫穷、相貌平平就没有感情吗?我向你发誓,如果上帝赋予我财富和美貌,我会让你无法离开我,就像我现在无法离开你一样。虽然上帝没有这么做,可我们在精神上依然是平等的。

——《简·爱》

大人都学坏了,上帝正考验他们呢,你还没有受考验,你应当照着孩子的想法生活。

——《童年》

幸福的家庭是相同的，不幸的家庭各有各的不同。

——《安娜·卡列尼娜》

将感情埋藏得太深有时是件坏事。如果一个女人掩饰了对自己所爱的男子的感情，她也许就失去了得到他的机会。

——《傲慢与偏见》

一个人并不是生来要被打败的，你尽可以把他消灭掉，可就是打不败他。

——《老人与海》

如果冬天来了，春天还会远吗？

——《雪莱诗选》

世界上有这样一些幸福的人，他们把自己的痛苦化作他人的幸福；他们挥泪埋葬了自己在尘世间的希望，它却变成了种子，长出鲜花和香草，为孤苦伶仃的苦命人医治创伤。

——《汤姆叔叔的小屋》

当现实折过来严丝合缝地贴在我们长期的梦想上时，它盖住了梦想，与它混为一体，如同两个同样的图形重叠起来合而为一一样。

——《追忆似水年华》

一个人把他整个的一生都押在"女人的爱"那一张牌上头赌博，那张牌输了，他就那样地灰心丧气，弄得自己什么事都不能做，这种人不算一个男人，不过是一个雄性生物。

——《父与子》

人最宝贵的是生命，生命属于人只有一次。人的一生应当这样度过：当他回首往事时，不会因虚度年华而悔恨，也不会因碌碌无为而羞耻。这样，临终前他就可以自豪地说："我已经把自己整个生命和全部精力都献给了世界上最壮丽的事业——为人类的解放而奋斗。"

——《钢铁是怎样炼成的》

读有所思

是书,让你灵魂蜕变
是书,让你心灵纯净
是书,让你学会思考
是书,让你懂得拒绝

开卷定会有益
掩卷自当沉思
每一次莞尔,岁月静好
每一次凝神,春暖花开

> 阅读和思考,是一个人心灵成长、精神完整发育的唯一途径。

一个人的精神发育史
就是他的阅读史

✽ 朱永新

我们很少认真思考:每个人的精神是怎么成长起来的? 个体精神成长的历程是怎样的? 如果把精神成长与躯体成长作个比较的话,躯体成长更多是受遗传和基因的影响,个体精神成长却不完全依靠基因和遗传,而与后天阅读息息相关。

个体的精神发育历程是整个人类精神发育历程的缩影。每一个个体在精神成长过程中,都要重复祖先经历的过程。这一重复,是要通过阅读来实现的。

人类的历史有很多的精神丰碑,要达到或者超越那些精神高峰,阅读和思考是唯一的途径。只有通过阅读,通过与孔子、孟子等先贤达人的对话,才能达到他们那个时代的精神高度;只有通过阅读,通过和文艺复兴时期的大师们交流,才能达到他们那个时代的思想境界。

人类精神的阶梯就这样随着重复阅读不断延伸。如果没有这样的重复,人类的精神就会退化,就会衰落。没有阅读,我们这一代人的精神境界可能还远不如文艺复兴时代的大师们,甚至还不如更早以前的历史阶段。

○最优秀的书籍是一种由高贵的语言和闪光的思想所构成的财富,为人类所铭记、所珍惜,是我们的永恒伴侣和慰藉。

——斯迈尔

我推崇书籍阅读而不是网络阅读。人类最伟大的思想在书里。尽管我国目前的网络阅读人数已经超过了纸质阅读人数，但我认为，人类最伟大的思想还处在离线状态。网络上更容易吸引眼球的是信息、广告和娱乐的内容，人类的理解，特别是人类理性的洞察力，通过网络很难获得，有智慧的内容在网络上更是凤毛麟角。对人类思想的进化而言，对个人思想的发展而言，从信息到知识到智慧，就像金字塔，它是精神与智力逐步升级发展的过程。唯有通过书籍阅读，我们每一个人的智慧才能一步步地通往精神的"金字塔"之巅。将每一个人的智慧汇总起来，才能体现我们这个时代的精神高度。

没有阅读就不可能有个体心灵的成长，不可能有个体精神的完整发育。

通过阅读，我们不一定变得更加富有，但我们一定可以变得更加智慧。

通过阅读，我们不一定能改变我们的长相，但一定可以改变我们的品位和气质。有些人相貌普普通通，但"听君一席话，胜读十年书"，令人如沐春风，你会觉得他深邃厚重，觉得自己得到很多启迪。人的相貌基于遗传无法改变，但是人的精神可以通过阅读而从容，而气象万千。

通过阅读，我们不一定能延长我们生命的长度，但一定可以拓宽我们生命的宽度，增加我们生命的厚度。人的生命长度有基因等先天因素在起作用，而后天阅读可以让我们的精神世界更加宽阔而充实。

通过阅读，我们可以在有限的生命当中欣赏无限的美景，体验精彩的人生。

通过阅读，我们不一定能实现我们的人生梦想，但一定可以帮助我们更接近我们的人生梦想。

阅读，对个体的精神成长至关重要。

读有所思

作品只有在被阅读时，才获得超越作品本身的生命。这生命是读者和阅读对象共同的事情。

阅读的艺术
YUEDUDEYISHU

❋ 王宏甲

作品只有在被阅读时，才获得超越作品本身的生命。这生命是读者和阅读对象共同的事情。艺术家已经退居"二线"，无力包办。

艺术是情感酿造的，天生就期望有人来爱她。阅读也是需要感情的，只有用心去与作品接触，她才可能跟你谈起话来。这时候，我感觉自己正与她漫步在一片阳光照射的丛林。走出丛林时，我们已经成为情人。我得到的已是我的《梁祝》、我的《简·爱》、我的《西厢记》、我的《乱世佳人》。

如果你不喜欢，完全可以不理睬她。但以为她也不会理睬别人，就多少有点武断。如果用理智去审视，对方是一定有很多缺点的。然而，感情会使你看到她的优点原来也不少呢！连她的毛病也会引起你深切的关怀。

所谓我们跟她感情不和，最好不要说"我们"，阅读是自己的事。如果发生集体朗读，倒很可能是大家都爱她了。阅读需要全身心地去倾听，需要放得下自己原有的阅读经验。用一个你自己的标准去要求对方，你就很难有朋友了。大脑里雄踞着自己的标准，不顾对方怎么想，哪里还有空间铺下一张情感的草席？是那唯我独尊的观念斩断了利于交流的好事情。

○思考，让一个人深刻；孤独，让一个人强大。

——佚名

所谓水平不同，层次高低，是因为你在阅读时建立了等级观念。这样的观念永远是感情的杀手。感情是不为阶梯所阻的。感情升华为爱，就更不问门第不查户口了。彼此不论站在何方，都会奔迎过来，找到一块共同的青草地。阅读是在干这种消除隔膜的好事，并因欣赏，使世界宽大。

如果某个作品相当粗暴地剥夺了你的睡眠，你竟没有对她生气，大白天也关起门来，拒绝他人干扰，只专心对她，那你们一定是都很有感情了。所以，感情是双方的事。无论什么身份的作品，如果盛气凌人、缺乏真诚，也会令多情郎泄气。

作品，其实也是对自己所钟情的对象的"欣赏"。一些儿童画相当动人，因为它们看不见人间的凶险，也还不清楚弯弯的月牙儿上其实挂不住秋千。在看起来幼稚无知而且明摆着的错误中，也许正埋藏着一片美丽无比的风景。长大后，离聪明近了，却可能离艺术远了。

艺术似乎一直在拒绝长大，拒绝精明。有的艺术家在晚年把年轻时候的美丽文笔也抛弃了，把社会赋予他的名气地位也从文章中赶走。那情形有如把桂冠放下，把衣袍脱去，以彻底的平凡和坦诚面对世界，让你并不费劲地读他有血有肉的人生，看到人的缺陷、脆弱、渴望和勇敢。宛若穿开裆裤的顽童，保持着童年时用沙土造宫殿的情趣，那种营造原本没有功利，只有对世界的美的想象和欣赏，对自己的创造力的惊叹。不在乎衣服脏了、头发湿了，不记得昨天刚被打过屁股……那里是有美、有艺术的啊！沙土宫殿呈现在天地之间，很容易被毁灭。不灭的是创造者已经得到的美的感受以及欣赏的愉悦。

当能把文章中的繁复的艳丽也像大扫除似的扫去，那一定是艺术家透视到了被外在的饰物包裹着的内部的真实生命，那种生机勃勃、美丽动人的内部生命，因质朴而感人。

不论作者还是读者，要欣赏到她，需要感情，不需要精明。

欣赏是阅读者的生命体验。同一个作品有百种读法、千种眼光，这不因作品而定，而因阅读者而定。作品还是那个作品，你所欣赏到的便是你的阅读质量面对作品的反映。假如感动了，流下了泪水，清醒时分，开始怀疑人间是否真有这样令人感动的事情;又听聪明人说:哪有? 你看这世界多丑恶。于是暗自觉得,自己先前竟掉了泪,真是受了一回骗。于是把自己心中曾有的真实感受,曾有的动人体验也抹杀了。这会是作品的损失吗?

不论看什么作品,你掉了泪,那是你的良知、人性、爱心在澎湃。

假如走出森林,看到太阳正像儿子一样圆满,那是很幸福的。因为,这是我与我欣赏的、我爱的对象共同孕育的。我忍不住会向人夸耀。这时候完全可能有人对我大喝一声:你错了,梁山伯所以跟祝英台好,因他是个同性恋者,他不懂英台是女子。

这时候我能说什么呢?

○不假思索地滥读或无休止地读书,所读过的东西无使刻骨铭心,其大部分终将消失殆尽。

——叔本华

读书是要有一点怀疑精神的。追根究底的
怀疑精神是知性的一种表现。

读书须教有疑

DU SHU XU JIAO YOU YI

✳ 解玺璋

读书是要有一点怀疑精神的。孟子说过："尽信书，则不如无书。"孟子的话，就是告诫我们不要迷信书本，对于书中所言，不仅不要轻信，还要多问几个为什么，进行一番仔细的甄别和思考。戴震是清代的大学者，据说他10岁时，老师教他读《大学章句》，读到一个地方，他问老师，怎么知道这是孔子所说而曾子转述的？又怎么知道这是曾子的意思而被其门人记录下来的呢？老师说，前辈大师朱熹在注释中就是这样讲的。戴震又问，朱熹是什么时候的人啊？老师说，南宋时的人。戴震再问，孔子、曾子是什么时候的人呢？老师说，东周时的人。戴震继续问，东周距南宋有多久了？老师说，差不多2000年了吧。戴震于是说，那么，朱熹是怎么知道的呢？老师无言以对。

中国老百姓心地善良，最容易轻信；而历朝历代所推行的愚民政策，也养成了我们轻信的习惯。现在有些粉丝似的读者，不允许别人有挑剔的眼光。他们的逻辑就是，你说某某书有问题，你就该自己写一本试试。这种盲目的崇拜，正是人性被异化、被遮蔽的结果。人性本善，这个善，并不单

读有所思

指善良，还有人的知性。而追根究底的怀疑精神正是知性的一种表现。要想成就一个人和一番事业，这点慧根是不能少的。陈寅恪在王国维沉湖之后为其撰写的碑铭中，把它概括为"独立之精神，自由之思想"，这是发挥到极致的一种说法。戴震则指出："学者当不以人蔽己，不以己自蔽。"他的意思是说，读书人头脑要清醒，别让人家忽悠你，也别自己蒙自己。这也恰如梁启超在《清代学术概论》中所言："盖无论何人之言，决不肯漫然置信，必求其所以然之故。"他还说，戴震能成为一代宗师，皆因他在童年时期就表现出这样一种本能。

其实，梁启超对于所读之书也是不肯轻信的。他作《王安石（荆公）传》，为了弄清楚王安石新政的真相，穷究其原因，不仅反复研读王临川全集，还参阅了宋人文集笔记凡数十种，与《宋史》所记互相参证。他发现，《宋史》记载的王安石变法有许多不实之词，"重以入主出奴，谩辞溢恶，虚构事实，所在矛盾"。这是因为《宋史》完成于南渡以后的史官之手，元人又因而袭之，其中多为反对党对王安石的诋毁和污蔑，"其为意气偏激，固无待言"。梁启超则"一一详辨之"，所资之参考书竟不下百种。可见，读书不盲从，不轻信，也是有一定难度的。初做学问，或容易被别人所蒙蔽，待稍微读了几本书之后，又容易被自己所蒙蔽。既不"以人蔽己"，又不"以己自蔽"，则怀疑的精神固然重要，而质疑的能力就更显得重要。戴震总结为"学有三难"，哪三难？淹博难，识断难，精审难。这就是说，即使你有怀疑的精神，即使你不想盲从和轻信，但如果你过不了"淹博"、"识断"、"精审"这三关，还是免不了被蒙蔽。

戴震这么说，自是他切身所体会的。而这些体会，"实从甘苦阅历得来"，又不是凭空可以想象的。事实上，要将这"三难"变成三不难，殊非易事。历史上许多大学者或大师，也只能三取其一，或三取其二。这是因为，时至今日，书籍早已浩如烟海，其中真伪正误，则殊不知凡几。梁启超1921年在天津南开大学讲授《中国历史研究法》，其中讲到如何鉴别伪书、伪事，前后就列举了近20条。他还现身说法，讲到"有事虽非伪而言之过当者"，就举了自己所著《戊戌政变记》一书为例。他说："吾二十年前所著《戊戌政

○读书贵能疑，疑乃可以启信。

——金缨

变记》，后之作清史者记戊戌事，谁不认为可贵之史料？然谓所记悉为信史，吾已不敢自承。何则？感情作用所支配，不免将真迹放大也。"梁氏在这本书中究竟"放大"了哪些"真迹"，以致所记不敢承认为"信史"，他没有说，但他的意思，我想，是要我们再读此书的时候，一定要带着疑问的目光，把那些"放大"的"真迹"还原为真相。

但也不是为了怀疑而怀疑，"怀疑之结果，而新理解出焉"（梁启超语），并非历史虚无主义。或如朱熹所说："读书无疑者，须教有疑，有疑者却要无疑，到这里方是长进。"这正是读书的辩证法。

读有所思

读书的"姿态"决定着读书是否受益和受益的多少。站着读,就要对所读之书有自己的思考,要有自己的思想。否则,多读书不一定多受益。

站着读还是跪着读

ZHANZHEDUHAISHIGUIZHEDU

✳ 陈四益

我最怕读"圣人"写的书,就像我最怕同"圣人"或准"圣人"谈话一样。

老友晤对,促膝谈心,是很惬意的事,可以倾听,可以受教,可以辩难,可以反诘,哪怕争得脸红脖子粗,都无碍于友情,因为相互之间是平等的。同"圣人"或准"圣人"谈话就不一样了。他是"圣人",什么都对,句句是真理。你呢,只有唯唯诺诺,洗耳恭听,还要时不时地恭维几句,从心理上就有一种压迫感。何况,既然真理都在他手里,你就再没有思考的余地。剃头挑子,一头热乎,这样的谈话,实在没趣。

读书,也如谈话,是一种心灵的交流。在大学学习时,一位老师对我说,读古人的书,同古人交朋友,是最没有危险的,因为古人不会同你争辩,不会告密,不会搬弄是非。我想,这话自有他的一份经验,一份道理。但是,也并不尽然。如果你读的是"圣人"之书呢?那就同样会有一种压迫感。因为社会已经将他封为"圣人",将他的话奉为圭臬。你理解的要照办,不理解的也要照办,否则就是"非圣","非圣"就要杀头。这样的书读起来岂不扫兴。魏晋时代的嵇康,因为一句"非汤武而薄周孔",让人抓住了

○俯而读,仰而思。

——箴言

辫子,丢掉了脑袋;明代的李卓吾,因为不赞成"以孔子之是非为是非",终于被加上"敢倡乱道,诬世惑民"的罪名,迫害致死,都是现成的例子。所以,相沿成习的办法是,对"圣人"之书,跪着读。跪着读,当然保险,但也就此禁锢了思想。中国历来多陋儒、多腐儒,盖缘此。

然而,也有例外,虽是凤毛麟角,却闪耀着不灭的光辉。汉代的王充,便是杰出的一个。单看他《论衡》中《问孔》、《刺孟》的篇名,就叫人提神。

"世儒学者,好信师而是古,以为贤圣所言皆无非,专精讲习,不知难问。夫贤圣下笔造文,用意详审,尚未可谓尽得实,况仓卒吐言,安能皆是?"

"追难孔子,何伤于义";"伐孔子之说,何逆于理?"

这几句理直气壮的话,令人神往。当然,王充生活的时代,孔学还没有被神化得那么至高无上,所以他也还没有因此掉脑袋。到了后世,能够含含糊糊地说"于不疑处有疑,方是进矣"之类的话,也就很不容易了。更多的人,只能打着"圣人"的旗号,塞入自家的货色,大抵是跪着造反。

不但孔、孟这些钦定"圣人",谁也不敢雌黄月旦,流风所被,就是一些行业圣人,也往往令人噤若寒蝉。

譬如杜甫,确实写了许多好诗,但任何一个诗人,哪怕是极伟大的诗人,也难免会有败笔。但是,一旦杜甫被称作"诗圣",他也便沾上了点圣人气。说到杜诗,大抵很少敢有不敬之辞。

不过,也有例外。

手头有一部《杜工部集》,是粤东翰墨园光绪年间刊印的五家评本。印工虽也精致,但并不是什么古本、善本。所谓"五家",是指王弇洲、王遵岩、王阮亭、宋牧仲、邵子湘。各家评语,分别以紫、蓝、朱、黄、绿几种颜色套印。它的好处,在于评点诸家,有站着读的勇气,没有只磕头不说话的陋腐气,不时会有"不成句"、"亦无意味"、"不见佳"、"亦不好"、"不足诵也"之类的评语跃出。

杜甫有一首《徐卿二子歌》,是夸奖那位做官的徐先生的两个儿子的。诗中说:"君不见,徐卿二子生绝奇,感应吉梦相追随。孔子释氏亲抱送,并在天上麟麟儿……吾知徐公百不忧,积善衮衮生公侯。丈夫生儿有如此,二雏名位岂肯卑微休。"

夸奖人家的儿子到如此肉麻的地步,真让人想不到出于"诗圣"之手。我不由想起鲁迅的《立论》。杜大诗人同鲁迅笔下那些许诺人家孩子会发财、会做大官的庸夫俗子有何二致?对于杜甫这首诗,邵子湘的评语是"如此诗乃不免俗耳"。王弇洲的评语是"少地步"——吹捧过头了。

能够坦率地指出杜甫庸俗的一面,真也难为他们了。

我丝毫不想贬低杜诗的成就,但过去时代的伟大人物,常常既有其伟大崇高的一面,又有其庸俗浅陋的一面。只有顾及全人,才能有正确的认识。而要顾及全人,跪着读是不行的。

杜甫的另一首诗《杜鹃》,起首便是:"西川有杜鹃,东川无杜鹃。涪万无杜鹃,云安有杜鹃。"五家的评语各呈所见,煞是好看。

邵子湘说:"古拙。乐府有此法,不害大家。"诚然,乐府确有此法。"鱼戏莲叶东,鱼戏莲叶西,鱼戏莲叶南,鱼戏莲叶北"即为此类。

宋牧仲的评语却是"然诗实不佳"。

王遵岩也有相类的看法:"断不可为训。"

王阮亭则从另一角度说:"兴观群怨,读此恍然有得。"

歧见迭出,各出手眼,正是站着读的好处。后人读着这些见仁见智的评语,实在比千篇一律的颂扬要有味得多,因为它能启人心智。

今天读书,当然有更好的条件。因为读书而产生不同的见解,因为不同的见解而被杀头的事,大约不致再有了吧。但是,跪着读的心态似未能扫除。自己喜欢跪着读,也不许别人站着读的人的事也并未绝迹。这也是叫人很觉扫兴的事。

○尽信《书》,不如无《书》。

——《孟子·尽心下》

读书使人不轻信

陈四益　巴　丹

以下是著名杂文家陈四益在回答中央电视台《东方书城》节目主持人巴丹关于读书问题的提问时的一段话。

问:您读书的格言是什么?

答:"不学不成,不问不知"——这是汉朝人王充的话。

问:您读书的方法是什么?

答:1. 随便翻翻;2. 觉得有意思的细读;3. 用到的时候复读。

问:您最大的读书心得是什么?

答:许多事情,过去有过;许多问题,前人想过;许多办法,曾经用过;许多错误,屡屡犯过。懂得先前的事情,起码不至于轻信,不至于盲从。

问:您怎样看待读书与做人的关系?

答:什么样的书都有,书里说什么的都有。做人的好坏与读书的多少无关,有关的是你从书中接受了什么,学到了什么,力行着什么。

问:您建议哪些书可不读?

答:完全读不懂的书,可以先不读或永远不读;炒得火爆的书,可以先不读或永远不读;味同嚼蜡的书,可以先不读或永远不读;据说一读就可以成为天才或发大财的书,可以先不读或永远不读。

读有所思

> 辨别好书坏书，主要是靠我们读书时有一种思索的批评的态度。

尽信书，不如无书

✻ 何其芳

书帮助了我们，也害了我们。

这话怎样讲？

详细一点说，有的书，说了一些真话的书，帮助我们认识这个世界，推动我们走向人生之正途；而有的书，那些说假话的书，则使我们头脑糊涂，眼睛不亮，做了许多傻事，走了许多冤枉路。

说来话长。姑举一例以明之。

有相当长一个时期我对拜伦没有好感。其实我并没有好好念过他的诗，而却有了成见，你说怪不怪呢？这完全是法国有名的传记作家兼资本家安德烈·莫洛亚的《拜伦传》害了我。莫洛亚先生的文章是蛮轻松的，我读了他的雪莱传（即《爱俪儿》），就又去找他的《拜伦传》来读。那已经是1934年左右的事情了。现在还大约记得的，是他写拜伦与其异母姐姐有恋爱关系，同居关系；而且他不断地和这个女的好又接着和那个女的好；在意大利时，他过着很奢侈的生活，他一出游后面就跟着载鳄鱼、猎犬、女人的车子。总之把他写得很荒淫的样子。过去关于拜伦的一点知识抵抗不了

○凡看书，不为书所愚如善。

——康熙

这种影响，于是在我脑子里他就成了一个单纯的"堂·璜"了。

一直到抗战以后，读了勃兰克斯的《十九世纪文学之主潮》中讲拜伦的那一章，我脑子里的拜伦才变成了另外一个人，才活生生地感到他是一个为自由与民主而战的猛士，一个狂暴地震动了英国当时的统治阶层，因而受到压制、迫害与诽谤的反叛者。而这正是他成为大诗人的主要原因。

爱伦堡有一篇文章，其中说到莫洛亚是个工厂的老板，而他开舞会介绍他的小姐到社交界之奢华铺张、光怪陆离，刚好说明他自己正是一个荒淫者。他之所以讨厌拜伦，并把拜伦写成一个讨厌的人物，岂不就很容易理解了吗？

尽信书，则不如无书。孟夫子这句话有些道理。但是他这句话也不可尽信。问题在看的是什么样的书：说假话的书抑是说真话的书？如何辨别这两类书，与辨别真假都有的第三类书中的真话和假话，除了必要的知识之外，主要还是靠我们读书时有一种思索的批评的态度。

227

读有所思

怎样做才算读好了两种书呢？应该是真正消化了有字书，又在生活中真切体验了书中讲的道理，并化作能力。

读两种书

DULIANGZHONGSHU

✽ 德 瑞

世上的书有两种，一种是无字书，一种是有字书。

无字书本是文字未发明之前的原始物，是生活中经验与教训留存于脑际印象的升华；有字书是思维与语言共同发展而结合的产儿，是积累文化和传播思想的特殊媒体。

无字书和有字书都是人类进步不可或缺的营养品，断绝或拒绝这些营养，则会成为"有形体而无内蕴的死魂灵"。教无字书的老师曾是"胡子"，学无字书的学子驰骋在旷野；教有字书的先生是"脑子"，学有字书的学生端坐在课堂。进入有字书时代之后，无字书听"老人"言又加上听"智者"言的新内涵。

读有字书，主要理解书作者的意图。初读一本好书，犹如得到一餐美味的佳肴，总是想方设法把它用到自认为合适的地方，尽管是生吞活剥。这不要紧，慢慢地你会消化的。

读无字书，主要修炼自己的思想与素质。合上书本，初涉人世，你或许会立即碰上一鼻子灰。这也无关紧要，生活会使你成熟的。

○书是行将就木的老人对刚刚开始生活的年轻人的忠告。

——赫尔岑

有一种人，随书本亦步亦趋，结果成为邯郸学步的寿陵馀子；有一种人，撇开书本入乎耳、出乎口，结果仅得耳食之学而夸夸其谈；还有一种人，专门从有字书与无字书的结合处寻求世故与圆滑，令你瞠目又无奈，他却自鸣得意："我无字书读得好！"这些都是不足取的。

那么，怎样做才算读好了两种书呢？应该是真正消化了有字书，又在生活中真切体验了书中讲的道理，并化作能力。

譬如，你生活在远离乡村的繁华都市，你把"谁知盘中餐，粒粒皆辛苦"之类的词句熟记于心，这说明你读好了有字书。你有机会投身于田野，跟随农家去播种、耕耘、收获，然后返回都市，当你看见有人将要把吃剩下的一小块馒头往泔水桶中扔，你本能地加以阻止，这时，你才算达到了有字书与无字书的和谐统一。

达到这样的境界是不易的。

⑦
读有所思

读书不仅要心领神会书中的精髓，还要运用脑髓，放出眼光，读出自我灼见，融进自己的创见。

神　读
S H E N D U

✳ 赵　畅

钱锺书先生强调读书不能只是眼读、心读，还要神读，即不仅心领神会书中的精髓，还能融进自己的创见，自成一家之说。

钱先生的神读之说，让人茅塞顿开、恍然大悟。读书，如果停留于照搬照抄、囫囵吞枣的层次，抑或只以理解书中的内容、观点为目的，这般读书充其量不过是扮演了照相机和储存库的角色而已。

自然，眼读、心读亦是神读的组成部分，只是它们为神读的前提条件，它要求读者先从字面上弄懂，然后依不同的文体，悟彻其中的内涵本质，析透其中的高深意境。据此，再经过读者主体的思想感情的搅拌、磨合、再创造，呈现与书中艺术形象、思想观点有所不同、有所差异的新形象、新观点。这个分析、思辨、批判、组合的过程，不就是神读的过程吗？

架构神读，须以疑为基，做到独立思考，"自发眼孔，自竖脊骨"，"不为前人所束缚而略无主张"，敢于疑人所未疑，思人所未思，唯此，方能识人所未识，成人所未成。否则，读书无疑，似乎一读就懂，其实是"打漂游"，浮在水面上，水下世界并不知晓，实乃自欺欺人。

〇书是思想的产儿。

——斯威夫特

有人曾提出,读书要抛却仰视和俯视的角度,以平视作为读任何书的最佳姿态。信夫!因为只有以平视的姿态,读书人才能不卑不亢、不骄不傲,运用脑髓,放出眼光。

　　如果说,神读的要义即在读出自我灼见,那么,欲实现神读的宗旨,吃点"五谷杂粮"是断然不能少却的。对此,鲁迅先生早有论述:"先前的文学青年,往往厌恶数学、理化、史地、生物学,以为这些都无足轻重,后来变成连常识也没有,研究文学固然不明白,自己做起文章来也糊涂,所以我希望你们不要放开科学,一味钻在文学里。"读书越驳杂,则神读便越瓜熟蒂落,水到渠成。

　　杨振宁教授认为,既然知识是互相渗透和扩展的,掌握知识的方法也应该如此。读书必须渗透。当我们学一门课程或潜心钻研一个课程时,如果有意识地把智慧的触角伸向邻近的知识领域,有可能得到意想不到的新发现。

　　神读者,亦往往是那些能耐住寂寞、经得住诱惑之人。孙犁晚年热衷藏古书,且阅读甚广。其读古书,不卖弄,不自娱,于旧事逸闻之中,常有切深的体悟。那悟性多深沉、幽怨之气,虽言及古人,但意在当代,臧否人物,评点世风,不温吞、不委曲,往往单刀直入,淋漓痛快。这般悟性,这种气宇,怎离得开神读之功?

　　读书,请从神读开始。

文学成了我的宗教，每日必读的文字也成了我的圣经。

信徒的读物

XINTUDEDUWU

✽ 刘　恒

我15岁当兵，16岁进入青春期，受不了苦闷之苦，开始读书自救。所谓苦闷，一是欲望，二是欲望之无望，三便是浓浓的自卑感了。幸好没有网络，幸好没有色漫，幸好……否则，我不知道自己会变成个什么东西。当然，我也可以走到另一端去。如果凑巧信了宗教，我未必不能成为虔诚的信徒。自律固然不易，却是最好的自救的办法。为了粉碎苦闷，我甚至希望爆发战争，给我一个慷慨赴死的机会。终于没有赴死，而是如醉如痴地读起书来了。

文学成了我的宗教，每日必读的文字也成了我的圣经。读《钢铁是怎样炼成的》，奥斯特洛夫斯基成了我的神。读《在人间》，我的神变成了高尔基。终于读到了《呐喊》和《彷徨》，读到了《热风》，读到了《坟》……我的上帝向我显灵了！

我成了鲁迅的信徒。我狂读能够读到的他的每一行文字，想把它们刻在自己的心上和骨头上。读《伤逝》落泪，读那些晦涩的散文依旧可以落泪。我不认为我是自作多情。作为合格的信徒，读鲁迅读得着了魔，竟然

○读书时，我愿在每一个美好思想面前停留，就像在每一条真理面前停留一样。

——爱默生

读碎了自己的心境,应该算是一件分内的事情吧?

鲁迅的文章让我读出了两个字:苦闷。他的苦闷如此深邃,却缓解了我的苦闷,要么便是升华了我的苦闷。我似乎是得了救了。伟大之苦冲淡了平庸之苦,读书读到伤感的时候,竟然在苦闷中读出了一丝甜蜜。请读:

> 当我沉默着的时候,我觉得充实;我将开口,同时感到空虚。过去的生命已经死亡。我对于这死亡有大欢喜,因为我借此知道它曾经存活。死亡的生命已经朽腐。我对于这朽腐有大欢喜,因为我借此知道它还非空虚……
>
> 但我坦然,欣然。我将大笑,我将歌唱。

这些语意缠绕的文字让我着迷,到现在还是让我着迷。那时候吃不准坦然和欣然的意思,甚至也吃不准大笑和歌唱的意思。30多年过去,我明白了么? 好像更吃不准了。请再读:

> 新的生路还很多,我必须跨进去,因为我还活着。但我还不知道怎样跨出那第一步。有时,仿佛看见那生路就像一条灰白的长蛇,自己蜿蜒地向我奔来,我等着,等着,看看临近,但忽然便消失在黑暗里了……
>
> 我要向着新的生路跨进第一步去,我要将真实深深地藏在心的创伤中,默默地前行,用遗忘和说谎做我的前导……

这是小说《伤逝》的结尾,是虚构类的文字。然而,在那时的我的眼里,所谓遗忘和说谎,是鲁迅给我的面谕,是不可示人的人生秘诀。我要遗忘苦闷和心里的种种无望之感。我要向自己说谎,也要向别人说谎,把自己的苦闷和狂想彻底掩藏起来。所以,我将大笑,我将歌唱。直至今日,我依旧在歌唱。我达到了目的没有? 已经到了天命之年,真是不好意思,我觉着自己懵懵懂懂地又绕回来了。眼前竖着的还是那个老问题：新的生路还很多，我必须跨进去……可是，我都快50岁了，我该怎么跨进去呢？一旦跨进去了又该怎么办呢？难道还要继续遗忘和说谎么？鲁迅在远处冷冷地看着我。他的目光像凌厉的鞭子，我恍惚明白应该怎么做了。我将大笑，我将歌唱。我还得做一件要紧的事：把尾巴紧紧地夹起来！这是拿身体来说谎。我不是白做了信徒的。鲁迅的意思我当然明白，真正的遗忘就是永不遗忘，让一切的一切都渗到血里去。

　　说话说到有人厌恶，比起毫无动静来，还是一种幸福。天下不舒服的人们多着，而有些人们却一心一意在造专给自己舒服的世界。这是不能如此便宜的，也给他们放一点可恶的东西在眼前，使他有时小不舒服，知道原来自己的世界也不容易十分美满。

　　类似的愤世之辞或许没有渗入我的血液，但是肯定渗入了我的世界观。我的青春苦闷就这样被放大，甚至被改造，达到了企图救世的水准。不是真的可以救世，而是怀了悲壮的理想，在独自伤感之余，要为更加阔大的事情来操心了。我一向标榜自己是理想主义者，更是悲观主义者，大体上就是这个意思。

　　鲁迅的神示影响了我的世界观，还捎带着影响了我的文字。他的孤冷，他的怨毒，还有他的迅捷，在我看来都是慈悲的标志，也是某种身份的标志。翻开他的相册，那双眼睛含着殉道者的光芒，在彼岸远远地望着我，并在我心里投下了永世不灭的感伤。我有足够的虔诚来领略他的文字，以及在文字后面藏着的几乎是无限的深意。我一直奢望用自己的笔来抵近那些深意，我因而更清楚地看见了自己的无能和浅薄。除了惭愧还是惭愧。天下不舒服的人们多着，而我却遁入了让自己越来越舒服的世界，对种种别人的不舒服日益麻木和淡漠。但是，如果不幸掉进了泥潭，鲁迅会来救我，就像30多年前他来救我一样。我只须挑一个宁静的时刻，轻轻打开他的书，所有颓败都将化险为夷。

　　在无边的旷野上，在凛冽的天宇下，闪闪地旋转升腾着的是雨的

○任何一本书的影响，莫过于使读者开始作内心的反省。

——卡莱尔

精魂……

是的，那是孤独的雪，是死掉的雨，是雨的精魂。

这是《野草》中的文字。那时候，我把它抄在一个巴掌大的小笔记本上，每每一读身子就轻捷起来，呼气都是热的，就像等待出征的士兵听到了号角一样。现在，我看着这些文字，几乎读不懂当时的心境了。我是不是在孤独的雪中触到了自己的灵魂？或者，我直接把自己当成了死掉的雨？真的想不起来了。我明白，旋转升腾的飞雪已经悄悄融化了。

但是，我仍旧是文学之神的士兵。已经不是等待出征的景象，而是伤痕累累，疲惫地呆立在战场的边缘。我依稀听到了一个声音。是他在召唤吗？是伟大的鲁迅先生在召唤吗？我无论如何也要给自己一个回答：是的！是不朽的先生在召唤，带着尚未流干的血液和泪水重新出发吧！雨的精魂像旗帜一样飘荡起来了。

在无边的旷野上，我是他永恒的信徒。

⑦ 读有所思

书是有灵魂的物,它既是写作者心灵世界
的物化,也是阅读者观照自我的镜子。

书与人的随想

SHU YU REN DE SUIXIANG

✳ 梁　衡

　　在所有关于书的格言中,我最喜欢赫尔岑的这句话:"书是行将就木的
老人对刚刚开始生活的年轻人的忠告。……种族、人群、国家消失了,但书
却留存下去。"

　　人类社会是一个连续发展的过程,我们常将它们比作历史长河,而每
个人都是途中搭行一段的乘客。每当我们上船之时,前人就将他们的一切
发现和创造,浓缩在书本中,作为欢迎我们的礼物,同时也是交班的嘱托。
由于有了这根接力魔棒,所以人类几十万年的历史,某一学科积几千年而
有的成果,我们便可以在短时间内将其掌握,而腾出足够的时间去进行新
的创造。书籍是我们视接千载、心通四海的桥梁,是每个人来到这个世界
上首先要拿到的通行证。历史愈久,文明积累愈多,人和书的关系就愈紧
密相连。

　　现实生活中我们常常会发现一个新世界,比如海洋、太空、微生物等
等。凡新世界都会给我们带来无穷的乐趣。但真正大的世界是书籍,它是
平行于物质世界的另一个精神世界。有位养生家说过这样一句话:"健康

○读书有时是避免思考的一种巧妙方法。

————赫尔普斯

是幸福,无病最自由。"这是讲作为物质的人。正常人刚生下来没有任何疾病,一张白纸,生机盎然,傲对来世。以后风寒相侵,细菌感染,七情六欲,就灾病渐起,有一种病就减少一分活动的自由。作为精神的人正好与此相反。他刚一降生时,对这个世界一无所知,迷蒙蒙,怯生生,茫然对来世。于是就识字读书,读一本书就获得一分自由,读的书越多,获得的自由度就越大。所以一个学者到了晚年,哪怕他是疾病缠身,身体的自由度已极小极小,精神的自由度却可达到最大最大,甚至在去世之后他所创造的精神世界仍然存在。哥白尼一生研究日心说,备受教会迫害,到晚年困顿于城堡中,双目失明,举步维艰,但他终于完成了划时代巨著《天体运行》。到去世前一刻,他摸了摸这本刚出版的新书欣然离开了人世。这时他在天文世界里已获得了最大自由,而且还使后人也不断分享他的自由。

中国古代有人之初性恶性善之争。我却说,人之初性本愚,只是后来靠读书才解疑释惑,慢慢开启智慧。凡书籍所记录、所研究的范围,所涉及的东西,他都可以到达,都可以拥有。不读书的人无法理解读书人的幸福,就像足不出户者无法理解环球旅行者或者登月人的心情。既然书总结了人类的一切财富,总结了做人的经验,那么读书就决定了一个人的视野、知识、才能、气质。当然读书之后还要实践,但这里又用到了高尔基的那句话:"书籍是人类进步的阶梯。"如果你脚下不踏一梯,你的实践又能走出多远呢? 那就只能像一只不停刨洞的土拨鼠,终其一生也不过是吃穿二字。你可以自得其乐,但实际上已比别人少享受了半个世界。

一个人只有当他借助书籍进入精神世界、洞察万物时,他才算跳出了现实的局限,才有了时代和历史的意义。古语言:读书知理。谁掌握了真理谁就掌握了世界。所以读书人最勇敢,常一介书生敢当天下。像毛泽东当年不就是以一青年知识分子而独上井冈,面对腥风血雨坚信能再造一个新中国,他懂得阶级分析、阶级斗争这个理。像马寅初那样,敢以一朽老翁面对汹汹批判,而坚持到胜利,他懂得人口科学这个理。他知道即使身不在而理亦存,其身早已置之度外。读书又给人最大的智慧。爱因斯坦在伽利略、牛顿之书的基础上,发现相对论,物理世界一下子进入一个新纪元。

读有所思

马克思穷读了他之前的所有经济学著作，发现了剩余价值规律，指出资本主义必然灭亡，一下子开辟了社会主义革命的新纪元。他们掌握了事物之理，看世界就如庖丁观牛，"以神遇而不以目视"，这是常人之所难及。所以从一定意义上讲，读书造人。你要成为某方面有用的人就得攻读某方面的书，你要有发现和创造就得先读过前人积累的书。毛泽东讲，从孔夫子到孙中山都要给以总结，历史也就真的产生了毛泽东、邓小平这样的巨人。这就是为什么一个民族的甚至世界的伟人，必定是一个知识分子，一个读书人，一个读书最多的人。

我们作为一个历史长河中的旅人，上船时既得到过前人书的赠礼，就该想到也要为下班乘客留一点东西。如果说读书是一个人有没有求知欲的标志，那么写作就是一个人有没有创造力和责任感的标志。读书是吸收，是继承；写作是创造，是超越。当一个人读懂了世界，吸足了知识，并经过了实践的发展之后，才可能写出属于他自己而又对世界有用的东西，这就叫贡献。这样他才真正完成了继承与超越的交替，才算尽到历史的责任。写作是检验一个人的学识才智的最简单方法，写书不是抄书，你得把前人之书糅进自己的实践，得出新的思想，如鲁迅之谓吃进草，挤出牛奶。这是一种创造，如同科学技术的发现与发明，要智慧和勇气。小智勇小文章，大智勇大文章。唐太宗称以铜为镜、以史为镜、以人为镜，其实文章也是一面大镜子，验之于作者可知驽骏。古往今来，凡其人庸庸，其言云云，其政平平者，必无文章。古人云立德立言，人必得有新言汇入历史长河而后才得历史的承认。无论马、恩、毛、邓，还是李、杜、韩、柳，功在当世之德，更在传世之文，他们有思想的大发现大发明。我们不妨把每个人留给这个世界的文章或著作算作他搭乘历史之舟的船票，既然顶了读书人的名，最好就不要做逃票人。这船票自然也轻重不同，含金量不等，像《资本论》或者《红楼梦》，那是怎样一张沉甸甸的票据啊。书的分量，其实也是人的分量。

不读书愚而可哀；只读书迂而可惜；读而后有作，作而出新，是大智慧。

○读书是在别人的帮助下，建立自己的思想。

——鲁巴金

在阅读中思考，要用眼睛去发现，用头脑去思考，用心灵去感悟，进而建立起自己的知识体系，培养阅读的创造力。

精思是读书之要

JINGSHENSHIDUSHUZHIYAO

✳ 张 之

孔老夫子有句名言："学而不思则罔，思而不学则殆。"读书与思考，犹如吃饭不仅要用牙齿咀嚼，还要用胃肠道消化一样，须臾不可分离。学习的过程与科学家的探索，在本质上没有差别。

"精思"是"读书之要"，历来被人强调。古人道："大抵观书，先须熟读，使其言皆若出之于吾之口；继以精思，使其意皆若出之于吾之心，然后可以有得耳。"清朝著名学考焦循说："学贵善思，吾生平最得力于'好学深思，心知其意'八字。"确实，一个人读书的成果大小与其思考的能力颇有关联。同样一本书，有的人读了漠然不知其味，全无印象；有的人只记得几句名言，毫无用处；有的人则能吸取精华，发现问题，得出自己独到的见解。原因在哪里？就在于有没有动脑筋思考。不能让头脑只作为一个采购站，而应使头脑成为一个加工厂。学习好比钻井，思考就是钻头，钻头愈有力，井打得就愈深，掘深井方能得甘泉。爱因斯坦说得好："学习知识要善于思考、思考、再思考，我就是靠这个方法成为科学家的。"

在读书中运用和锻炼思考力，要从问题开始。

意大利伟大诗人但丁在《神曲》里写道：

我们的知识不能有饱足的时候，

像萌芽一般，

在一个真理之足下又生一个疑问，

真理与疑问互为滋养，

自然一步一步地把我们推到绝顶。

思考围绕着问题而发生。思维的过程，一般是在一个人产生了某种要求，必须应付某一困难时，或要求了解如何解决某一课题时开始的。引起思考的最好办法，就是多问几个为什么。毛泽东同志在学生时代读书时，有一回读到德国康德派哲学家鲍尔生的《伦理学原理》，全书仅10万字，毛泽东同志就在书里作了1.2万多字的批语，在符合唯物论观点处，密加圈点，写上"此语甚精"、"此语与吾大合"等批语，对有疑问之处，便写下"此节不甚当"、"此处又使予怀疑"的话。他说，"古人的话，名流学者的话，不一定都对。对的就接受，不对的就应该扬弃"。这确是至理名言。书籍是前人研究的成果，总结了前人的认识。但人的认识的真理性是相对的，认识不可能一次完成，绝对正确。即使是真理，也还需要发展。更何况，由于历史的局限，前人的书籍里还有许多错误的东西呢。

可是，提出问题很不容易。有的人读了一辈子书，凡书皆信，没提过几个问题。这是因为，一般公开出版的书总有一定的"道理"，有些还是权威性的论著。读者受到其影响，让别人的思想占据自己的头脑，就不容易跳出旧框框。所以，读书最好要运用发现法，即用发现的眼光去读，这时你的思考力就会积极活动起来。法国科学家居里讲过："对于某种新奇的现象，给它一种解释之后，许多人便接受了，但有思想的人却不满足，他们说一定还有可研究的地方。"古罗马时代的名医盖伦，是解剖学的权威，建立了完整的理论体系。他认为肝脏的"自然之气"、肺的"生命之气"和脑的"智慧之气"混在血液里，象潮汐涨落那样来回作直线运动，供养各个器官，维持

○书的真正目的在于诱导头脑自己去思考。

——莫利

了生命现象。1000多年来,大多数人读了他的书毫不怀疑。可是,比利时医生维萨里却能对盖伦的著作提出疑问,他写了《人体的构造》一书,指出盖伦的错误达200多处。清代学者阎若璩,20岁读《尚书》,怀疑其中的25篇"古文"是后人伪作。经过22年的"沉潜"钻研,他用大量确凿的史料证实25篇是东晋人梅赜的赝品,写出了轰动清初学术界的杰作《古文尚书疏正》。他们的思考之所以有成果,就是因为他们发现了问题。

不过,提问题先要读好书,开动脑筋研究,不能胡思乱想,也不能钻牛角尖。南宋著名的哲学家和教育家朱熹形象地写道:"读书须是仔细,逐句逐字,要见着落。若用工粗卤,不务精细,只道无可疑处,非无可疑,理会未到,不知有疑耳。""读书始读,未知有疑,其次则渐渐有疑。中则节节是疑。过了这一番后,疑渐渐解,以至融会贯通,都无所疑,方始是学。"

读书提问题,可以采用逐步深入法:书的论点是已经长期实践证明的客观真理,还是未经证实的新观点? 新观点有哪些事实和理论根据,是怎样得出来的? 举出反例,能推翻书中的观点吗? 这个观点同其他的理论有何关系? 等等。

提出问题,是思考的第一步。思考的基本过程是分析与综合。

首先是分析。分析,就是把研究的不同对象和不同对象的个别部分、个别特征区别开来,加以比较和鉴别,从而解开问题的奥秘。正如朱熹所说:"学者初看文字,只见得个浑纶物事,久久看作三两片,以至于十数片,方是长进,如庖丁解牛,目视无全牛是也。"

清代戴震问师的故事,便是分析的一个例子。戴震是清朝著名的考据家、数学家、思想家,学识渊博。相传,他幼年读书时,一天听老师讲授《大学章句》。这本书是朱熹编的,书内有许多注解。当老师照本宣科地讲完了"右经一章"后,戴震顿生疑团,便问:"老师,凭什么知道这一章叫《经》,是孔子说的,由曾子记的? 又凭什么知道以下十章叫《传》,是曾子的话,由曾子的学生执笔写的?"这一问,打断了讲课,老师有点不高兴,但又一想,满可以回答,就理直气壮地说:"这是朱熹说的,你看,注释不是写着吗?"戴震便开始了分析:"朱熹是什么时代的人?""南宋人。""孔子和曾子又是什么

读有所思

时代的人？周朝和宋朝，相距多少年？""差不多有2000年。""既然相距那么远，朱熹根据什么作出这样的断定呢？"老师被问得瞠目结舌，无话可答。

当然，戴震的分析只是初级的，但可以说明，分析是思维的深化和具体化。陶渊明在《移居》诗中说："奇文共欣赏，疑义相与析。"读书时作分析，可以从两本书对同一问题的不同看法加以比较；可以对有疑问的定理进行一番计算；可以对一本书作逐章解剖；可以对同一问题的不同解法进行对比择优；甚至对表达方式也可作对照分析，找出各自的特点。如有一位同学学"東"、"杲"、"杳"三个字，就分析它们的形体结构。"東"，表示太阳将出未出，尚在树木之中；"杲"，表示太阳已经高高升起到树木之上；"杳"，表示太阳已沉没在树木之下，日落西山，所以我们把一点消息也没有叫"杳无音信"。这样一分析，对字的印象和理解就加深了。

识字如此，读书更是如此。

分析之后，再加以综合。综合，就是把彼此有关系的个别部分、个别特征联系起来看，从本质上、整体上认识和把握它们。

有一位老师说过综合的重要性："一定要注意条理化和系统化的工作，在学习一门课或一章书之后，头脑中知识的脉络非常清楚，是清清楚楚几条线，不是模模糊糊一大片。所学的知识条理化，系统化了，那就成为自己头脑中知识大厦的一部分，而不是一堆堆砖瓦。"

"横看成岭侧成峰，远近高低各不同。"一本书里，内容丰富，问题颇多。我们起初阅读时，常常只注意其中的一两个问题。据说，北宋苏东坡曾用"八面受敌"法读书。他说："人之精力不能兼收尽取，但得其所欲求者尔。故愿学者每次作一意求之。"他每次读书，只注意一项内容，化整为零，单路挺进。可是，光这样读还不行，还需要把书本内容连贯起来，加以综合性的思考和理解，由此真正把握书的真谛，抓住全书的基本线索。拉法格回忆说："马克思兼有一个天才思想家具有的两种品质"——分析和综合的能力，"他巧妙地把一件事物分解为它的各个组成部分，然后综合起来，描绘它的一切细节和各种不同的发展形式，找出他们的内部联系。"华罗庚教授把这种综合起来读书思考的方法，叫作"从厚到薄"的过程。他说："一本

○读书仅向大脑提供知识原料，只有思考才能把所学的书本知识变成我们自己的东西。

——约·洛克

书,当未读之前,你会感到,书是那么厚。在读的过程中,如果你对各章各节又作深入的探讨,在每页上加添注解,补充参考材料,那就会觉得更厚了;但是,当我们对书的内容真正有了透彻的了解,抓住了全书的重点,掌握了全书的精神实质后,就会感到书本变薄了,愈是懂得透彻,就愈有薄的感觉。"

阅读中提出问题,经过认真思考,得出了新的见解,或有所发现,并经实践检验,这便是创造。

俗语说:"别人嚼过的馍不香。"阅读中的创造,就是要自己发现问题,并通过独立思考,自己解决问题,也就是在阅读吸收知识的同时,能有所发现和创造。阅读有三种类型:一是再现型,这类阅读在于吸收书本的知识给以重现;二是发现型,这类阅读在于吸收书本知识时,发现新知识、新问题;三是创造型,这类阅读能够突破书本的结论,有自己的创造。头脑是个知识的加工厂,思考是获得知识、巩固阅读成果所必不可少的,同时又是通向创造、创新的桥梁。我们不仅要把头脑变成储存知识的仓库,随着知识的累积、经验的丰富,还要重视创造力的培养,争取成为创造、创新型的阅读者。

读书是用别人的头脑来充实自己的头脑，对成长中的青少年是必要的。而当把吸取的知识，与自己的个性、见解等融合成一个整体进行独立思考，便会产生有价值的思想，使心灵优美丰饶。

关于思考（节录）

GUANYUSIKAO

✳ ［德］叔本华　陈晓南　译

不管任何藏书丰富的图书馆，假如不加整顿而杂乱无章的话，它带给我们的益处，还不如那些规模小、藏书少但条理井然、分类清楚的图书馆。同理，不管你知识如何的渊博，如若不能反复思维咀嚼消化的话，它的价值，远逊于那些所知不多但能予以深思熟虑的知识。何以言之？因为我们若要将所学得的知识消化吸收，变为己有，并且能够充分应用发挥的话，就必须经过思考的过程，把自己的知识在诸方面相结合，或是把你的真理和其他的真理互相比较，当然，我们所能"深思熟虑"的东西，范围狭窄得很，它只局限于我们所熟知的事情，所以，我们必须不断地求上进，不断地学习。

读书或学习，我们可以随心之所欲，爱读什么就读什么，想学什么就学什么，但这里的所谓"思考"，可就不是这回事了，它像在风中扇火一般，必须持续不断，才能维持火焰不熄。

思考和读书在精神上的作用，可说是大异其趣，其距离之大，巩令人难以置信。本来人类的头脑就有着个别的差异，有的人喜爱读书，有的人迷

○读书未晓则思，思而未晓则读。

——朱熹

于沉思,再加上前述的距离,使得这原有的差异,越发扩大起来。读书的时候,精神的一切活动全为书本所支配,随书本之喜而喜,随书本之忧而忧,此正如把印章盖在封蜡上一样,其喜怒哀乐的情绪,原不属于自己的精神所有。思考时则不然,在思考的瞬间,精神和外界完全隔绝,随着自己的思考而活动,它不像读书,被别人特定的思想所控制,而是按照当事者的禀性和当时的心情,供应一些资料和情绪而已。所以,一天到晚沉浸于读书的人,他的精神弹力便要消失殆尽了,这就和长时期被重物所压的弹簧一般,它的弹力必定会消失的,你如果想做个没有个性没有思想的动物,去当个"蛀书虫"确是不二法门。大概说来,一般"博闻多识"的人,多半都无较佳的才慧,他们的著作所以不能成功的道理,正是因为一味死读的关系。这类人正如波普所云:"只是想做个读者,不想当作者。"

所谓"学者"是指那些成天研究书本的人;思想家、发明家、天才以及其他人类的"恩人",则是直接云读"宇宙万物"。

严格来说,有自身思想的人,才有真理和生命。为什么呢? 因为我们只有自己去思想,才能真正彻底地理解;从书中阅读别人的思想,只是拾人牙慧而已。

经阅读后所了解的思想,好像考古学家从化石来推断上古植物一样,具备凭据;从自己心中所涌出的思想,则犹似面对着盛开的花朵来研究植物一般,科学而客观。

读书不过是自己思考的代用物而已。我们只可以把书本当作"引绳",阅读时依赖他人把自己的思想导向某方面。但话说回来,有很多书籍非但无益,而且还会引导我们走向邪路,如果轻易被它们诱惑的话,我们势必陷入深渊。所以,我们心中要有个"守护神",靠他来指点迷津,引向正道。这个守护神,只有能够正确思考的人才有之。就是说,唯有能自由而正当思索的人,才可发现精神上的康庄大道。所以,我们最好在思想的源泉停滞之时,才去读书。思想源流的停滞,连最好的头脑也经常有此现象。

思考的人往往会发现一种现象:他搜肠刮肚,绞尽脑汁,经长时间研究所获得的真理或见解,闲来不经意地翻开书本,原来这些论调,别人早已发掘到了。泄气？失望？大可不必。这个真理或见解是经过你自己的思考而获得的，其价值自非寻常可比。唯其如此，才更能证明该种真理或见解的正确性，它的理论才更能为大众所理解所接受，如是，你成了该真理的一员生力军，这个真理也成了人类思想体系的一支。并且，它不像一般读来的理论，只是浮光掠影而已，它在你的脑海中已根深蒂固，永远不会消逝。……有优美丰饶心灵的人，在灵思来临的一刹那间所得到的启示，其乐趣绝非俗世所能比拟。

思想浮现在眼前，如同你的恋人就在跟前一样，你绝不会对恋人冷淡，我们也绝不会忘记此思想。如果它们远离你而去，从你心中消失，则又是如何呢？即使最美好的思想，如果不及时把它写下，恐怕就此一去不回头，想找也找不到了。恋人也如此，如果不和她结婚的话，也有离你而去的危险。

对于爱思考的人来说，此世界实不乏有价值的思想，但这些思想中，能够产生反跳或反射作用力量的，也就是说，此思想著述成书后能引起读者共鸣的，却不多见。

如果世界充满着真正思考的人，我想，大概不会容许有那么多形形色色的噪音吧！

○老读书不思考也许能使平庸之辈知识丰富，但决不能使他们头脑清醒。

——约·诺里斯

附录

读书读网

在书香里浸染
在网页上流连
文字不分彼此
爱读即有收获

快餐虽无害
经典最有益
捧读纸书且珍惜
坐拥书城滋味长

数字阅读，
一个怎样的时代？

从纸质走向数字，从看书走向读屏，从个人电脑走向手持终端，从书房走向地铁……人类的阅读方式正迎来新的革命。

在这个动动手指似乎就能阅读到一切的时代，信息传播和接受的标准发生了怎样的改变？数字阅读能否像古登堡印刷术那样改变人类历史？上海书展期间，一场有关阅读的"全民大讨论"上演。

数字阅读新态度："我有没有被'爽'到"？

中国新闻出版研究院2014年4月公布的《第11次全国国民阅读调查报告》数据显示，2013年，中国成年人数字阅读的接触率首次超过半数，越来越多的民众已尝试并接受数字阅读。

文化批评家、同济大学教授朱大可说，当140字的微博和短资讯成为数字阅读的主要呈现形式，中外学术界曾陷入深深的忧虑：短消息缺乏严密的逻辑论证，所有的思维都面临"碎片化"的危险，有西方学者曾悲观地预言，习惯了"碎片化"思维的人类一旦"脑残"将不可逆转。所幸，随着微信朋友圈中长文章的出现，这种担忧又出现了新的转机。

传播介质的变革是否同时改变了人们的阅读态度？资深媒体人梁文道直言,在信息泛滥的时代,人们并不是在"接收"信息,而是在"消费"信息,所"消费"的重点是"我有没有被'爽'到"。

数字阅读新体验:拥抱不得、抛弃不得?

早在印刷机被发明的时候,人类面对越来越多的信息就曾经有过不堪重负的焦虑,如今,数字媒介的迅猛发展让此前的焦虑有了新的"变体"。

——当6000本经典名著刻成光盘,读书的"神圣感"哪去了?

历史学者、华东师范大学教授许纪霖认为,把6000本经典名著刻成光盘,大多数人会觉得它"变质"了,因为经验告诉我们,好书该配得上用纸张去呈现。没有了纸张的触感,数字阅读便从一定程度上消解了阅读的"神圣感"。

——为什么我离开手机就不安,总看手机却又觉得浪费时间?

华东师范大学教授刘擎认为,数字阅读时代,人们大多拥有"两面性":一方面,面对海量信息的巨大"诱惑",人们迫切需要通过移动终端获取最新资讯,快速浏览,再快速抛弃;另一方面,人们内心深处又有一种"忠贞不渝"的东西,认为唯有读纸质书才是"正经事"。这其实是现代人普遍存在的一种"阅读焦虑"。

——哪些书能立即用来指导实践?

作家刘醒龙说,数字阅读让人们拥有更多选择的自由,于是"立竿见影"成为部分人选择阅读内容的标准;然而,能够立即指导实践的书都没有必要读,有价值的内容永远不是"看得见疗效"的成功学抑或厚黑学。相反,让人终身受益的书可能正是那些早年读时"无感",中年想来却又"越品越浓"的书。

数字阅读新方向:"方式还不适应,知识不会堕落"

那么,纸质阅读的下降,是否等于文化水平的下降?

很多学者不同意这种看法,他们认为读书的下降不代表人们对文化的关注度下降,更不代表全民文化水平的下降。

许纪霖说,纸质阅读的下降是社会发展到一定阶段的一种正常现象,大可不必惊慌,因为将来还有可能出现反弹。事实上,近来,中国人纸质书的阅读数量已经出现回升。此外,他认为,数字阅读并不应被排除在"阅读率"的计算范围之外,人们摄取知识的渠道应是数字阅读与纸质阅读的总和。

　　梁文道说,阅读的介质、工具、载体正改变着我们的所写、所读和所想,此前,人们所熟悉的"纸质世界"可能逐渐在我们眼前崩溃,但是那又怎样? 人们对知识内涵的追求永远不会堕落,无非是对呈现方式还未完全适应罢了。

"微时代"我们更需要"长"阅读

WEISHIDAIWOMEN

更需要"长"阅读

GENGXUYAOZHANGYUEDU

✳ 魏　峰

随着互联网技术的升级,微博、微信、微小说、微电影等"微"产品将我们带入了一个全新的"微时代"。在这个时代里,我们传统的阅读方式受到了前所未有的挑战。也因如此,对传统阅读的坚守就显得弥足珍贵。

前不久,一场主题为"微时代的阅读"的讲坛在北京师范大学举行,来自出版界、评论界、文学界的专家和普通读者,对我们今天的阅读生活进行了探讨。

"微时代"带来的阅读悖论

第十次全国国民阅读调查结果显示,2012 年我国 18—70 岁的国民对数字阅读方式——网络在线阅读、手机阅读、电子阅读器阅读、光盘阅读、PDA／MP4／MP5 阅读——的接触率为 40.3％,比 2011 年上升 1.7 个百分点。

数字阅读接触率的增加,昭示的不仅是阅读载体的更新换代,更是在这种载体变革中潜藏的载体内容变化带来的阅读方式改变。这其中，与数字阅读方式贴合度最高的微博、微信、微小说等内容形式，对传统的阅读方式形成了强烈冲击。

"即使我不为'微阅读'唱赞歌，它也一样会来临。'微阅读'正在改变我们这个时代的阅读生态。"《新京报》文化副刊主编肖国良说。

的确，"微阅读"时代的来临是势不可当的——它的到来不是孤立的，而是被传统互联网服务升级、移动互联网迅速普及的浪潮裹挟而来的。随着互联网对人们日常生活的改变，作为它的相关产物的"微阅读"对阅读方式的改变自然不在话下。

"微阅读"时代的到来，恰好顺应了当下社会生活节奏快、工作压力大、闲暇时间少的特点，给人们精神生活带来新的变化——需要在间断、短暂的时间中迅速获得有效的信息和足够的娱乐资源。

碎片化，是"微阅读"时代人们常常提及的词汇。对于大多数人来说，微博140个字的长度，或者微信、微小说在此基础上稍长一些的篇幅，确实叫人欲罢不能。"简单、快速、犀利、生动，这就是'微阅读'的魅力，这样的阅读和写作，一旦尝到了甜头怕是再难舍弃了。"作家叶广芩说。

肖国良也表示："阅读的碎片化，让很多人没有时间去读世界经典名著，或者没有时间读大部头的著作了，因为现在时间是最大的成本。"

时间少，于是青睐"微阅读"。迷恋"微阅读"，于是更没时间进行长阅读。这是当下不少人在进行阅读选择时面临的最大悖论。

我们更需要"长"阅读

"读书是一件寂寞孤独的事，但也是乐事。今天目不暇接的社会生活，让静静地读书成了一种奢侈。在一切都变'微'的时代，大概还有一部分傻文人，在坚守自己的读书和写作的阵地，写出的作品却可能读者甚为有限，使我们写作这一行变得非常的悲壮。"叶广芩的言语中，流露出难掩的悲凉。

然而，当读长书、读好书变成奢侈时，却仍然有不少人在坚持读书，并且呼吁更多人回归传统阅读，各地也纷纷致力于开展读书日、读书节等活动，抓住这些具有组织性、规模性的契机，尽可能地刺激人们的阅读行为。

有人会问，"微时代"，我们为什么还要读书？

作为年轻人中的阅读坚守者，一位来自北京师范大学中文系的学生给出了自己的回答："当你阅读的时候，要进行一定的智力劳动、智力锻炼，而在唾手可得的'微阅读'面前，大家很轻易地便放弃了在智力挑战中进行阅读。如果我们一味地沉溺在'微阅读'带来的简单、浅表的愉悦中，就会逐渐失去思考、创新和叩问心灵的力量。"

叶广芩则提醒，在"微时代"，我们应当细细思考的是，在各种便捷与简单带来的快乐之外，我们是否还遗失了什么。"沉静的心态、人格的韵味、德行的操守，被淡化了。我们健壮、我们快活、我们简单，我们将诸多的书籍装入电脑。一个民族是否有文化，这是个复杂的问题，民族文化需要积累，它不是一个时代所能完成的，它的主要部分永远深埋在历史当中，藏于书籍里。发掘、传承、发展，是我们的责任。"

传统阅读是深阅读，解决的是精神思考的问题；"微阅读"是浅阅读，解决的是信息的问题。这似乎已经是一个不容辩驳的共识。

评论家李敬泽指出，当前"微阅读"已成为大多数人的基本生活方式，没有必要对此太过恐慌，但无论微博还是微信，说到底只是一种社交媒体，并不能完全代替传统阅读。

"尽管我们已经进入了一个'微'时代，但我想时代是在不断变化的，在不断变化的时代之下，世界是永远存在的，它并没有变成一个微世界。这个世界上的事情，可能并不是仅仅依靠一种'微'的思想方法、'微'的理解方式，就能够掌握的。不管是什么时代，如果我们要对世界形成一个比较深入的、尽可能可靠的认知，我们可能都需要付出比'微'多一点点的努力。就阅读来讲，我们也可能就需要比'微阅读'更长一些的阅读，这是我们阅读的一个理由。"李敬泽说。

用心攻读的日子哪去了

YONGXINGONGDUDERIZINAQULE

✳ 王　蒙

　　早晨醒来，有些父母见到儿子的第一句话不再是关于作业或者早点，而是关于全家正在热读的一本书，这多像是一个美丽的故事。

　　回首往日，读书的感觉是多么甘美，读书的光阴是多么珍贵，读书的收获是多么清爽，读书的心境是多么丰满。

　　不能忘记9岁的时候到民众教育馆借阅一本雨果的《悲惨世界》。冬天，当日"配给"（限量供应）的煤烧完了，馆内的两名工作人员因为我的贪读而不能下班，他们和颜悦色地与我商量，说由于室温直线下降，下次再来接着读好不好，而我沉浸在主教对冉阿让以德报怨的精神冲击里，我相信，人们本来应该是非常好，而我们硬是把自己"做坏"了。在寒冷与对别人的歉疚感中，我又读了11页。

　　不能忘记十来岁时我对于《大学》、《孝经》、《唐诗三百首》等的狂热阅读与高声朗读背诵，那也是一种体会，道理可以变成人格，规范可以变成尊严与骄傲，人可以变得更好。

不能忘记11岁时从地下党员那里借来的华岗的《社会发展史纲》、艾思奇的《大众哲学》,新知书店的丛书如杜民的《论社会主义革命》、黄炎培的《延安归来》与赵树理的《李有才板话》,那是盗来的火种,那是吹开雾霾的强风,读了这些书,像是吃饱添了力气,像是冲浪登上了波峰。

不能忘记十八九岁的时候对于大量国内外文学经典的沉潜:鲁迅使我深邃,巴金使我燃烧,托尔斯泰使我赞叹,巴尔扎克使我警悚,雨果使我震撼,契诃夫使我温柔,法捷耶夫使我敬仰……而在艰难的时刻,是狄更斯陪伴了我,使我知道人必须经受风雨雷电、惊涛骇浪。

甚至在"文革"那种绝非适于读书的日子里,我仍然乐此不疲地偷偷阅读着阿拉木图、塔什干等地出版的维吾尔文、乌兹别克文,还有以上语种的斯拉夫字母版图书《纳瓦依》、《布哈拉纪事》、《骆驼羔眼睛》,乃至阅读与背诵波斯诗人奥玛尔·海亚姆的《鲁拜集》的乌兹别克文译本手抄本。

阅读使我充实,阅读使我开阔,阅读使我成长,阅读使我聪明而且坚强,阅读使我绝处逢生,阅读使我永远快乐地前进。

如今却也有忧虑,是不是现在的儿童,现在的青少年,不再像我们当年那样热衷于阅读了呢? 他们的生活与获取信息的手段是怎样的便捷、舒适与多样啊。不一定读书籍报刊,看看电视或者从网上下载的一些图片与搞笑段子,你已经知道某些国际国家大事与某些洋洋大观的书籍的大概了。不一定也不需要弄得太清晰,你只要有手机,已经知道哪个官员出了丑,哪个大人物要倒霉,哪个名家的家庭成员犯了事,还有哪样食品吃死了人。当然也知道了哪个鸟叔成了世界第一的舞蹈明星,还有哪个5岁的孩子出版了他或她的第一本诗集。

甚至越来越多的人没有认真读过书,只不过是看了一点视听节目,就已经觉得自己懂得了,大大改坏了对于经典作品的观感与品味了。

不止一人大声宣告纸质书籍的式微,文学的终结,小说的衰亡,语言符号在更加直观100倍的多媒体与信息量更大的网络面前的窘境了。不止一人用网上的浏览来代替专心致志的阅读,用虚拟的世界代替真实的体验与思考了。甚至连玩游戏、竞技、比赛也龟缩在电脑的显示屏前,可以数小时不离屏幕与键盘一步了。

然而,轻松愉快、马马虎虎的浏览当真能替代潜心认真的阅读——我们有时候称之为"攻读"的强心力劳动吗?听听歌曲音乐、看看千形万状的演员表演,果真能代替反复默诵与咀嚼那些花朵般、金子般、火焰般、匕首与针刺般的言语、段落、章节与名篇巨著吗?

　　不,那是不可能的,心理学家、教育学家、语言学家与生理学家都已经判定,没有发达的语言系统,是不可能有深刻丰饶的思想的。阅读主要是通过语言符号来激活人的思维与想象能力,最大限度地运用精神资源,取得融会贯通、发展充实延伸的最大化。如果仅仅是浏览,则是视觉与听觉的刺激,容易停留在相对浅薄的层面上。目前,世界各国已经出现了一批万事通、万事晓、不查核、不分辨、不概括、不分析、绝无任何解析能力更无创意的平面信息性"能人"了。干脆说,离开了阅读,只有浏览与便捷舒适的扫描,以微博代替书籍,以段子代替文章,以传播代替学识,以表演代替讲解,将会逐渐使人们精神懒惰,习惯于平面地、肤浅地接受数量巨大、廉价、包含着大量垃圾赝品毒素的所谓信息,丧失研读能力、切磋能力、求真求深的使命与勇气,以致连讨论追究的习惯也不见了,苦思冥想的能力与乐趣也没有了,连智力游戏的水准也降到幼儿级别以下了。这样下去,我们会空心化、浅薄化与白痴化,我们的宝贵的头脑的皱褶将渐渐平滑,我们的"灵"的思辨思维功能将渐渐萎缩,而我们的大脑将只剩下海量获得八卦式的信息然后平面地记忆下来、转销出去的"肉"的能力。

　　眺望书籍的大海,我不过是岸边的一只小蟹,生也有涯,书也无涯。读书是享受也是追寻,是撞大运也是冒险,是精神的发展提升也是对于经验与自我的挖掘。读书是快乐的,从这本书想到那本书,从这一地的书想到另一地的书,从这一领域的书想到另一领域的书,例如从科学技术类的书想到文史哲的书,那就像发现了新的大陆、新的海洋、新的天空一样,登高望远,心神俱佳,人生能有几次这样的欣喜!

　　阅读使人文明,如果常常读书,这是一幅陶然美景。也许明天早晨醒过来,有些父母见到儿子的第一句话不再是关于作业或者早点,而是关于全家正在热读的一本书,这简直像是一个美丽的故事啊。

网络时代我们如何读书

✳ 谢　泳

　　经常有人问我,网络时代,我们传统的读书方式将会发生什么样的变化,网络对我们传统的阅读习惯会构成什么样的挑战? 我个人的看法是,当一种新的阅读方式出现和完成的时候,传统的读书习惯相应地要发生极大变化。但这种变化并不意味着传统阅读的消失,当新的读书方式成为阅读主流的时候,这个过程才会完成,而目前还在变化中,有一个相对长的传统阅读和网络阅读并存的时期,但我们必须清醒意识到后者对前者的改变是个必然趋势。我想先从人类活动的一个规律说起。

　　人类活动的一个基本趋势,就是社会事物由繁向简,这在相当大程度上是一个铁律。我们先从与阅读有关的书及书写方式的变革说起。

　　中国是文明古国,文明的一个主要标志是我们的文字和书写方式出现得都相当早。了解一点中国书史的人都明白,我们早期的书由在石头、钟鼎上刻字,走向甲骨文、竹简、缣帛,当纸出现后才向我们一般意义上的书发展。这个过程相当漫长,而且规律是越向后,变化周期越短,这当然和人类文明的进程相关。在这个变化过程中,一个主要特点,或者说人类的一个基本思维,就是这些东西的发展遵循了由繁向简的规则,道理非常简单,人类活动满足功能是第一需求,其他功能是在这个基础上发展变化而来的,而变化中技术的变化是促进人类活动的最重要力量。

我们现在知道,中国在东汉时期就发明了造纸术,也就是说,从理论上我们书的概念有可能出现了,但我们现在只说宋版书,没有听说这之前的书。从印刷史角度观察,我们书的历史可能比宋代要早,比如隋末、唐初,中国就出现了雕版印刷的技术,但作为一种技术方式,它的使用范围非常有限,只是在佛经的印刷中,现在保留下来的实物也极少。作为一种成熟的技术方式,雕版印刷的普遍使用是宋代以后的事,所以宋代以后才有了我们今天概念中的书。

诸位一定要清楚,在所有的技术变革中,只有当技术条件中的主要因素同时具备的时候,一种新的技术方式才可能流行并成为普遍的方式而取代旧有的方式,中国雕版印刷的出现建立在早期刻字艺术的出现、纸的发明、墨的出现的基础之上,而这些技术条件,在制作成本方面要达到一个大体平衡的水平。雕版印刷的出现,使知识的保存、传播和普及变得相对简单和容易,极大地推进了中国文明的进程。雕版印刷的最后成果,是我们习惯中"线装书"的概念稳定下来。19世纪末20世纪初西方石印、油印、铅印技术大量传入中国,最后铅印的方式成为一个稳定周期内的基本印刷形式。西方铅印技术的普遍使用,也是满足了造纸、轮转技术、油墨的制造等技术条件的结果。这个发展进程中,非常明显地体现了由繁向简、技术条件大体平衡发展的逻辑,最后稳定成熟和普遍流行的技术方式,一定是这个逻辑的最佳选择。熟悉中国印刷史的人都注意到,印刷技术的变革中,有一些过渡时期的现象,比如在雕版向铅印转型的过程中,石印、油印也短期存在过,但很快就退出了流行的印刷,就是因为这些技术手段虽然有它的优点,但也明显有缺点。比如油印技术的一个大优点是便捷,在技术上,基本可以说没有难度,因为刻蜡版和常规的书写方式是一样的,而雕版的反字刷正思维,是一个有相当难度的特殊思维,所以凡单一强调功能的事情,油印的优点就突显出来,比如文件、传单的印刷,但它的缺点是不具备大量印刷的可能和不能满足人类活动的一般审美要求，所以很快为铅印技术取代。

书写方式也一样，早期的毛笔被后来的钢笔、圆珠笔取代也是必然的，因为人类活动功能为上，钢笔、圆珠笔最佳地满足了这个条件，这是没有办法的事。笔的出现首先是为用，其次才是审美，书法的出现是在满足了用的前提下。当一种书写工具普遍流行的时候，它的技术一定会达到最高，而当这种工具不再成为主流的书写工具后，它的技术水平一定是会下降的，这就是为什么现在大多书法家还不如以前的账房先生字写得好的原因，因为毛笔以前是日常书写工具，不是现代人变得笨了，而是时代条件不同了。

经常听人说，现在会写信的人也不多了，大有惋惜之意。我以为也不必太感叹，这也是没有办法的事。书信的起源是要传达信息，不管是什么样的信息，当这个功能有更为便捷的方式取代时，它的衰落直至消失，都是正常的。中国传统经典的书信，其实早就衰落了，比如要满足花笺纸、毛笔、繁体竖写这样三个条件的书信，其实很早就没有了。钢笔、圆珠笔的信，在非常传统的人看来，就不是严格的信笺，所以今天你到拍卖市场去看，同样一个名人的书信，如果是满足前三个条件的，一定价昂，而同样的人用钢笔、圆珠笔写的信，价钱要差很多。

我讲了这么多道理，无非想说明，在网络出现以后，传统的读书方式被网络阅读、电子书取代，肯定是一个必然趋势，但这个取代除了还需要一定的时间外，它取代的主要是功能，而审美是取代不了的，铅排书出现后，作为一般的阅读，线装书就没有意义了，但不等于线装书会消失，它获得了另外的意义，比如经典、高档、纪念、收藏等。用的意义，只要由繁向简，而美的意义却正好相反，凡能批量生产的东西，在审美上就一定有局限，因为个性弱了，而手工时代的东西，因为留有人的温情，所以通常会在审美上有高的价值，而手工的东西，遵循的是物以稀为贵的原则。

网络时代，传统的书，肯定不会被取代，但量可能会缩小。优点多的东西总要取代优点少的，这是从功能上说。但在审美上，铅排书还是没有传统的线装书给人的感觉好，当然这有个人的偏好在其中。

我感觉，网络时代的读书，可能会出现三种情况：

一、在功利的学习中，可以不需要原始的书，网络上都有，电子书完全够。像老师讲课，教科书，网上都有，干吗非要买一本书？功利的学习，就是为了掌握知识，网络阅读、电子书足够。从环保来讲，电子书不需要纸，不占空间，携带方便，容量大。

二、单纯获得信息，沟通信息，不需要书，也不需要报纸。从阅读本身来说，在现代社会，可以靠网络和其他电子媒介。

三、纸质书是不会消失的，要做精深的研究、创新的研究，光靠网络是不够的。凡是在网络上能找到的资料，都是过时的。网络上找到的资料不叫资料，尤其是文史哲研究方面，这是公共资源。一般的知识、常识，可以依赖网络，比如年终总结、工作申请、述职报告等，这是文件。实用的东西都可以借助网络，可以漠视书。但要做研究，还是需要看别人没碰过的，像文献一类的原始材料，这只能依靠原始的阅读，所以优秀的学人依然必须用笨功夫，这是考验真正学力的时候，在这个意义上说，网络时代，原始的阅读方式，可能是奢侈的，但也是专业的，更是高雅的。原始阅读是一件非常美好的事，当你拿起一本书，书是线装白纸，开本宽阔，字大如钱，而且流传有序，有签名，有题跋，有人的温情，这是电子书无法取代的。

今后读书，有可能变成趣味读书，有了电子书，在阅读的功能方面，实用的部分将被取代，但审美的阅读，将会更突显原始阅读的美丽，当然这个变化和转型过程，还需要相当一段时间，但我们必须有足够的心理准备。以后，大量实体书店可能关门，现在看它的趋势是萎缩的，但这不等于书店就会消失。书店功能，极有可能向综合方面发展，有书的交易，有咖啡喝，有沙龙，有展览功能，有收藏交流功能，等等。另外，未来还是会出现比较稳定的旧书业，因为传统的读书精神总还是会留下一点痕迹，旧书店还会发挥出它特殊的力量。

未来的书店，可能会变成趣味书店，个性一定要强。作为单纯图书交易的书店，以后完全可被网络取代。凡与人类的精神活动有关的东西，会有长久的生命力。实用的功能容易被取代，但精神和审美意义比较稳定。

存在感就是实体书的底牌

✽ ［美］大卫·尤林　董晨晨　译

实体书是思想的结晶，同时也有体积有重量。它们以看得见、摸得着的形态与主人互动，栖息在每一位爱书者的书架上，也活在这些人的心灵深处。

妻子将我唤作"书架清道夫"，这与其说是爱称，倒不如说是嗔怪。我和她一起生活超过30个年头，她除了必须习惯我对书的痴迷外别无选择，唯有眼见着家里的"图书馆"愈发庞大起来。

沉甸甸的分量里都是思想

"瞧瞧，这些书要成为咱家的主人了。"妻子不止一次在我收拾完书架后大发感慨。整理我家的书架绝对算得上是一项大工程——近4000册书列在100多个书架上组成长龙，盘过起居室，绕过卧室，一路穿过门廊和餐厅，最后冲进我的办公室。我以作家姓氏的首字母排序让这些书各安其所：从A打头的大卫·阿罗诺维奇（David Aaronovitch），一直排到Z打头的斯蒂芬·茨威格（Stefan Zweig）。

平均算下来，我每隔七年会对书架进行一次全面整理。最近，在迎来50岁生日之际，我终于为自己送上了一份梦寐以求的大礼：一套内置的、从地板排到天花板的书架。

妻子说得没错，书籍正在占领我的新家，就像我曾居住过的每所房子所经历的一样。从孩提时代起，我就身兼阅读者和收藏家的双重身份，我的世界除了书，还是书。

是的，书成就了精神的旅程，思想在作者和读者之间激荡。对读者有所影响才是作品存在的根本。读者踏入作者的精神世界，被激发、被点亮，直至灵魂进驻新的东西。

然而，书也有它不容忽视的另一面，即它的重量。无论是卷宗的净重，还是其占据的空间，都是看得见、摸得着的概念。检视群书时，看着它们在房间里排列整齐的样子，我不仅看到了它们呈现的思想和故事，夏仿佛能从它们身上触摸到自己的人生。

图书馆好似活的"大块头"

触及旧物，难免要往事重现。自青春期起，我的图书馆就开始经历塑造、再塑造的过程。有些"故人"，如《教父》、《五号屠场》和《波特诺伊的抱怨》，从来到我的图书馆起，就再也没有离去过。它们的身上安放了我的现状，沉淀了我的历史，是我立体的回忆。

一本书，带着一个崭新的世界而来，如空谷回声，与我的灵魂对唱。这一架架、一间间的存在，长年累月，不知疲倦地提醒我，让我明白"我"曾经是谁，现在是谁，"我"是从何而来，"我"在文字间，在生活里，无处不在。

多年来，我只拥有过一个职业——书评家。每天，都有新书被递送到我家门前，有时多达十几、二十几本。我工作的一部分包括对它们分类，移动它们，储存它们，决定谁去谁留。工作量特别大的时候，我一周就能囤上几百本需要运走的书。搬、拉、拖、载、卸，这一系列的动作完成后，我对尼科尔森·贝克的名言"思想是有重量的"总是感同身受。

在每次书架大清理活动中，几个月的时间里，我家都是寸步难行的，任何伸脚可至的地方都有成堆的书摆在那里。我先从A字开头的作者整理起，然后B，接着是C……我越发觉得图书馆是个拥有生命的"大块头"。

存在感就是实体书的底牌

图书鉴赏专家瓦尔特·本雅明在《开箱整理我的藏书》一文中特别提道：作为一个真正意义上的收藏家，拥有与被拥有的关系是人世间所有关系中最亲密的存在。与其说藏书驻扎在收藏者的灵魂深处，不如说他与这些书就是住在一起的。

这是很实在的一句话，虽然我与他的看法稍微有些出入：人们通过整理各自的藏书，把玩它们，接触它们，给它们带来了活气。阅读是开启心智的活动，我们不仅通过语言与书籍进行接触，更经由它们的封面设计、字体乃至重量等，对它们有了更深层次的了解。

当你展示"站"在每一个书架上的收藏，包括自己的藏书，都会面对艳羡者提出的一个俗得不能再俗的问题："这些书你都读过吗？"对此，法国作家阿纳托尔·法郎士给出的回答是："我看过这里不足十分之一的书。我想你也不是每天都在用你的高级瓷器，不是吗？"

收集电子书的人肯定不会遇见类似问题。我不是在感慨什么，我自己也有上百本电子书，其中绝大部分是免费下载的。电子图书馆与我如影随形，走到哪里都方便携带。

然而，纵使电子书有很多优点，我仍然觉得少了点儿什么。它们不是藏品，缺乏实体书的重量，让我看不到思想占据的空间。

在现实世界，我新买的巨型书架已被塞得满满当当。这些天，我在家里踱着步，想要再为我的书开发一些墙面。妻子对我的新书架开始不满了，她希望我的藏书能以有序的方式呈现出来，但这种有序总是很快被打破。不过，置身在那一排排架子前，身处一册册藏书间，我总会感到，无序也是它们为证明自己存在而发出的呐喊——"我在这儿！"

爱纸书的N个理由

✳ 佚　名

　　一直很奇怪在绝大多数时候秉持着兼容并包原则的自己，却在一件事上永远无法与时俱进，像个只穿长袍的老顽固，那就是对电子阅读的排斥。在电子书和更加时髦的云阅读开始占领我们阅读习惯的时候，我的阅读格式却和这些新事物迟迟不能匹配。朋友送过一个kindle，我转手送了人。只要出门，哪怕只坐十几分钟地铁，包里必装一两本书，久而久之演化成了一种强迫症。

　　于是，我深入剖析了自己的奇怪心理，总结出这么几点勉强的理由。

　　喜欢读一本书，古人称"手不释卷"。大概是说，对所爱的事物，都多少有些占有欲、保护欲。喜欢一个什么物件，哪怕只是块破石头，都得捧在手里端详，生怕别人抢了去。这也算是种恋物癖。纸书和电子书最大的区别就是，看得见，摸得着，停电了看不见字还是摸得着。那些好的文字，不会突然之间就消失于无形，哪怕不看时摞在一旁，没事儿的时候摸一摸，内心就充满着安全感。

　　记得三年前去台湾的时候，在台北师范大学周围，除了著名的土林夜市，还散落着大大小小的私人书店。逛这些小书店的趣味，甚至超过在敦南诚品待整夜。每个小书店的老板都有自己的品位，听说是北京来的年轻人来买书，更是热情，忍不住在旁推荐。多多少少，不知不觉，买了一大堆。那时赶上龙应台的《大江大海》刚上架，还没看过就买了好几本用来送朋友。一律繁体竖排版，从右往左翻。这样的书我并不多，所以更像是淘到了宝贝。买的时候并没有想过何时才能看完，只是隐隐觉得，这些都是好书，得先占下，否则就是吃了大亏。

再有一点，看书讲究"感觉"。手指触碰纸张、翻过纸页的触感，听着新书哗啦啦翻动的响声，还有纸和墨混在一起散发出的特殊香气，都是读书之前、文字之外最大的享受。有的书用纸糙，有的书用纸细，有的字大行稀，有的密密麻麻，环肥燕瘦，这也是纸书的独特魅力。更何况看到"于我心有戚戚"之处，还能挥笔在纸张留白处写几句心得，让思想的火花不至于稍纵即逝。每读完厚厚的一本书，掂着沉甸甸的，全是满足感。

记得本科时老师讲沈从文的《边城》中白塔的意象，说塔是用来烧纸的，纸不是一般的纸，是有字的纸，然后在黑板上写了"珍惜字纸"。多少年过去，讲课的内容全不记得了，只有这四个字还依然清晰。有字的纸都是珍贵的，就像是一种信仰，对于写着好的文字的纸，带有近乎膜拜的心情。可是，即便电子书里存了几百本书，也难为自己去膜拜一个内存条。

最后的一点私心，可能是希望能留下点什么。电子书多是看了就删，因为内存有限。但纸书删不掉，更不舍得处理掉，占一小块地方，就能储存下来。闲时扫过一本本排在架上的书，仿佛看着自己一步步走过的路程，一点点成长的轨迹。时间久了，就能发现自己对于书的选择，就是自己对生活趣味的选择，知道自己喜欢的是什么，需要的是什么，这是认识自己、判断自己的最准确方式。很多人倾其一生都没能搞明白自己是谁，其实书在那里放着，就是一面镜子。

儿童阅读应从纸本开始

ERTONGYUEDUYINGCONGZHIBENKAISHI

❋ 王余光

近十年来,读书成为一个广受人们关注的话题。不少学校与图书馆积极开展阅读推广活动,颇受学生或读者的欢迎。我本人也身逢其会,参与其中。以我亲身的感受,在阅读推广活动中,一些共性的问题也被不断地提出。其中,纸本阅读与数字阅读的争论一直没有停止过。

一部分人认为,纸本阅读系统深入,是1000多年来形成的阅读习惯,不会在我们这一代完全消失。另一部分人认为,数字阅读方便快捷,随着网络技术的发展,"无纸化社会"即将到来,阅读的未来必然是数字化的。还有第三种观点,认为无论是读书还是读网,这或许并不重要,重要的是读什么内容。

以我的理解,纸本阅读将逐步被数字阅读所取代,纸本读物将在儿童阅读、经典与学术著作的阅读及收藏领域得以长期存在。对成年人阅读来说,第三种观点值得重视。但对于儿童阅读,我的观点是:培养孩子的阅读习惯,要从纸本阅读开始。

用电脑或电子阅读器难以培养儿童的阅读习惯,相反,容易让孩子沉迷于电子游戏以致上瘾。以前,家长教育孩子通常会给他讲故事,陪他看书,帮助孩子逐步培养阅读能力与读书习惯。到了今天,很多家长因为忙,或耐不住孩子的纠缠,就买个iPad让孩子玩,把iPad变成了"孩子的保姆"。iPad里面内容极为丰富,而且有交互功能,但也有不利的影响:孩子与父母的互动大大减少,与真实的社会接触减少,与现实的同伴接触大大减少,那将来这些人是不是会越来越孤独,不善于交流?如果孩子沉迷于电子游戏以致上瘾,那么这些电子阅读器就无异于是孩子们的"鸦片"。这些问题虽然今天已有所表现,但还不是普遍现象,但将来由iPad"保姆"带大的孩子,这种情况会越来越普遍。孩子只玩游戏,没有阅读的习惯,不是我们想看到的结果。

家庭与社会环境对孩子的阅读是有重要影响的。全民阅读的一个重要目标,我认为应提倡家庭藏书,为家庭成员特别是孩子,营造一个阅读的环境和氛围。在此基础上,方可开展国际上比较流行的培养有修养的母亲、提倡亲子阅读等活动。在家庭之外,带孩子上图书馆,也是培养孩子阅读习惯的重要途径。全民阅读的另一个重要目标,我认为就是要加强图书馆建设,给儿童一个良好的社会环境。

就我所知,图书馆界在全民阅读方面已作出了很多努力,以实际行动推动社会关注阅读、关注儿童读书。东莞图书馆、苏州图书馆、佛山图书馆等一些市级图书馆,江苏太仓图书馆、山东青州图书馆、深圳龙岗图书馆等县区图书馆,或结合区域特色与当地读书传统,或结合不同年龄人群的特点,开展有针对性的读书活动。如东莞图书馆在开展低龄儿童阅读活动中发现,不少图书馆或家长在为孩子选择优秀图画读本时遇到一定的困难,因此,馆员们根据儿童身心发展的特点,结合自身工作的经验,编撰了一套"成长图书馆"丛书(已出版两种),为图书馆或家长指导儿童阅读提供了很好的参考。

图书馆是培养儿童阅读习惯的重要场所,这应当引起社会与家长们的重视。

书永远不死

✳ 应宇力

　　《别想摆脱书——艾柯、卡里埃尔对话录》的两位作者艾柯和卡里埃尔无疑是各自领域的佼佼者,他们是资深的作者、读者和藏书家;该书所涉及的话题范围甚广且带有普遍意义,尤其是在数字化阅读日益流行的当今社会更是如此。

　　两位作者在第一章就开宗明义地表明了观点——"书永远不死"。译者在后记中解释说:"艾柯所说的'书',其实是广义上的书,用'书写'来表达更确切。"这个首章标题开启了读者多个话题的想象空间,比如:什么是真正的书写? 什么是真正的阅读? 在21世纪的今天,读者阅读的含义早已广泛化,纸本书的阅读只是其中的一种含义,电子书或者叫"屏幕阅读"已成为老少咸宜的新的阅读模式,而"书写"的含义也未必是写在纸上。艾柯自己也承认,一旦家中着火,他第一件要抢救的东西不是珍本藏书,而是250G的硬盘,因为那里面有他全部的"书写成果"。"有人说,在60亿人口里,读书的比例很低",如果"网络书写"也是艾柯心目中的"书"的话,那么中国30岁以下的年轻人就是此种"书写"的最大作者群,同时也是离纸本书最远的读者群。

真正的阅读也许并不在于你读的是纸本书或者电子书,而是在于你从书中读到的内容是否能在生活中形成有用的"养分"。

在全球普及数字化阅读的背景下,电脑技术的不断升级换代,对不少著名作家如艾柯的写作方式也发生了前所未有的影响,比如艾柯在该书中曾提出一个"影子版本"的观点。所谓的"影子版本"就是小说的"电子版",这可以说是当今作家人人必备的东西,它对出版界的影响无疑是空前的,《别想摆脱书》中文版的出版过程就是一个有趣的例证。

细心的读者肯定会注意到该书的译后记中译者说明了法文版于2009年11月正式出版,而译后记则注明写于2009年10月,那就说明中文版的原文参照本不是法文版而是电子版。这个有趣的"书外现象"恰好印证了书中的观点:"网络是否会扼杀书籍?"这是译者在译后记中的第一句话,也是两位对话人在书中反复提到的隐忧。在全球化的今天,"影子版本"——电子书正以纸本书不能比拟的速度和覆盖面呈现出它无可取代的优势,本书的出版过程从另一角度诠释了这一优势:从读者市场考虑,为了追求同步出版的最佳效果,网络和电子书显然比传统纸媒和纸本书更快更好且更加环保,但同时网络和电子书过度依赖通讯网络、能源电力以及硬件载体的质量的弱点也彰显无遗,一旦通讯瘫痪或停电或电脑死机,所有没有及时保存的电子版文件就会荡然无存。在当今社会,数字化阅读以不可阻挡之势重构着每一个人对阅读的理解,专业和业余、作者和读者等一系列与阅读相关的概念也在重构之中。目前网络微博的写作可以让人"一夜成名",真正的作者和真正的书写一样难寻,同样,真正的阅读也将成为时下年轻人最大的难题之一。

读书：最美好的生命举止

DUSHUZUIMEIHAODESHENGMINGJUZHI

✽ 王开岭

在我看来，阅读，不仅是一项生活内容，还是一种生活方式。一个人的知识构成、价值判断、审美习惯，多来自于阅读。我是上世纪60年代末生人，我的青春期没有互联网，我是在读书中长大的，它帮助我完成了和历史上那些优秀人生的交往，有了书，你就不孤独，可以领略全人类的精神地理和心灵风光。

在这个电子媒介时代，我尤其推崇纸质阅读。抚摸一本好书，目光和手指从纸页上滑过，你内心会静下来，这是个仪式，就像品茶，和一个美好的朋友对坐，氤氲袅袅，灵魂游弋，你会浸在一个弥漫着定力和静气的场中。而浏览网页，不会有这感觉，你只想着快速地掳取信息，一切在急迫中进行，这就不是饮茶了，是咕嘟嘟吞水了。纸质阅读是有附加值的，它会养人。

读书不是查字典，不要老想着"有用"，其价值不是速效的，是缓释的。是一种浸润和渗透的营养。一个人的心性和气质哪儿来？就是这样熏陶出来的。古人说，"三日不读书，则面目可憎。"过去不解，后来我懂了。一方水土养一方人，"阅读"即一方水土，水土的效果取决于你的书籍质量和吸收能力。

我那本阅读札记《跟随勇敢的心》，是我深夜精神私奔、与大师对话的结果，也记载了我青春岁月的心路，当时我客居在一个小城，大运河边，很闭塞，很安静，我的家当是几纸箱书，那是我唯一的人生行李。在那儿，我度过了最重要的读书时光，那时候，感觉白天很小，夜晚很大，因为一亮灯，纸箱一打开，时空即变了。那时候的夜真长啊，星空下，一个青年走出很远很远，然后赶在天亮前回来……那是李白、杜甫、徐霞客的星空，那是普希金和"十二月党人"的星空，那是苏格拉底和伏尔泰的星空，那是法国大革命和"五月花"号的星空……

我把优秀作家分成三类：一类可读其代表作，一类可读其选集，一类可读其全集。有位大学生去远方支教，一个荒凉空旷之地，来信问带什么书好。我想了想，说：若你只带一部书，那就带罗曼·罗兰的《约翰·克里斯多夫》吧，它的精神体魄能激励你变得强壮，它能像体能教练一样辅导你，让你美好而自足地面对世界，不再盲目求教或求助于他者。

就精神的端庄和美感而言，我推崇罗曼·罗兰和茨威格，称之为"人类作家"，亦即前面说的第三类。茨威格，是对我有贴身影响的作家（这种影响，某种程度上和"精神体质"有关，或者说，他是我的"过敏源"，我反应大），其文字有一种罕见的高尚的纹理，有一种抒情的诗意和温润感。他对热爱的事物有着毫不吝惜的赞美，尤其对女性，极尽体贴与呵护，很绅士、很君子。他是天然贵族，我欣赏他的心性和教养，我高度信任他的文字，这种感觉在别人身上很少获得。

读他们的时机越早越好，一旦你读了大量流行书和快餐书之后，即很难领略其美感，因为你的口味被熏得太重了。

一个人，拿什么来给自己奠基，拿什么做"人之初"和精神功课，很重要。

我对年轻朋友说，趁青春，多读几部优秀长篇。据我的观察和体会，一个人30岁后，很可能无缘长篇小说了，不单少了闲暇，更重要的是没了心境，没了与之匹配的动力和好奇心，没了那种全神贯注、身心并赴、如饥如渴的状态。长篇是大投入，需要一种生活节奏和内心节奏来配合，读长篇是一种"慢"、一种"长途"，读它是一种漫长的精神徒步，要求你不功利、不急躁，体力和心力都充沛，需要你支付一份绝对的信任……而30岁后，人似乎不愿再把自己交出去了，少了一种对事物的迷恋能力，疑心重，拒召唤，畏惧体积大的东西。

请一定别忘记诗歌！诗是会飞的，会把你带向神秘、自由和解放的语境，带向语言乌托邦。诗，表达着语言的最高理想和生命的最纯粹区域，其追求与音乐很像。和长篇一样，青春是读诗的旺季，这时候的你，内心清澈、葱茏、轻盈，没有磐重的世故、杂芜的沉积和理性的禁忌，你的精神体质与诗歌的灵魂是吻合的，美能轻易地诱惑你，俘虏你，你会心甘情愿跟她走。

诗是用来"读"的。和"看"不同，"读"是声音的仪表，是心灵的容颜，是一种爱情式的表白。"读"，把文字变成了情书，变成了光芒，变成了激动和颤栗……读诗者，往往是最热爱生活的那一群人，是灵魂端庄而优雅的人，是幸福感强烈而稳定的人，是血液藏着酒精和火焰的人。诗歌是一种信仰，是一种向生命致敬和献辞的方式，这是一种古老的方式，也应成为一种年轻的方式。

不知为何，读书人似乎越来越少了，人的嘴唇变得懒惰而迟钝，变得嗫嚅不清、语无伦次。留住"读"的习性吧，别丢了，这是热情，是本领，是生命温度。

就文学而言，我觉得不妨多读两类东西：一是古典和经典，比如莎士比亚、安徒生、契诃夫、陀思妥耶夫斯基、托尔斯泰、康帕斯托乌夫斯基、阿赫玛托娃、帕斯捷尔纳克、川端康成、雨果、海明威、泰戈尔、马尔克斯……比如鲁迅、沈从文、萧红、丰子恺、汪曾祺、孙犁等。再则即当代作家的好作品，尤其是本土作家，毕竟是母语写作，而翻译作品，往往有美学和信息上的损失，这个名单太长，不列举了。

另外,我觉得一个人一定要读点儿哲学,精神构成中要有一点务虚和形而上的东西,它们最接近世界真相和生命核心,哲学提供的就是这个。

人世间,思想家很多,"生活家"很少,比如纯真意义上的生活,聚精会神的生活,超越阴暗和苦难的生活,不被时代之弊干扰的生活。

除了思想榜样,我们还要为自己积攒一些生活榜样,一些朴实而简美的情趣之人,一些"生活的专业户",做我们的邻居。

丰子恺、王世襄,我非常喜爱的生活大师,是那种"长大成人却保持一颗童心"的人,是对"热爱生活"永远投赞成票的人,我称之为精神上的"和平主义者"和"绿色环保者"。我甚至开玩笑,多读他们可防抑郁或自杀。

穿越浊世的丰子恺,是顽强地将童心葆养一生的人。他身上,那种对万物的爱,那种对生活的肯定和修复态度,那种对美的义务,是如此稳定,不依赖任何条件。儿童,是他的画材,也是他的宗教;是他的儿女,也是他的偶像;是他的作业,也是他的课本;是他心灵的糖果,也是他思想的字母。儿童的游戏、儿童的逻辑、儿童的爱憎、儿童的简易与自由……都让他深深痴迷。

我欣赏丰子恺和孩子建立起来的那种关系,更理解他对儿童被成人社会俘虏后的那份痛惜。初为人父,有报纸采访我的育儿想法,我说:对童年而言,美学意识的苏醒和启蒙,或许是最重要的,包括人格、情感、自然审美等。我担心的是,社会环境和你帮孩子搭建的心灵环境太不匹配,太厚黑和太唯美,太杂芜和太纯净。但我不后悔,因为孩子有一个合格的童年。童年即童年本身,它是独立的,有尊严的,它不能作为成人的预备期被牺牲掉。当年,自选集《精神明亮的人》出版时,我在封面上题写了这样一句话:"让灵魂从婴儿做起,像童年那样,咬着铅笔,对世界报以童真、好奇和汹涌的爱意……"

枕边,我常放丰子恺的画册,以酝酿一场美好的睡眠。我常想,这个国家的气质和日常生活,若染有一点丰子恺味道,该多好,该多好。

大师已去,却把他的孩子献给了全世界:阿宝、软软、瞻瞻、阿韦……

罗曼·罗兰有言:"世界上有一种真正的英雄主义,那就是在认识生活的真相后依然热爱生活。"这是我心目中的好作家标准,好的作品和人生,都实践着这一点。

　　一个人的真理,只有参考意义,没有信奉意义。更何况,对精神和心灵来说,真理并非最高价值标准,只有在自然科学上,真理是最高价值。

　　读书不为别的,是让书里的那些精神光线或美的营养,照亮我们,提升我们的心灵视力,滋养和愉悦我们的人生。有句话说得好,"你喜欢这些东西,说明你本身即属于这些东西",除了意义,要尊重自己的喜欢或不喜欢。一本书,若既有意义,又有意思,那最好了。

　　（节选自《王开岭作品·中学生典藏版》之"心灵美学卷"《当她十八岁的时候》序）

做一个真正的读者

ZUOYIGEZHENZHENGDEDUZHE

✳ 周国平

读者是一个美好的身份。每个人在一生中会有各种其他的身份，例如学生、教师、作家、工程师、企业家等，但是，如果不同时也是一个读者，这个人就肯定存在着某种缺陷。一个不是读者的学生，不管他考试成绩多么优秀，本质上不是一个优秀的人才。一个不是读者的作家，我们有理由怀疑他作为作家的资格。在很大程度上，人类精神文明的成果是以书籍的形式保存的，而读书就是享用这些成果并把它们据为己有的过程。质言之，做一个读者，就是加入到人类精神文明的传统中去，做一个文明人。在某种意义上，一个民族的精神素质取决于人口中高趣味读者的比例。相反，对于不是读者的人来说，凝聚在书籍中的人类精神财富等于不存在，一个人唯有在成了读者以后才会知道，不去享用和占有这笔宝贵的财富，是多么巨大的损失。历史上有许多伟大的人物，在他们众所周知的声誉背后，往往有一个人所不知的身份，便是终生读者，即一辈子爱读书的人。

然而，一个人并不是随便读点什么就可以被称作读者的。在我看来，一个真正的读者应该具备以下特征。

第一，养成了读书的癖好。也就是说，读书成了生活的必需，真正感到不可缺少，几天不读书就寝食不安，自惭形秽。如果你必须强迫自己才能读几页书，你就还不能算是一个真正的读者。当然，这种情形决非刻意为之，而是自然而然的，是品尝到了阅读的快乐之后的必然结果。事实上，每个人天性中都蕴涵着好奇心和求知欲，因而都有可能依靠自己去发现和领略阅读的快乐。遗憾的是，当今功利至上的教育体制正在无情地扼杀人性中这种最宝贵的特质。在这种情形下，我只能向有识见的教师和家长反复呼吁，请你们尽最大可能保护孩子的好奇心，能保护多少是多少，能抢救一个是一个。我还要提醒那些聪明的孩子，在达到一定年龄之后，你们要善于向现行教育争自由，学会自我保护和自救。

第二，形成了自己的读书趣味。世上书籍如汪洋大海，再热衷的书迷也不可能穷尽，只能尝其一瓢，区别在于尝哪一瓢。读书是一件非常私人的事情，喜欢读什么书，不论范围是宽是窄，都应该有自己的选择，体现自己的个性和兴趣。其实，形成个人趣味与养成读书癖好是不可分的，正因为找到了和预感到了书中知己，才会锲而不舍，欲罢不能。没有自己的趣味，仅凭道听途说东瞧瞧，西翻翻，连兴趣也谈不上，遑论癖好。针对当今图书市场的现状，我要特别强调，千万不要追随媒体的宣传只读一些畅销书和时尚书。倘若那样，你绝对成不了真正的读者，永远只是文化市场上的消费大众而已。须知时尚和文明完全是两回事，一个受时尚支配的人仅仅生活在事物的表面，貌似前卫，本质上却是一个野蛮人，唯有扎根于人类精神文明土壤中的人才是真正的文明人。

第三，有较高的读书品位。一个真正的读者具备基本的判断力和鉴赏力，仿佛拥有一种内在的嗅觉，能够嗅出一本书的优劣，本能地拒斥劣书，倾心好书。这种能力部分地来自阅读的经验，但更多地源自一个人灵魂的品质。当然，灵魂的品质是可以不断提高的，读好书也是提高的途径，二者之间有一种良性循环的关系。重要的是一开始就给自己确立一个标准，每读一本书，一定要在精神上有收获，能够进一步开启你的心智。只要坚持这个标准，灵魂的品质和对书的判断力就自然会同步得到提高。一旦你的灵魂足够丰富和深刻，你就会发现，你已经上升到了一种高度，不再能容忍那些贫乏和浅薄的书了。

　　能否成为一个真正的读者，青少年时期是关键。经验证明，一个人在这个时期倘若没有养成读好书的习惯，以后再要培养就比较难了，倘若养成了，则必定终身受用。青少年对未来有种种美好的理想，我对你们的祝愿是，在你们的人生蓝图中千万不要遗漏了这一种理想，就是立志做一个真正的读者，一个终生读者。

编者敬告

　　《青少年阅读书》所选用的精美诗文,从推荐的大量文稿中辑选而来。其中选用的有些文章,由于篇幅限制作了一些删节,或因内容的需要作了一些改动。由于作者面广,供稿源头多,部分作者尚无法联系,但又不忍割爱。敬请作者(译者)或著作权人予以谅解,并与我们联系,我们将寄送样书并支付稿酬。谢谢各位的支持!

　　联系地址:南京市湖南路1号凤凰广场A座江苏人民出版社

　　邮政编码:210009

图书在版编目(CIP)数据

青少年阅读书/沈志冲,陶国良主编. --南京：
江苏人民出版社,2016.9
ISBN 978-7-214-18903-5

Ⅰ.①青… Ⅱ.①沈… ②陶… Ⅲ.①青年—阅读
辅导 Ⅳ.①G252.17

中国版本图书馆CIP数据核字(2016)第144955号

书　　　名	青少年阅读书	
主　　　编	沈志冲　陶国良	
责 任 编 辑	戴亦梁	
责 任 校 对	王　溪	
装 帧 设 计	刘葶葶	
出 版 发 行	凤凰出版传媒股份有限公司	
	江苏人民出版社	
出版社地址	南京市湖南路1号A楼,邮编:210009	
出版社网址	http://www.jsgph.com	
经　　　销	凤凰出版传媒股份有限公司	
照　　　排	江苏凤凰制版有限公司	
印　　　刷	南通印刷总厂有限公司	
开　　　本	718毫米×1000毫米　1/16	
印　　　张	18　插页　2	
字　　　数	250千字	
版　　　次	2016年9月第1版　2016年9月第1次印刷	
标 准 书 号	ISBN　978-7-214-18903-5	
定　　　价	36.00元	

(江苏人民出版社图书凡印装错误可向承印厂调换)